RÉDACTION TECHNIQUE ET ADMINISTRATIVE

2e édition, revue et augmentée

RÉDACTION TECHNIQUE ET ADMINISTRATIVE

Édition réalisée par
Gérard Laganière en collaboration
avec les co-auteurs
Page couverture conçue et
réalisée par le Carrefour des Couleurs inc.
Photocomposition : Typographie Lidec inc.
Montage : Danielle Denis

Deuxième édition, imprimée au Québec en novembre 1988. (Titre de la 1re éd.: *Rédaction Technique*)
Dépôt légal 3e trimestre 1986
Bibliothèque nationale du Québec
Bibliothèque nationale du Canada
ISBN-2-9800272-4-3

REMERCIEMENTS

Nous tenons à remercier très sincèrement Madame Monique Héroux, qui nous a aidés dans le choix et la présentation des ouvrages constituant notre bibliographie critique.

Notre reconnaissance va également à tous ceux et celles qui nous ont fourni, pour cette deuxième édition, des remarques, commentaires et suggestions. Nous remercions spécialement Mesdames Dominique Chassé, de l'École Polytechnique de Montréal, Colette Allard, de la Faculté des sciences appliquées de l'Université de Sherbrooke et Danielle Codère, de la Faculté de droit de l'Université de Sherbrooke.

Nous remercions aussi de tout coeur Madame Marielle Dubé, qui nous a apporté une aide très appréciable dans la révision de notre texte.

Nos plus sincères remerciements vont également à Madame Josée Saint-Marseille pour son travail de recherche concernant la correspondance entre le présent manuel et notre *Cours de rédaction technique et administrative*.

Nous exprimons enfin notre gratitude à Madame Germaine Collinge de même qu'à Daniel, Catherine et Pascale Laganière pour leur patience et leur compréhension tout au cours de la rédaction de cet ouvrage.

Les auteurs

PRÉFACE
DE LA PREMIÈRE ÉDITION

Si les outils traitant de la rédaction générale ne manquent pas en français, il en va autrement pour les ouvrages touchant spécifiquement la rédaction technique. L'ouvrage qui nous est présenté aujourd'hui vient à point nommé combler une importante lacune au Québec et dans la francophonie en général. Cette lacune est difficilement explicable si l'on songe qu'avec l'avancement de la technologie pendant la présente décennie, la masse des textes techniques s'est considérablement accrue, de même que les besoins en matière de rédaction technique.

Le défi technologique auquel nous serons confrontés durant la prochaine décennie et au-delà de l'an 2000, implique au plus haut point l'élaboration et la diffusion de documents d'information en langue française et, pour nous, francophones d'Amérique, cette capacité d'effectuer ce virage en français. Le «futurible» des années 70 est maintenant à nos portes, nous sommes maintenant entrés dans la «troisième vague», selon les termes du futurologue-penseur A. Toffler. Des changements aussi rapides que ceux que nous sommes en train de vivre exigeront des ajustements très rapides des institutions humaines et sociales. Le domaine de l'enseignement, en particulier, deviendra sans cesse plus avide d'écrits techniques rédigés en langue française et ce, à tous les niveaux du système scolaire du Québec, alors que plusieurs générations d'élèves s'initieront et, de plus en plus précocement, à la nouveauté technologique.

Il va sans dire que la rédaction technique a un rôle très important à jouer dans l'évolution de notre société. Premièrement, cela veut dire que nos ingénieurs et nos techniciens doivent maîtriser les techniques de rédaction afin de pouvoir transmettre leurs connaissances et leurs documents dans un langage clair et précis. Deuxièmement, qu'en ce faisant, ils participent à la survie du français comme grande langue véhiculaire des sciences et des techniques. L'avenir du français au Québec et ailleurs dans la francophonie est à ce prix. On n'insistera jamais assez sur cette nécessité.

L'Université de Sherbrooke a été et reste encore très novatrice en matière d'enseignement de la rédaction technique, le programme «Rédaction-Recherche» est là pour en témoigner. Madame Hélène Cajolet-Laganière et Monsieur Pierre Collinge ont fait à l'intérieur de ce nouveau programme oeuvre de pionniers et il faut reconnaître en ce manuel le prolongement naturel et systématique de leur enseignement. La présence d'un ingénieur, Monsieur Gérard Laganière, parmi les auteurs, parle d'elle-même du souci d'ajustement à la réalité socio-professionnelle qui a présidé à l'élaboration de ce remarquable manuel.

Pour avoir, moi-même, commis des textes méthodologiques, je sais gré aux auteurs d'avoir exposé dans un langage clair et simple les multiples facettes de la rédaction technique. Ils ont su surmonter le difficile obstacle des textes à caractère méthodologique, qui réside principalement dans l'introspection sur la «praxis» et dans la transmission de cette réflexion grâce à un guide rédigé en une langue claire et qui se laisse consulter facilement.

Le manuel trouvera, j'en suis assuré, la place de choix qu'il mérite chez les praticiens de la technique comme chez les professionnels de la langue. Il est appelé également à un brillant avenir comme manuel d'enseignement. Je félicite enfin les auteurs d'avoir doté le Québec d'un si bel outil de promotion linguistique.

Pierre Auger
Directeur de la terminologie
Office de la langue française

NOTE RELATIVE À LA DEUXIÈME ÉDITION

Afin de fournir au lecteur une présentation plus complète des différentes techniques menant à une bonne structuration des idées ainsi qu'à leur expression correcte et efficace, nous avons entièrement refait le premier chapitre de l'ouvrage. Ainsi, la présentation de chaque type de communication est organisée comme suit: définition, éléments essentiels, méthode à suivre quant au travail préparatoire, rédaction proprement dite, style caractéristique, détails de présentation. En outre, nous avons ajouté de nouveaux exemples destinés à illustrer les divers aspects théoriques présentés.

D'autre part, pour répondre aux nombreuses demandes qui nous ont été adressées, nous avons cru bon d'ajouter en annexe quelques éléments de base relatifs à la prise de notes, un protocole de correction typographique ainsi qu'un exemple de petit rapport technique.

Enfin, nous avons voulu assurer une correspondance plus rigoureuse entre le présent manuel et notre *Cours de rédaction technique et administrative*, afin que l'utilisateur du *Cours* puisse toujours se référer au manuel pour obtenir les explications dont il peut avoir besoin pour faire les exercices.

Nous avons évidemment profité de cette deuxième édition pour corriger certaines erreurs et lacunes qui nous avaient échappé lors de la première édition.

TABLE DES MATIÈRES

Chapitre III

Chapitre IV

Chapitre V

LISTE DES FIGURES

Pages

INTRODUCTION

Pour construire une maison, un barrage, une centrale nucléaire, il faut des connaissances, une technique particulière, des matériaux très divers, mais surtout, l'habileté de spécialistes qui savent utiliser et agencer cette technique et ces matériaux. Il en va de même pour communiquer d'une manière efficace. Le rédacteur, lui, doit savoir comment réunir des données, comment les classer dans un plan et comment rédiger un texte d'une manière logique, claire, concise et correcte.

Communiquer est un art difficile. Que le message soit transmis à son destinataire ne signifie pas nécessairement qu'il sera lu et compris par celui-ci. L'évolution que nous avons connue depuis quelques années sur le plan des idées et sur le plan de la langue s'est accompagnée de certaines prises de conscience qui aboutissent à un développement considérable de l'esprit critique. Le lecteur, qui est très souvent saturé d'informations, qui voit les notes, les rapports, les articles s'empiler sur son bureau, devient de plus en plus exigeant quant au fond et à la forme des textes qui lui sont présentés.

D'autre part, pour n'être pas chose aisée, la communication n'en est pas moins essentielle. De nos jours, le besoin de communiquer se manifeste de façon croissante. Il n'est pas possible de prendre une décision sans recourir à la communication. Et pour la faire exécuter, il faut la rédiger d'une façon claire, l'expliquer et la justifier. L'autorité ne s'impose pas d'elle-même.

En conséquence, s'il veut être pleinement efficace, un organisme ne peut se contenter d'avoir des collaborateurs qui possèdent certaines spécialisations techniques; il doit de toute nécessité s'assurer que ceux-ci savent communiquer. Très souvent, une note, une directive, une offre de service, un rapport manqueront leur but parce que le rédacteur n'est pas parvenu à faire valoir ses idées et ses propositions, n'a pas réussi à accrocher son destinataire et à garder le contact avec lui, ne s'est pas rendu lisible, accessible, persuasif. Ces faiblesses peuvent même compromettre le succès de projets d'une grande valeur technique. Ainsi, à compétence technique égale, un employé réussira mieux et rendra de meilleurs services à son entreprise s'il sait assurer de bonnes communications écrites avec ses collègues, ses supérieurs, ses subordonnés et ses clients.

On conçoit dès lors aisément qu'il soit important de savoir rédiger. Il y a une méthode, une technique, un art si l'on veut, pour écrire des textes efficaces. Et nous croyons que cette technique peut s'acquérir. Le présent ouvrage constitue donc une tentative en vue de définir cette méthode de travail et de décrire la technique propre à la rédaction de textes.

Le premier chapitre présente les divers types de communication technique: note, rapport, curriculum vitae, directive, procédure, offre de service, etc. Pour chacun d'eux, il fournit une technique de rédaction ainsi que certaines précisions relatives à sa présentation et au style qui le caractérise. On y trouve également quantités d'exemples pratiques que le lecteur n'aura qu'à adapter à ses besoins.

Le deuxième chapitre porte sur l'élaboration et la structure d'ensemble du rapport technique. On y conseille aux rédacteurs de procéder par étapes: on leur donne des indications précises qui les guideront dans la préparation et l'élaboration du travail, jusqu'à la rédaction proprement dite. L'ouvrage accorde une place privilégiée à l'élaboration du rapport technique, d'une part, à cause de la très grande importance que ce type de document revêt dans tout organisme ou entreprise, et d'autre part, parce que la plupart des principes applicables au rapport technique le sont également aux autres types de communication technique.

Dans le troisième chapitre, les auteurs abordent le délicat problème de la rédaction, avec le souci de montrer comment on peut écrire d'une manière simple et efficace. La clarté d'un texte dépend toujours de l'enchaînement des idées exprimées dans des phrases, qui doivent être nettes et concises et se succéder avec une grande rigueur logique. La concision consiste à n'employer que les mots nécessaires au sens de l'énoncé et non pas à utiliser le moins de mots possible. En outre, écrire des phrases claires est synonyme d'écrire des phrases simples et naturelles; simples en ce sens que l'on évite de dire plus qu'on ne pense, et naturelles, en ce sens qu'on dit les choses telles qu'elles sont en réalité. Ajoutons enfin que pour exprimer correctement des idées claires, il faut penser nettement.

Le quatrième chapitre est consacré au support matériel du moyen de communication. Il vise à l'amélioration de l'apparence générale du rapport. Il faut se rappeler qu'une mauvaise présentation du texte diminue la portée des idées et des données présentées, et indispose le plus souvent le lecteur. Ce dernier appréciera le caractère impeccable du document qu'on lui soumet, et il sera porté à penser qu'une présentation aussi soignée ne peut annoncer qu'une parfaite qualité dans le contenu. L'inverse est également vrai : toute négligence dans les détails de présentation amène facilement le lecteur à penser que l'auteur n'a pas mis plus de soin au fond qu'à la forme de son travail. La médiocrité est toujours remarquée et sévèrement critiquée.

Le cinquième et dernier chapitre présente une bibliographie critique des meilleurs ouvrages, dictionnaires et encyclopédies, où le rédacteur trouvera une mine inépuisable de renseignements tant sur le plan terminologique que grammatical.

En annexe, les auteurs ont jugé utile de synthétiser sous forme de tableau le processus intellectuel de rédaction de rapports techniques, d'offrir aux lecteurs une procédure de révision de textes et de fournir un protocole de correction typographique. Deux autres annexes complètent l'ouvrage: l'une présente un exemple de petit rapport technique, l'autre synthétise certains éléments fondamentaux de la prise de notes. Le livre se termine par une bibliographie des ouvrages relatifs au sujet et par un index alphabétique qui facilite le repérage des points traités.

Cet ouvrage a surtout été conçu pour être un instrument de travail pratique et facile à consulter. Les exposés théoriques sont donc émaillés de nombreux exemples concrets.

Les auteurs espèrent que les pages qui suivent pourront rendre service à ceux qui sont appelés à rédiger et à lire des rapports et autres types de communication technique.

Ils invitent leurs lecteurs à leur faire parvenir toutes remarques ou commentaires qu'ils jugeraient à propos.

Chapitre

Premier

Types de communication technique et administrative

1.0 TYPES DE COMMUNICATION TECHNIQUE ET ADMINISTRATIVE

Au sein de tout organisme existent des besoins de communication interne (relations entre les divers services et directions) et externe (relations avec les clients, les fournisseurs, le public en général, etc.).

Le succès ou le rendement de toute entreprise, commerciale ou non, à structure plus ou moins complexe, dépend de la qualité et de l'efficacité de ses communications, et cela, à tous les degrés de la hiérarchie. Le sujet concerne donc à la fois les ouvriers, les techniciens, les secrétaires, les ingénieurs et autres professionnels, les administrateurs et les chefs d'entreprise.

Parmi les divers types de communication écrite, citons:

la lettre,
la note,
le compte rendu,
le procès-verbal,
l'imprimé,
le communiqué,
le curriculum vitae,
la procédure,
la directive,
le rapport (technique),
etc.

1.1 Lettre

La lettre est un écrit que l'on adresse à quelqu'un pour lui communiquer ce que l'on ne veut ou ne peut lui dire oralement. Elle constitue, avec son duplicata, un procédé d'enregistrement des renseignements qui tient lieu de mémoire tant pour l'expéditeur que pour le destinataire.

La lettre constitue le document le plus courant dans les bureaux administratifs et commerciaux. Aussi recommande-t-on de standardiser sa présentation dans une certaine mesure; ceci permet d'uniformiser le courrier commercial et de faciliter les échanges de correspondance entre les entreprises et les organismes. Bref, le travail de tous les intéressés s'en trouve simplifié et accéléré.

On est donc astreint à un certain formalisme, qui concerne:

1° les **préliminaires de la lettre** (en-tête, lieu et date, vedette, mention de la nature et du mode d'acheminement, références, objet, etc.);

2° le **corps de la lettre** (appel; division de la lettre en quelques alinéas présentant une structure tripartite: introduction, développement, conclusion; formule de salutation);

3° les **compléments de la lettre** (signature, initiales d'identification, pièces jointes, copies conformes, etc.).

La **rédaction de la lettre** se fait en deux étapes: préparation et rédaction proprement dite.

La **préparation** consiste dans l'élaboration d'un plan qui suppose résolues les questions suivantes:

— Quelles sont les caractéristiques du destinataire?

— Quel est l'objectif de la lettre?

— Quelles sont les idées que nous voulons émettre compte tenu de l'objectif visé?

— Comment pouvons-nous regrouper et classer ces idées en éléments principaux et secondaires?

La **rédaction** proprement dite est la mise en forme de toutes les idées émises dans le plan. Elle suivra le schéma suivant:

— **Énonciation de l'objet de la lettre**: il s'agit de résumer le plus brièvement possible le but et le contenu de la lettre.

— **Appel**: c'est la formule de civilité par laquelle on s'adresse au destinataire.

— **Alinéa d'introduction**: il se compose d'une ou de plusieurs phrases par lesquelles, après avoir établi le contact avec le destinataire, on l'informe du sujet de la lettre (V. chap. III, par. 3.5.2 «Quelques formules utiles»).

— **Développement**: il est constitué d'un ou de plusieurs alinéas dont chacun correspond à une idée mentionnée dans le plan. On veillera à relier soigneusement les différentes idées les unes aux autres par les transitions, mots de liaison et charnières convenables (V. chap. III, par. 3.5.1 «Charnières du discours»).

— **Alinéa de conclusion**: on y fait la synthèse de tout ce qui a précédé et l'on termine éventuellement par une demande, par une proposition, par l'expression d'une opinion, etc. (V. chap. III, par. 3.5.2 «Quelques formules utiles»).

— **Salutation finale**: c'est une formule courtoise par laquelle on prend congé du destinataire. Elle doit être choisie en fonction de la personnalité de celui-ci et doit toujours reprendre les termes utilisés dans l'appel.

N.B. Pour les autres détails de présentation de la lettre ainsi que pour les formules d'appel et de salutation, nous renvoyons le lecteur à l'ouvrage d'Hélène Cajolet-Laganière, *Le français au bureau*, publié par l'Office de la langue française.

Les exemples ci-après illustrent des types standardisés de la lettre commerciale. On trouvera successivement une lettre accompagnant l'envoi d'un formulaire, une lettre de demande d'emploi et enfin une lettre d'offre de service comportant une argumentation.

10

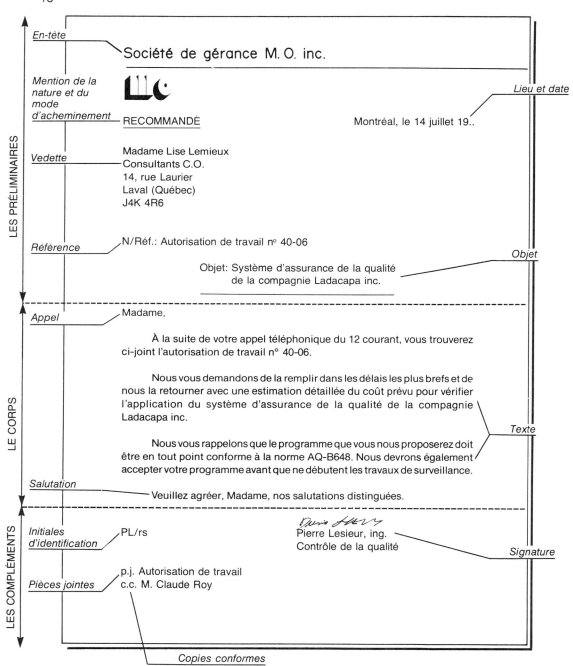

LES PRÉLIMINAIRES

En-tête

Société de gérance M. O. inc.

Mention de la nature et du mode d'acheminement

Lieu et date

RECOMMANDÉ

Montréal, le 14 juillet 19..

Vedette

Madame Lise Lemieux
Consultants C.O.
14, rue Laurier
Laval (Québec)
J4K 4R6

Référence

N/Réf.: Autorisation de travail n° 40-06

Objet

Objet: Système d'assurance de la qualité
de la compagnie Ladacapa inc.

LE CORPS

Appel

Madame,

À la suite de votre appel téléphonique du 12 courant, vous trouverez ci-joint l'autorisation de travail n° 40-06.

Nous vous demandons de la remplir dans les délais les plus brefs et de nous la retourner avec une estimation détaillée du coût prévu pour vérifier l'application du système d'assurance de la qualité de la compagnie Ladacapa inc.

Texte

Nous vous rappelons que le programme que vous nous proposerez doit être en tout point conforme à la norme AQ-B648. Nous devrons également accepter votre programme avant que ne débutent les travaux de surveillance.

Salutation

Veuillez agréer, Madame, nos salutations distinguées.

LES COMPLÉMENTS

Initiales d'identification

PL/rs

Pierre Lesieur, ing.
Contrôle de la qualité

Signature

Pièces jointes

p.j. Autorisation de travail
c.c. M. Claude Roy

Copies conformes

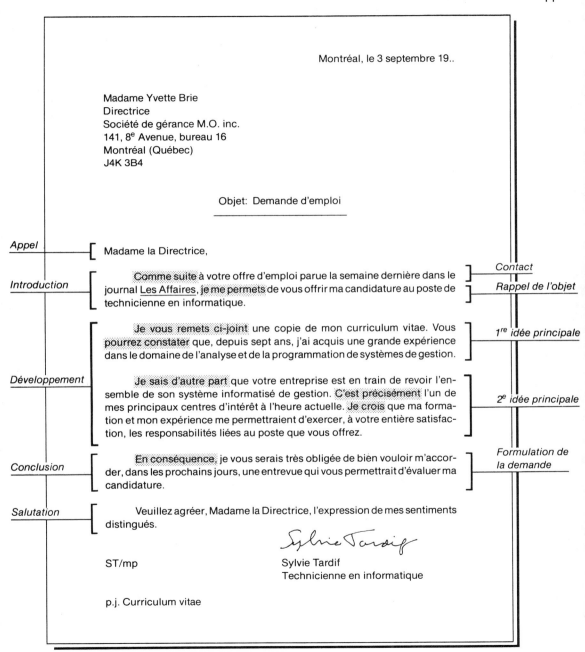

Montréal, le 3 septembre 19..

Madame Yvette Brie
Directrice
Société de gérance M.O. inc.
141, 8e Avenue, bureau 16
Montréal (Québec)
J4K 3B4

Objet: Demande d'emploi

Appel — Madame la Directrice,

Introduction —
Comme suite à votre offre d'emploi parue la semaine dernière dans le journal Les Affaires, je me permets de vous offrir ma candidature au poste de technicienne en informatique. — *Contact* / *Rappel de l'objet*

Développement —
Je vous remets ci-joint une copie de mon curriculum vitae. Vous pourrez constater que, depuis sept ans, j'ai acquis une grande expérience dans le domaine de l'analyse et de la programmation de systèmes de gestion. — *1re idée principale*

Je sais d'autre part que votre entreprise est en train de revoir l'ensemble de son système informatisé de gestion. C'est précisément l'un de mes principaux centres d'intérêt à l'heure actuelle. Je crois que ma formation et mon expérience me permettraient d'exercer, à votre entière satisfaction, les responsabilités liées au poste que vous offrez. — *2e idée principale*

Conclusion —
En conséquence, je vous serais très obligée de bien vouloir m'accorder, dans les prochains jours, une entrevue qui vous permettrait d'évaluer ma candidature. — *Formulation de la demande*

Salutation —
Veuillez agréer, Madame la Directrice, l'expression de mes sentiments distingués.

Sylvie Tardif

ST/mp

Sylvie Tardif
Technicienne en informatique

p.j. Curriculum vitae

Charnières assurant la structuration du texte.

12

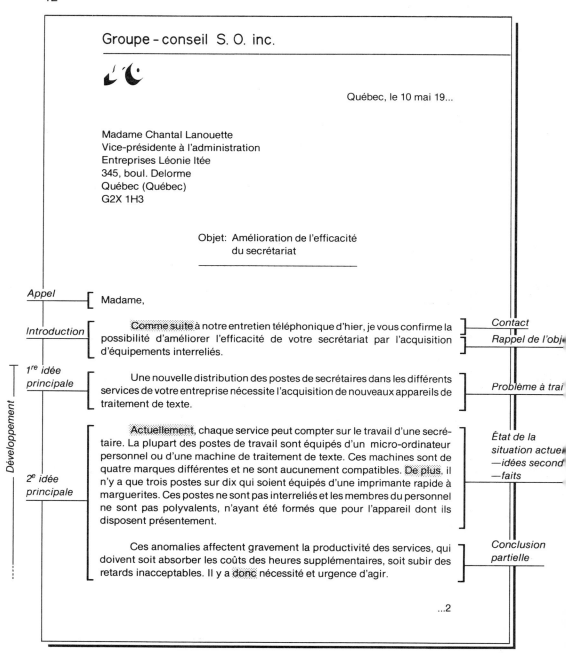

Groupe - conseil S. O. inc.

Québec, le 10 mai 19...

Madame Chantal Lanouette
Vice-présidente à l'administration
Entreprises Léonie ltée
345, boul. Delorme
Québec (Québec)
G2X 1H3

Objet: Amélioration de l'efficacité
du secrétariat

Appel — Madame,

Introduction — Comme suite à notre entretien téléphonique d'hier, je vous confirme la possibilité d'améliorer l'efficacité de votre secrétariat par l'acquisition d'équipements interreliés.   *Contact* / *Rappel de l'obj*

1re idée principale — Une nouvelle distribution des postes de secrétaires dans les différents services de votre entreprise nécessite l'acquisition de nouveaux appareils de traitement de texte.   *Problème à trai*

2e idée principale — Actuellement, chaque service peut compter sur le travail d'une secrétaire. La plupart des postes de travail sont équipés d'un micro-ordinateur personnel ou d'une machine de traitement de texte. Ces machines sont de quatre marques différentes et ne sont aucunement compatibles. De plus, il n'y a que trois postes sur dix qui soient équipés d'une imprimante rapide à marguerites. Ces postes ne sont pas interreliés et les membres du personnel ne sont pas polyvalents, n'ayant été formés que pour l'appareil dont ils disposent présentement.   *État de la situation actuel* / *—idées second* / *—faits*

Ces anomalies affectent gravement la productivité des services, qui doivent soit absorber les coûts des heures supplémentaires, soit subir des retards inacceptables. Il y a donc nécessité et urgence d'agir.   *Conclusion partielle*

Développement

...2

2

Développement

3e idée principale

Je recommande par conséquent l'acquisition d'un système interrelié de traitement de texte compatible avec les trois micro-ordinateurs de marque C.L.C. que vous utilisez déjà. Le logiciel de traitement de texte serait le même pour tous les postes de travail, de façon à uniformiser l'utilisation des appareils et à faciliter la formation du personnel. En plus, les machines seraient interreliées afin de permettre la création d'une banque de données accessible à tous. D'autre part, les trois imprimantes rapides seraient intégrées au système afin d'acquérir plus d'efficacité. Enfin, les heures supplémentaires ainsi que les délais pourraient être réduits sinon éliminés, par la possibilité d'un prêt de personnel d'un service à un autre.

Recommandations
—idées secondaire
—faits

Conclusion

Je vous demande donc l'autorisation de procéder à l'analyse détaillée de vos besoins, à la sélection des équipements et des logiciels nécessaires ainsi qu'à la demande de soumissions pour l'achat et l'installation des appareils.

Demande de passe
à l'action

Salutation

Espérant une réponse dans le meilleur délai, je vous prie de recevoir, Madame, l'assurance de mes sentiments les meilleurs.

Aline Bélair, analyste

AB/pl

Charnières ponctuant l'argumentation logique.

1.2 Note, note de service et note technique

La note est un écrit généralement bref, qui sert à la communication interne au sein d'une entreprise ou d'un organisme. On l'utilise afin de transmettre des ordres, des informations ou des demandes sur un point particulier. On peut distinguer la simple **NOTE**, qui s'adresse à des supérieurs ou à des égaux, la **NOTE DE SERVICE**, qui s'adresse en principe à des subordonnés, et la **NOTE TECHNIQUE**, qui a pour objet de fournir des renseignements sur un point technique particulier. Cette dernière prend la forme d'un petit rapport très simplifié qui s'envoie sans lettre de présentation. Cette distinction entre les trois espèces de notes n'est toutefois pas observée dans toutes les entreprises. Dans certains cas, tous les écrits du genre sont appelés notes ou notes de service.

La présentation de la note n'est pas astreinte au formalisme de la lettre. Elle ne comporte généralement ni appel (Madame la Présidente), ni formule de salutation finale (Recevez, Monsieur, ...).

Quel que soit le type de la note, on y trouve les éléments suivants:

— La mention du ou des **destinataires**: la note peut être adressée à une ou plusieurs personnes en particulier (avec ou sans l'indication de leurs titres), à tout ou partie du personnel d'une unité administrative, aux membres du personnel exerçant certaines fonctions, etc.

— La mention de l'**expéditeur** (avec ou sans l'indication de son titre).

— L'indication de la **date**: celle-ci peut figurer sous la forme entièrement numérique (Ex.: 19..-06-17).

— L'indication de l'**objet** de la note qui présente succinctement le but et le contenu de la note.

— Le **texte proprement dit** de la note: il présente le contenu du message sans préambule et souvent sans conclusion explicite.

— **Diverses mentions** éventuelles telles que **initiales d'identification, références** (p. ex. numéro de dossier), **pièces jointes, copies conformes, prière de faire circuler**, etc. Si la note s'adresse nommément à un grand nombre de personnes, on peut inscrire à la place du nom des destinataires le mot «Distribution» et l'on joint à la note la liste des personnes concernées.

— La **signature** manuscrite de l'expéditeur (avec ou sans son titre) ou simplement son **parafe**.

N.B. Beaucoup d'organismes ou d'entreprises utilisent des formules pré-imprimées pour ce type de communication.

La **préparation** et la **rédaction de la note** se font exactement selon les mêmes principes que dans le cas de la lettre: élaboration d'un plan, choix et classement des idées, découpage du texte en alinéas, utilisation judicieuse des charnières, etc. (V. par. 1.1 «Lettre»).

Ci-après des exemples de note, de note de service et de note technique.

Groupe-conseil S. O. inc.

NOTE

DESTINATAIRE: Monsieur Marc Dulut

EXPÉDITEUR: Raynald Bélair

DATE: Le 13 octobre 19..

OBJET: Révision du Manuel d'assurance de la qualité

      À la suite de l'audit de MM. Paul Marchand et Luc Lebeau tenu le 5 octobre dernier, il y aurait lieu d'effectuer les corrections suivantes:

1. Section 5.0 p. 4, remplacer «fiches d'évaluation du personnel» par «fiches de notation du personnel».

2. Formule n° 30-19-8207, ajouter comme 5ᵉ point à évaluer: «Les documents sont-ils autorisés?» et modifier le texte de la section 6.1 de façon appropriée.

3. Section 6.11, mettre à jour la fiche de contrôle d'utilisation des estampilles de la compagnie (un rapport de non-conformité a déjà été produit à ce sujet).

      Les modifications doivent être effectuées dans les plus brefs délais selon les prescriptions mêmes du Manuel.

Groupe - conseil S. O. inc.

NOTE DE SERVICE

DESTINATAIRES: Tous les employés du Groupe-conseil S.O. inc.

EXPÉDITEUR: Pascale Lesieur, directrice du personnel

DATE: Le 20 octobre 19..

OBJET: Rémunération

À compter du 1er janvier 19.., votre rémunération vous sera versée sur une base bimensuelle et déposée directement dans un compte à la caisse populaire de votre choix.

Vous devrez remplir et remettre vos fiches de présence dans le délai réglementaire. Une fiche de présence doit couvrir la période du 1er au 15, et une autre fiche, la période du 16 jusqu'à la fin du mois.

Chaque employé devra remplir personnellement sa fiche de présence. Pour les frais de déplacement, tous les numéros de dossiers ainsi que la description du contrat devront être indiqués d'une manière précise. Pour recevoir un remboursement, l'employé devra joindre tous ses reçus à sa fiche de présence.

c.c. Mmes Lise Leblanc, présidente
     Anne Lenoir, secrétaire-trésorière

Groupe – conseil S. O. inc.

NOTE TECHNIQUE

DESTINATAIRE: Monsieur Jean Royer, chargé de projet
Société d'habitation du Québec

DATE: Le 15 octobre 19..

OBJET: Immeuble d'habitation
rue Damas, Montréal
Excavation: zone de dépotoir

Le site prévu pour la construction d'un immeuble d'habitation de 128 appartements rue Damas, à Montréal, présente des particularités nécessitant une attention particulière. En effet, lors de l'exécution de l'étude géotechnique, nous avons identifié une zone de matériaux de rebut (ancien dépotoir). Cette zone couvre la partie nord du terrain et s'étend jusqu'au centre.

Lors des forages, nous avons constaté la présence de matériaux organiques (biodégradables) en décomposition avancée mais non achevée, sur des profondeurs allant de 4 à 5 mètres. Nous avons de plus décelé dans le tubage la présence de gaz toxiques inflammables, voire explosifs s'ils sont confinés (méthane, H_2S, etc.).

RECOMMANDATION

Étant donné les dangers que constituent la présence actuelle et la production prévue de ces gaz toxiques, et compte tenu de la conception du bâtiment projeté de même que des problèmes rencontrés sur d'autres sites présentant les mêmes caractéristiques, nous recommandons d'excaver la zone contaminée sur sa pleine épaisseur (4 à 5 m) jusqu'à la couche de sol naturel compétent sous-jacent (sable silteux compact). L'excavation devra

...2

2

être effectuée sur toute la surface prévue pour la construction de l'édifice et les matériaux devront être transportés au rebut dans un endroit approprié et approuvé par le propriétaire et par le ministère de l'Environnement du Québec.

Après inspection et approbation de l'excavation, on pourra procéder au remblai avec un matériau granulaire compactable jusqu'au niveau prévu pour la construction. Étant donné la hauteur du remblai, on devra exercer un contrôle sévère de la mise en place et du compactage des matériaux du remblai afin de minimiser les tassements ultérieurs. Pour chaque couche de 300 mm du remblai, il faudra atteindre une densité sèche équivalant à 95% de la valeur de l'essai Proctor modifié. On pourra alors utiliser une capacité portante admissible de 190 kilopascals pour le calcul des fondations reposant sur ce remblai.

Pour toute information complémentaire, prière de communiquer avec le soussigné.

Gérard Lesieur, ing.

1.3 Compte rendu

Le compte rendu est le récit ou l'exposé plus ou moins détaillé de faits observés. Mentionnons par exemple le compte rendu

— d'un entretien;
— du résultat d'une mission;
— de l'étude d'un document;
— de l'avancement d'une recherche;
— de la progression de travaux;
— d'un colloque;
— d'une réunion ou d'une séance, etc.

Le rédacteur rend compte en décrivant le plus fidèlement possible ce qu'il a constaté. Il n'interprète pas les faits; il doit demeurer objectif.

Le compte rendu n'est pas soumis à une présentation particulière; il prend souvent la forme d'un petit rapport. Il peut d'autre part s'apparenter au procès-verbal lorsqu'il rapporte le déroulement d'une séance (V. par. 1.4 «Procès-verbal»). Le compte rendu diffère néanmoins du procès-verbal par une moins grande rigidité dans la description des faits mis en cause.

Ci-après deux exemples de compte rendu.

Société de gérance M. O. inc.

Compte rendu d'avancement de travaux

Référence:	3-4802-032
Description de l'ouvrage:	Construction de la Place Alexis-Petit
Lieu:	Grandbois, Québec
Date:	19..-10-01
Préparé par:	Paul Camirand, ing.
Compte rendu n°:	2

2.0 La construction de la Place Alexis-Petit, à Grandbois, progresse normalement. Les travaux sur le chantier ont débuté il y a trois semaines. Le
calendrier de même que les prévisions de coûts de construction sont
jusqu'à présent respectés.

2.1 État d'avancement de l'ingénierie

Tous les plans, devis et dessins d'atelier sont terminés et approuvés,
excepté les plans de détail de la climatisation. Ces derniers ont été
présentés au propriétaire pour révision et approbation le 28 septembre 19...

2.2 État d'avancement des plans des aménagements extérieurs

L'architecte-paysagiste n'a pas encore terminé les révisions deman-
dées par la Ville en ce qui a trait à l'emplacement des accès aux pistes
cyclables et aux passages piétonniers. Les plans révisés devraient
être prêts le 15 octobre 19...

2.3 Progression des travaux en chantier

Le bétonnage des fondations (empattements et murs) est terminé
depuis ce matin (1er octobre 19..). Le remblai autour des murs a
débuté après sept jours de mûrissement du béton comme il a été
spécifié dans le devis et devrait être achevé le 10 octobre 19.. comme
prévu au calendrier. L'érection de la charpente d'acier devrait débu-
ter le 10 octobre 19...

...2

2.4 Fabrication de la structure d'acier

La fabrication de la structure d'acier accuse un retard de deux jours sur le calendrier du fabricant en raison d'un problème d'approvisionnement en plaques d'acier. Cependant, le fabricant a affecté une deuxième équipe de soudeurs à la production. Toute la structure devrait donc être livrée le 10 octobre 19.., conformément aux prévisions. Le fabricant possède un bon système d'assurance de la qualité et l'audit effectué le 8 août 19.. a montré que l'application de ce système était satisfaisante (cf. rapport d'audit du 8 août 19..).

2.5 Gardiennage

À la suite des actes de vandalisme commis en fin de semaine dernière, l'entrepreneur général a décidé de clôturer le chantier de façon permanente du côté du boulevard Prévert. Un gardien contrôlera les allées et venues toutes les nuits entre 18 h et 7 h, de même que durant les fins de semaine.

2.6 Appréciation globale

La construction de la Place Alexis-Petit a démarré d'un bon pied. Les rapports des surveillants et des inspecteurs sont positifs quant à la qualité des travaux effectués. Les calendriers de même que les budgets sont respectés. Aucune anomalie quant aux plans et aucune déficience quant à l'exécution des travaux ne sont à signaler présentement.

Paul Camirand, ing.
Gérant de projet

c.c. Mmes Hélène Petit, propriétaire
Manon Châteauneuf, architecte
Sylvie Blais, ing., méc.élect.
MM. Léonard Ferré, ing. structure
Jean Bienbâtit, entrepreneur

p.j. Calendrier révisé du 15 septembre 19..

Groupe - conseil S. O. inc.

Compte rendu de réunion   Réunion nº 1

Référence nº: Acc. 99333

Description de
l'ouvrage: Inspection et relance (ancrages)

Lieu de la
réunion: Place Dupuis, salle 603

Date: 19..-03-24

Heure: 10 h

Copies conformes: Personnes présentes
                           Mme Sylvie Lemay

Sont présents: M. Jean-Yves Bélanger, Accord inc.
                   Mme Claude Dubeau, Accord inc.
                   Mme Rolande Denis, Consultants S.O. inc.
                   M. Bernard Lanthier, Consultants S.O. inc.

Est absente: Mme Sylvie Lemay, Consultants S.O. inc.

1.0 But de la réunion

   Le but de la réunion est de déterminer les modalités d'utilisation des
   numéros de demandes de service (D.S.) en ce qui a trait:

   — à l'estimation des coûts de relance et d'inspection;

   — à la répartition du temps;

                                                              ...2

— à la facturation des honoraires.

2.0 Décisions prises

Après discussion, les parties conviennent de ce qui suit.

2.1 Estimation des coûts de relance et d'inspection

Le consultant n'ouvrira qu'un seul dossier pour chacune des commandes de Accord inc. et ne produira donc qu'une seule estimation par commande. Il procédera alors à la répartition des montants entre les différentes réquisitions faisant partie de chaque commande.

Le pourcentage de répartition sera établi en considération des facteurs suivants:

— répartition de la quantité de matériel entre les D.S.;
— répartition de la quantité de travail d'inspection ou de relance identifiable à chacune des D.S.;
— fabrication concurrente ou consécutive du matériel concerné par les D.S.;
— tout autre facteur permettant d'établir une répartition équitable entre les D.S.

2.2 Répartition du temps

Le temps consacré aux travaux sera enregistré par commande seulement (n° de dossier). Le temps sera ensuite réparti entre les D.S. selon les pourcentages pré-établis.

...3

3

2.3 Facturation des honoraires

Les honoraires seront facturés par commande (dossier) et les montants seront répartis entre les D.S. selon les pourcentages pré-établis.

2.4 Crédits additionnels

Dans l'éventualité où des crédits additionnels seraient nécessaires pour achever le mandat, la répartition entre les D.S. sera faite en tenant compte des mêmes critères qu'en 2.1.

2.5 Mise en application

Ces nouvelles mesures seront mises en application dès aujourd'hui en ce qui concerne les estimations et les crédits additionnels. Elles seront appliquées rétroactivement à toutes les commandes d'inspection faisant partie du contrat Acc. 99333. La facturation du mois d'avril 19.. en tiendra également compte.

Rédigé par Bernard Lanthier, ing.

1.4 Procès-verbal

Le procès-verbal est un document officiel qui relate ce qui a été discuté et décidé au cours d'une réunion. Il est rédigé par un secrétaire de séance, qui rapporte les faits le plus fidèlement possible sans exprimer son avis personnel ni tirer de conclusions. Le procès-verbal doit être rédigé avec le plus grand souci d'exactitude et de précision, car il fait foi, vis-à-vis de tous les participants, des décisions prises collectivement. Son texte doit toujours être soumis à l'approbation des membres présents, d'où son caractère d'authenticité. Dans certains cas, on exige même la signature de tous les participants.

Tout comme pour les autres formes de communication, l'élaboration d'un procès-verbal comporte deux étapes. Mais ici, l'étape préparatoire à la rédaction consiste à prendre des notes, aussi succinctes mais aussi complètes que possible, concernant l'objet des délibérations.

La **prise de notes efficace** exige que l'on soit capable de saisir l'essentiel d'une intervention et de la consigner par écrit en très peu de mots. Il s'agit là d'une habileté intellectuelle qu'il faut développer par la pratique de la rédaction et du résumé. Il faut en outre recourir à un certain nombre de procédés destinés à accélérer le travail d'écriture: constitution d'un stock personnel d'abréviations (recours éventuel à la sténographie), souci apporté à la lisibilité des notes (qualité du papier, marges, interlignes, utilisation du recto de la feuille seulement, etc.). Il ne faut surtout pas omettre de recueillir les tableaux ou résumés fournis par les intervenants eux-mêmes (V. annexe B «La prise de notes»).

La **rédaction du procès-verbal** consiste à mettre en forme les notes prises lors des délibérations. Le document définitif est soumis à des conditions de forme particulières. Beaucoup d'organismes utilisent des feuilles pré-imprimées dans la rédaction de leurs procès-verbaux, notamment pour les réunions de chantier et autres réunions de type technique. Toutefois, dans le cas de réunions administratives ou d'assemblées délibérantes, le début du procès-verbal se présentera de préférence sous la forme d'un **titre** composé, par exemple, comme suit:

▶ Procès-verbal de la réunion mensuelle du Conseil..., tenue à l'adresse suivante: ..., le vendredi 8 février 19.., de 9 h à 18 h.

Selon le cas, on précisera dans le titre s'il s'agit d'une assemblée ordinaire ou extraordinaire.

On dresse ensuite la **liste nominative des personnes présentes** ainsi que, éventuellement, celle des **membres absents**. On mentionne spécialement les invités, conférenciers, etc. L'entrée en matière se termine par l'indication des **noms et qualités du président et du secrétaire de la réunion**.

Le **résumé des débats** commence par faire état de l'adoption de l'ordre du jour et de l'approbation du procès-verbal de la réunion précédente.

Le reste du procès-verbal est consacré à rapporter fidèlement et dans l'ordre chronologique le contenu des différentes interventions. Pour chaque point figurant à l'ordre du jour, le rédacteur fait la synthèse des propos échangés. Néanmoins, les **textes des propositions et des décisions** doivent être reproduits intégralement; on spécifie toujours le nom des personnes qui présentent et appuient les propositions. Enfin, chaque fois qu'on procède à un vote, on doit faire état du nombre de personnes qui se sont prononcées pour ou contre la proposition. On mentionne également le nombre de personnes qui se sont abstenues.

Le procès-verbal se termine par l'indication de la date éventuelle de la prochaine réunion ainsi que par la mention de l'heure à laquelle la séance est levée. Suit enfin la **signature du secrétaire** (et parfois celle du président).

Le **style** du procès-verbal doit se caractériser par sa simplicité et par son objectivité. Les phrases seront toujours brèves, claires et bien ponctuées. Le **ton neutre** qui est de mise dans le procès-verbal implique:

1° que l'on transpose en français correct les propos tenus de façon familière ou grossière;

2°   que l'on place entre guillemets les paroles qui sont rapportées textuellement;

3°   que l'on proscrive rigoureusement l'emploi de la 1re personne du singulier ou du pluriel;

4°   que tout le texte soit rédigé à l'indicatif présent.

On veillera enfin à assurer une présentation impeccable du texte, notamment en adoptant un système de numérotation et de titrage cohérent, qui augmentera la lisibilité du procès-verbal. Éventuellement, on mettra le texte des propositions en évidence en les numérotant, en les encadrant, en les soulignant, etc.

Ci-après, on trouvera deux exemples de procès-verbaux, l'un relatif à une réunion technique (précédé d'une lettre de convocation), l'autre à une réunion syndicale.

Voici quelques termes de base qui font souvent difficulté dans la rédaction de procès-verbaux. Ces termes sont pour la plupart empruntés au *Vocabulaire de la langue des assurances sociales et des assemblées délibérantes* préparé par le Comité d'étude des termes de médecine des Laboratoires Ayerst, en collaboration avec l'Office de la langue française.

Forme correcte	**Forme fautive**
APPUYER	*Être le secondeur*
APPUYER UNE PROPOSITION	*Seconder une proposition*
ASSEMBLÉE EXTRAORDINAIRE	*Assemblée spéciale*
ASSEMBLÉE ORDINAIRE	*Assemblée régulière*
BUREAU (LE PRÉSIDENT, LE VICE-PRÉSIDENT, LE SECRÉTAIRE D'UNE ASSEMBLÉE)	*Les officiers*
CONSEILLER JURIDIQUE	*Aviseur légal*
CONDITIONS D'ÉLIGIBILITÉ, CONDITIONS D'ADMISSIBILITÉ, TITRES ET QUALITÉS	*Qualifications*

Forme correcte	Forme fautive
DEMANDER UN AVIS JURIDIQUE	*Demander un avis légal*
DURÉE DES FONCTIONS, MANDAT, PÉRIODE D'EXERCICE	*Terme d'office*
ENFREINDRE UN RÈGLEMENT, VIOLER UN RÈGLEMENT	*Être hors d'ordre*
EXPLICATION SUR UN FAIT PERSONNEL	*Question de privilège*
FAIRE PARTIE, ÊTRE MEMBRE D'UN COMITÉ, D'UNE COMMISSION SIÉGER À UN COMITÉ, À UNE COMMISSION	*Être sur un comité, sur une commission*
INSCRIRE AU PROCÈS-VERBAL	*Inscrire dans les minutes*
INSCRIRE UNE QUESTION À L'ORDRE DU JOUR	*Mettre un item sur l'agenda*
INVOQUER LE RÈGLEMENT, FAIRE APPEL AU RÈGLEMENT, EN APPELER AU RÈGLEMENT	*Soulever un point d'ordre*
LEVER LA SÉANCE	*Ajourner*
MEMBRE DE DROIT; MEMBRE D'OFFICE	*Membre ex-officio*
MEMBRE SUPPLÉANT	*Membre substitut*
MEMBRE TITULAIRE, MEMBRE EN TITRE	*Membre régulier*
METTRE UNE QUESTION AUX VOIX, PASSER AU VOTE	*Prendre le vote*
MOTION D'ORDRE, QUESTION RELATIVE AU RÈGLEMENT	*Question d'ordre*
ORDRE DU JOUR	*Agenda*

Forme correcte	Forme fautive
POINT, RUBRIQUE, QUESTION À L'ORDRE DU JOUR	*Item sur l'agenda*
PRÉSIDENT SORTANT	*Président sortant de charge*
PRÉSENTATION D'UN CANDIDAT, MISE EN CANDIDATURE	*Mise en nomination*
PROCÈS-VERBAL	*Minutes*
PROPOSITION, MOTION	*Résolution*
QUESTION ANTIRÉGLEMENTAIRE, IRRECEVABLE, IRRÉGULIÈRE	*Question hors d'ordre*
RAPPEL AU RÈGLEMENT	*Rappel à l'ordre*
REGISTRE DES PROCÈS-VERBAUX	*Livre des minutes*
RÈGLES DES ASSEMBLÉES DÉLIBÉRANTES	*Procédure des assemblées délibérantes*
RENVOYER À UN COMITÉ, À UNE COMMISSION	*Référer à un comité*
SCRUTIN SECRET	*Vote secret*
STATUTS (D'UNE SOCIÉTÉ, D'UNE ASSOCIATION)	*Constitution*
SUBTILITÉS, POINTS DE DÉTAIL, DÉTAILS JURIDIQUES, DÉTAILS DE PROCÉDURE	*Technicalités*
TENIR, DRESSER, RÉDIGER LE PROCÈS-VERBAL	*Prendre les minutes*
VOTER (VOTER À MAIN LEVÉE, VOTER AU SCRUTIN SECRET)	*Prendre un vote*

Consultants S.O. inc.

Port-au-Céleri, le 10 juillet 19..

Madame,
Monsieur,

Par la présente, nous vous convoquons à la quatrième réunion de concertation relative au projet de déplacement des voies ferrées tronçon Belbaie – Port-au-Céleri.

Cette réunion aura lieu à l'hôtel de ville de Port-au-Céleri, le jeudi 21 juillet 19.., à 10 h 30.

Nous vous proposons l'ordre du jour suivant et vous invitons à le compléter si vous le jugez opportun:

4.0 Ouverture de la séance;
4.1 Lecture et adoption de l'ordre du jour;
4.2 Lecture et approbation du procès-verbal de la réunion du 17 juin 19..;
4.3 Avancement des travaux au 21 juillet 19..;
4.4 Présentation des options à considérer;
4.5 Critères de choix;
4.6 Programme de travail et calendrier.

Veuillez agréer, Madame, Monsieur, l'expression de nos sentiments distingués.

Gérard Tassé, secrétaire

Consultants S.O. inc.

La Belbaie, le 22 juillet 19..

Procès-verbal

Réunion n° 4

Référence n°:	2-3080-904
Description de l'ouvrage:	Déplacement des voies ferrées La Belbaie – Port-au-Céleri
Lieu de la réunion:	Hôtel de ville, municipalité de Port-au-Céleri
Date:	19..-07-21
Heure:	10 h 30
Copies conformes:	Personnes présentes M. Paul Nault, CN

Sont présents:

M. Jean Beaupré, maire de la Belbaie
M. Yvon Doyon, maire de Port-au-Céleri
M. Albert Michaud, M.T.Q.
Mme Pierrette Alain, M.A.M.Q.
M. Alexandre Hupper, Transports Canada
M. Gérald Tassé, Consultants S.O. inc.
M. Gérard Sirois, Consultants S.O. inc.

4.0 Ouverture de la séance

La séance est ouverte par M. Jean Beaupré, président; M. Gérald Tassé fait fonction de secrétaire.

4.1 Lecture et adoption de l'ordre du jour

...2

2

Le président donne lecture de l'ordre du jour, qui est accepté sans discussion.

4.2 Lecture et approbation du procès-verbal de la réunion du 17 juin 19..

Le document est accepté sans modification par tous les participants.

4.3 Avancement des travaux au 21 juillet 19..

4.3.1 Demande de renseignements au CN

M. Tassé n'a obtenu aucun renseignement valable du CN. M. Hupper croit que, si la documentation n'est pas complète, Transports Canada pourrait ajouter 10% à la subvention pour étendre le mandat. Il faudra attendre une confirmation du ministère avant de passer à l'action.

4.3.2 Comité technique

M. Tassé rapporte que le comité technique, formé des urbanistes des deux municipalités et du représentant du M.A.M.Q., a rencontré le bureau d'études à trois reprises pour expliquer en détail les contraintes relatives au choix du tracé.

Comme il a été prévu au calendrier des travaux, un rapport d'étape sera soumis le 10 août au comité consultatif. Celui-ci aura alors deux semaines pour en approuver les recommandations.

4.3.3 Étude des matières dangereuses

M. Michaud mentionne que l'étude des matières dangereuses transportées par la voie ferrée à déplacer progresse lentement. Les informations sont difficiles à obtenir en ce qui concerne les quantités et la nature des produits. M. Hupper se dit prêt à collaborer et communiquera avec le M.I.C. pour obtenir des renseignements supplémentaires avant la prochaine réunion. Étant donné ces difficultés, M. Michaud précise qu'un retard de deux semaines est à prévoir dans la production du rapport. M. Beaupré mentionne qu'il est important d'obtenir des données précises, car il y va de la sécurité des citoyens.

...3

34

4.4 Présentation des options à considérer

M. Tassé explique que, outre le tracé actuel, deux autres possibilités de tracés ont été identifiées compte tenu des aires de moindre résistance délimitées par les urbanistes et les écologistes. On se trouve ainsi en présence de trois options:
Option 1 — Tracé au nord de la route 138;
Option 2 — Tracé à la limite du développement potentiel des deux municipalités;
Option 3 — Statu quo en éliminant les passages à niveau.

4.5 Critères de choix

M. Tassé présente certains documents concernant les critères quant au choix d'un tracé. Une discussion s'ensuit.

M. Doyon propose alors de classer les critères selon l'importance dé-croissante suivante:
1. Organisation municipale (et infrastructures existantes);
2. Impact social (pollution, bruit, etc.);
3. Utilisation du sol (zonage, agriculture);
4. Passages à niveau nécessaires;
5. Service à la clientèle;
6. Transport des matières dangereuses;
7. Coûts de construction;
8. Difficultés de conception (sols, alignement, etc.).

Tous sont d'accord avec cette liste, qui sera transmise au comité techni-que dès le 22 juillet 19..

4.6 Programme de travail et calendrier des travaux

Le rapport d'étape n° 1 sera prêt le 10 août 19.. La prochaine réunion aura lieu le 10 août 19.. Le comité technique se réunira tous les mardis.

...4

4

La remise du rapport final au ministre des Transports reste prévue pour le 1er décembre 19..

4.7 Levée de la séance

L'ordre du jour étant épuisé, la séance est levée à 13 h.

Le secrétaire,
Gérard Tassé

P.-S. Si le présent procès-verbal n'est pas conforme aux propos que vous avez tenus ou entendus, veuillez nous en avertir d'ici le 1er août, faute de quoi ce texte sera considéré comme le fidèle reflet de la réalité.

SPCB SYNDICAT DES PROFESSEURS DU COLLÈGE DE BIENVILLE

SYNDICAT DES PROFESSEURS DU COLLÈGE DE BIENVILLE

PROCÈS-VERBAL

de l'ASSEMBLÉE GÉNÉRALE EXTRAORDINAIRE tenue le 18 octobre 19.. au siège du Syndicat, 170, rue Cartier, à Bienville.

1. Ouverture de la séance

Le quorum (33) étant dépassé, la séance est ouverte à 19 h 35 par Paule Beaudry, présidente du Syndicat. Joanne Allary agit comme secrétaire.

Sont présents les membres dont les noms figurent en annexe . Sont également présents les deux conseillers juridiques invités, Mme Aline Corriveau et M. Alex Champagne.

2. Adoption de l'ordre du jour

Louise Fontaine propose l'adoption de l'ordre du jour tel qu'il figure dans l'avis de convocation. Gérard Laforest demande qu'on y ajoute, immédiatement après le point «Suites de la dernière Assemblée générale», le point suivant: «Déclenchement immédiat de la grève».

La proposition ainsi modifiée est appuyée par Maurice Dufresne et adoptée sans discussion à l'unanimité.

3. Approbation du procès-verbal de l'Assemblée générale ordinaire du 20 juin 19..

La présidente fait lecture du procès-verbal de l'Assemblée générale du 20 juin 19... Roberte Demers fait remarquer qu'elle n'a pas employé les mots «la stupidité du directeur», mais bien «l'ineptie des décisions prises par la Direction». L'acceptation du procès-verbal, modifié conformément à cette remarque, est proposée par Marc Gagné, appuyée par Chantal Laperle et adoptée à l'unanimité.

...2

4. Élection d'un président d'assemblée

La présidente Paule Beaudry expose qu'étant personnellement engagée dans le point principal figurant à l'ordre du jour, elle souhaite céder sa place à un autre membre du Syndicat pour présider la présente assemblée. Michelle Sirois propose le nom de Sylvestre Champagne. Celui-ci ayant décliné l'offre, Marcelle Quirion, appuyée par Maria Klopstock, propose le nom de Géraldine Meunier. Celle-ci est élue à l'unanimité aux fonctions de présidente d'assemblée.

5. Suites de la dernière Assemblée générale

La présidente cède la parole à la présidente du Syndicat Paule Beaudry, qui expose le résultat des négociations entreprises avec la Direction depuis juin dernier:

1) la Direction serait prête à réduire d'une demi-heure la tâche hebdomadaire des professeurs;

2) par contre, elle se refuse obstinément à envisager une augmentation de traitement supérieure à 4,6 % (à comparer aux 2,1 % offerts initialement et aux 7,2 % réclamés par le Syndicat).

Paule Beaudry conclut son intervention par la proposition suivante:

— que le Syndicat renonce à toute réduction du temps de travail hebdomadaire;

— qu'en contrepartie, il exige une augmentation de traitement de 5,4 % ;

— que le comité de négociation soit chargé de reprendre les discussions avec la Direction sur cette nouvelle base.

La proposition de Paule Beaudry, appuyée par Céline Roberge, est mise aux voix. Elle est adoptée par 49 voix contre 23 et 18 abstentions.

6. Proposition de grève immédiate

Étant donné le vote précédent, la présidente de l'assemblée émet l'avis que la proposition en cause est *ipso facto* rejetée. Gérard Laforest insiste toutefois pour qu'on la mette aux voix au scrutin secret et est appuyé par Florentine Dubois. L'assemblée choisit comme scrutateurs, sans discussion, Louis Périer, Joséphine Dubreuil et Constant Lebijou.

La proposition se lit comme suit: «Que, étant donné la position patronale, le Syndicat décrète une grève générale immédiate.»

Le vote donne le résultat suivant: 17 pour, 52 contre et 9 abstentions. La proposition est donc rejetée.

7. Le trésorier, Albert Boisvert, propose que soit immédiatement constitué un fonds de grève, alimenté par une cotisation de 2 % à prélever sur les traitements de tous les membres. La proposition est appuyée par Colette Gendron.

S'ensuivent de longues discussions où interviennent: en faveur de la proposition, Gérard Laforest, Maurice Dufresne et Ginette Bellehumeur; contre la proposition, Andrée Frenette, Charlotte Grenier et Ian Smith.

8. Clôture de la séance

À 23 h 10, Paule Beaudry fait observer que l'assistance ne comporte plus que 29 personnes, c'est-à-dire que le quorum n'est plus atteint. Elle décide que la discussion sera remise à la prochaine assemblée. La présidente lève donc la séance à 23 h 15.

Joanne Allary

La secrétaire,
Joanne Allary

1.5 Imprimés

L'imprimé est un document comportant des titres indicatifs et des espacements en blanc où l'on consigne des faits, des actes, des événements qui se reproduisent fréquemment au sein d'une entreprise ou d'un organisme.

Ainsi, c'est sous forme d'imprimés que se présentent les bordereaux de transmission qui accompagnent les documents, les formulaires servant à la rédaction de rapports journaliers, hebdomadaires ou mensuels (rapports d'inspection, de vente, etc.), les blocs-messages téléphoniques, les notagrammes, etc.

La structure de l'imprimé comporte normalement les éléments suivants:

— la **raison sociale** de l'entreprise ou de l'organisme (telle qu'on la retrouve sur le papier à en-tête);

— le **titre** qui identifie la formule ainsi que les **références** qui facilitent son classement;

— les **sous-titres des rubriques** où l'utilisateur consigne les renseignements appropriés;

— éventuellement, des **instructions** relatives au mode d'emploi de la formule.

La **conception d'un formulaire** comporte deux étapes: l'identification précise des rubriques et la disposition matérielle des éléments. Le rédacteur aura à choisir entre trois types principaux d'imprimés: les **imprimés à lignes**, les **imprimés à cases** et les **imprimés à colonnes**.

Les **qualités** essentielles d'un bon imprimé sont les suivantes:

1° Il doit être parfaitement clair, dépourvu de toute ambiguïté et exempt de toute mention inutile.

2° Sa présentation graphique doit permettre à l'utilisateur de le remplir facilement (espace suffisant, indication claire des instructions, etc.). On utilisera éventuel-lement des encadrés, des grisés ou des trames pour mettre en relief telle ou telle partie du formulaire.

3° **Si l'imprimé est bilingue**, on choisira, selon le type d'imprimé, l'une ou l'autre des solutions suivantes:

a) Ou bien on juxtapose les deux textes, en plaçant la version française à gauche.

b) Ou bien on dispose les deux textes l'un en dessous de l'autre en plaçant la version française au-dessus. Dans ce cas, et chaque fois que la version française d'un titre, d'une indication, d'une instruction comporte plus d'une ligne, on évitera d'interrompre la lecture normale par une ligne de traduction: on écrira d'abord tout le texte français, qui sera suivi de toute la version en langue étrangère.

Dans les deux cas, il est souhaitable, pour augmenter la lisibilité, d'employer des caractères différents pour les deux versions, par exemple le romain pour le texte français et l'italique pour l'autre texte.

c) Si le document contient plusieurs pages, il est souvent préférable de rédiger deux imprimés distincts, l'un uniquement en français, l'autre dans la langue de traduction.

Ci-après, on trouvera trois exemples d'imprimés: un bordereau de transmission, un avis de message téléphonique et un notagramme. Ces exemples sont tirés essentielle-ment du *Guide linguistique à l'usage des imprimeurs*, d'Hélène Cajolet-Laganière *et al.*, Office de la langue française, Québec, à paraître.)

Consultants S.O. inc.

BORDEREAU DE TRANSMISSION

DESTINATAIRE:

EXPÉDITEUR: TÉL.:

- ☐ Prendre note et classer
- ☐ Prendre note et faire suivre
- ☐ Prendre note et retourner
- ☐ Prendre note et me voir
- ☐ Retourner avec commentaires

- ☐ Retourner avec plus de détails
- ☐ À titre de renseignement
- ☐ Pour votre approbation
- ☐ Pour votre signature
- ☐ Selon votre demande

- ☐ Prière de répondre
- ☐ Préparer réponse pour signature
- ☐ Pour enquête et rapport
- ☐ Prière de donner suite

COMMENTAIRES:

REÇU PAR: DATE: HEURE:

86-434428

42

Consultants S.O. inc.

MESSAGE TÉLÉPHONIQUE

POUR _____

DE LA PART DE _____

TÉL.:

☐ PRIÈRE D'APPELER

☐ DOIT RAPPELER

COMMENTAIRES:

REÇU PAR: HEURE: DATE:

86-434429

Consultants S.O. inc.

NOTAGRAMME

Expéditeur: Date:

Destinataire: Objet:

Message:

RÉPONSE:

Signature: Date de réponse

Expéditeur: Conserver la copie verte   Destinataire: Conserver la feuille blanche et retourner la copie rose

86-434430

1.6 Communiqué

Le communiqué est un texte destiné à transmettre une nouvelle à un public plus ou moins étendu. On distingue ainsi:

— le **communiqué externe** (communiqué de presse), qui s'adresse aux médias (journaux, radio, télévision) dans le but de rejoindre le grand public;

— le **communiqué interne**, qui n'est destiné qu'au personnel d'un organisme ou d'une entreprise.

Le communiqué comprend les éléments suivants:

— la **provenance du communiqué**, que donne l'en-tête du papier à lettres de l'organisme ou de l'établissement;

— le **lieu** et la **date d'envoi du communiqué**, qui peuvent être placés,

   • soit avant le titre, dans l'angle supérieur droit;
   • soit au début du texte, juste avant la première phrase;
   • soit à la fin du texte;

— la **mention «COMMUNIQUÉ»**;

— l'**avis de publication**, qui autorise la publication du communiqué à compter d'une date précise ou immédiatement:

   ▶ Pour publication le 14 septembre 19..
     Pour publication immédiate

— le **titre du communiqué**, qui précise en quelques mots, avec le souci de piquer la curiosité du lecteur, l'objet et le contenu du texte;

— le **texte du communiqué**, qui est présenté en quelques alinéas;

— l'**indicatif -30-**, qui est inscrit sous le texte du communiqué, au centre de la page, pour annoncer la fin du texte à diffuser;

— la **source**, qui précise le nom et le numéro de téléphone de la personne susceptible de fournir des renseignements supplémentaires. Le mot «source» peut être remplacé par l'expression «Pour information».

N.B. En général, le communiqué n'est pas signé et l'on n'y indique pas d'initiales d'identification.

Avant de rédiger un communiqué, il faut se poser les questions suivantes:

— Quelles sont les caractéristiques du public auquel on s'adresse?

— Quel est l'objectif poursuivi?

— Quel est l'essentiel du message à transmettre?

— À quel titre transmet-on le message?

Une fois résolues ces questions et mises en ordre les idées à présenter, on passe à la rédaction proprement dite. Le **premier alinéa (préambule)** doit contenir, sous la forme la plus condensée et la plus claire possible tous les éléments importants du message. (Souvent, la presse électronique ne retiendra que ce premier alinéa). Le ou les alinéas qui suivent fournissent les détails de la nouvelle.

On se rappellera que c'est lorsque tout le texte est composé que l'on est le mieux placé pour choisir le **titre** le plus percutant possible.

En ce qui concerne le **style du communiqué**, plus le public à atteindre est large, plus on doit veiller à la simplicité de l'expression.

La **présentation du communiqué** doit être particulièrement claire et soignée. On dactylographiera toujours le texte à double interligne en laissant de bonnes marges pour permettre aux journalistes d'annoter leur exemplaire. Des **sous-titres** bien choisis peuvent être très utiles si le communiqué est relativement long. L'efficacité d'un communiqué est directement liée à la qualité de sa rédaction et de sa présentation.

Mais il faut en outre tenir compte de l'heure de tombée des médias choisis et adresser le communiqué au directeur de l'information. Signalons enfin que les contacts personnels avec tel ou tel journaliste peuvent être d'une très grande utilité.

Ci-après, on trouvera des exemples d'un **communiqué interne** (avis de nomination), d'un **communiqué de presse** relatif à une enquête sur la qualité des services d'une entreprise de transport et enfin d'un **communiqué technique**.

Groupe-conseil S.O. inc.

Le 16 mai 19..

COMMUNIQUÉ

Titre

AVIS DE NOMINATION

Chapeau d'introduction

J'ai le plaisir d'annoncer la nomination de Madame Lucie Roy au poste de vice-présidente à l'administration de la compagnie. Madame Roy entrera en fonctions le 1er juin prochain.

Détails de la nouvelle

C'est avec regret que nous avons accepté la démission de Monsieur David King, qui occupait ce poste depuis 1982. Nous lui souhaitons le plus grand succès dans ses nouvelles fonctions d'attaché commercial du Canada en Algérie. Nous profitons de l'occasion pour souligner l'excellence de son travail et pour le remercier très sincèrement des services rendus à notre firme pendant toutes ces années.

Madame Roy, qui était, depuis 1983, directrice des ventes à notre succursale de l'est du Canada, est titulaire d'un M.B.A. de l'Université York.

Conclusion

Je compte sur vous tous pour apporter à Madame Roy votre entière collaboration et maintenir ainsi la prospérité de notre compagnie.

Guylaine Chénier
Guylaine Chénier
Présidente-Directrice générale

GC/mt

48

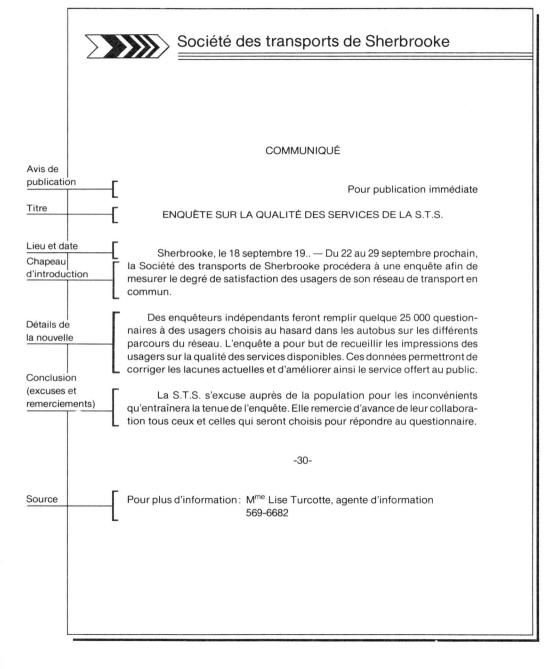

Société des transports de Sherbrooke

COMMUNIQUÉ

Avis de
publication
Pour publication immédiate

Titre
ENQUÊTE SUR LA QUALITÉ DES SERVICES DE LA S.T.S.

Lieu et date
Chapeau
d'introduction
    Sherbrooke, le 18 septembre 19.. — Du 22 au 29 septembre prochain, la Société des transports de Sherbrooke procédera à une enquête afin de mesurer le degré de satisfaction des usagers de son réseau de transport en commun.

Détails de
la nouvelle
    Des enquêteurs indépendants feront remplir quelque 25 000 questionnaires à des usagers choisis au hasard dans les autobus sur les différents parcours du réseau. L'enquête a pour but de recueillir les impressions des usagers sur la qualité des services disponibles. Ces données permettront de corriger les lacunes actuelles et d'améliorer ainsi le service offert au public.

Conclusion
(excuses et
remerciements)
    La S.T.S. s'excuse auprès de la population pour les inconvénients qu'entraînera la tenue de l'enquête. Elle remercie d'avance de leur collaboration tous ceux et celles qui seront choisis pour répondre au questionnaire.

-30-

Source
Pour plus d'information : Mme Lise Turcotte, agente d'information
569-6682

Consultants S.O. inc.

Le 5 juin 19..

COMMUNIQUÉ

Pour publication immédiate

TRAVAUX DE PROTECTION DU FOYER LEDOUX
CONTRE LES ÉBOULEMENTS DE LA TOUR NOIRE

Les services professionnels des Consultants S.O. inc. ont été retenus en août 19.. par le ministère du Plan, afin de concevoir les techniques propices à la protection du foyer Ledoux contre d'éventuelles chutes de blocs rocheux provenant du mont Apache (Tour Noire).

La firme a proposé, dans une première phase, de creuser une tranchée de réception des éboulis à l'arrière du foyer Ledoux. À cette tranchée un remblai serait ajouté pour renforcer cette mesure de sécurité. Le travail a été exécuté au cours de l'automne 19.. et la tranchée sera entretenue en permanence. De plus, on a reboisé le talus aval en avril 19.. dans le but d'agrémenter le site, ce reboisement permettant aussi de consolider les obstacles opposés aux éboulements.

La seconde phase consistera en l'abattage de la partie de la Tour Noire qui menace de s'écrouler dans les prochaines années et dont la détérioration est trop avancée pour pouvoir être stabilisée par des techniques sécuritaires et économiques. Durant la période du 15 juin au 15 juillet 19.., on procédera donc à l'abattage sélectif d'une vingtaine de blocs rocheux d'un poids total d'environ 2500 tonnes. On utilisera de faibles charges de dynamite et, pour plus de sécurité, le foyer Ledoux sera évacué durant les phases de dynamitage. Des panneaux seront également disposés à proximité du chantier et on appliquera toutes les normes de sécurité propres à de telles opérations. Une fois l'abattage de la Tour Noire terminé, on procédera au déblaiement des blocs instables demeurés sur les parois rocheuses et

...2

50

2

l'on installera dans le roc laissé en place des ancrages afin d'éviter que de nouvelles plaques se détachent à nouveau. En outre des repères de déplacement permettront de surveiller au fil des ans la stabilité du massif rocheux.

Le coût de ces travaux, évalué à 120 000 $, est assumé par le ministère du Plan.

-30-

Source: Mme Hélène Leroy
        873-0542

1.7 Curriculum vitae

Le curriculum vitae est un document qui renferme l'ensemble des indications relatives à l'état civil, à la formation, à l'expérience et aux qualités professionnelles d'un individu. C'est une pièce maîtresse dans la vie professionnelle de tout cadre ou employé. Son importance se manifeste surtout dans les trois circonstances suivantes:

1° lorsqu'on est à la recherche d'un emploi;

2° lorsqu'on envoie une demande de subvention;

3° lorsque, dans le cadre d'une activité professionnelle, on répond à un appel d'offre de services.

Le curriculum vitae comprend généralement les éléments suivants:

1° **renseignements individuels** (nom, adresse, numéro de téléphone, date de naissance, langues parlées et écrites, numéro d'assurance sociale, état civil, etc.);

2° **formation** (études secondaires, collégiales, universitaires, etc., diplômes obtenus, stages, cours complémentaires, cartes de compétence, etc.);

3° **expérience** (emplois, employeurs, type d'entreprise, tâches accomplies, responsabilités, raisons du départ, etc.);

4° **publications** et participation à différents **congrès, colloques**, etc.;

5° **appartenance à des associations, ordres professionnels, sociétés savantes**;

6° éventuellement, mention de la participation à des **activités socio-culturelles diverses**, mention des **champs d'intérêts** extra-professionnels, etc.

N.B. Lorsque le curriculum vitae est établi en vue d'une demande d'emploi, on peut juger opportun de le terminer par l'indication de quelques **références personnelles**.

Dans ce cas, il importe de toujours en demander l'autorisation aux personnes citées.

Une fois ces renseignements recueillis et classés, il faut procéder à leur mise en forme. Il existe différentes façons de rédiger un curriculum vitae.

La **formule classique** commence par une énumération de tous les renseignements relatifs au nom, à la date de naissance, à l'état civil et au domicile du candidat. Elle présente ensuite d'une manière chronologique la liste des études faites, en commençant par les études secondaires ou collégiales pour se terminer par les diplômes d'études supérieures. Il en va de même pour l'expérience professionnelle. Le lecteur peut ainsi suivre la carrière du candidat depuis ses débuts jusqu'à la période actuelle.

La **formule à l'américaine** est plus synthétique. Elle regroupe brièvement les renseignements personnels du candidat (âge, état civil, etc.) et présente son expérience professionnelle en commençant par le dernier emploi qu'il a occupé. Il en va de même pour sa formation. Ce type de curriculum vitae introduit même, à la manière d'un article de journal, un «chapeau d'introduction» où le rédacteur met en exergue deux ou trois éléments percutants qui caractérisent sa carrière professionnelle. Cela a pour but de piquer la curiosité du lecteur et de l'intéresser dès les premières lignes.

Dans certains cas, il peut être intéressant de regrouper l'information relative à l'expérience professionnelle d'une **manière thématique**. Ce type de curriculum vitae permet de faire ressortir la correspondance entre les domaines d'expérience d'un candidat et les exigences de l'emploi qu'il postule.

Il ne s'agit là d'ailleurs que d'une des façons d'adapter son curriculum vitae aux circonstances. On doit en effet toujours veiller à mettre en valeur les éléments susceptibles d'attirer l'attention de la personne à qui le document s'adresse, compte tenu de l'emploi postulé ou du service que l'on offre.

Le **style** du curriculum vitae doit se caractériser par une extrême simplicité. Il peut souvent se réduire au style télégraphique, ce qui se traduit par le fait qu'on n'utilise guère le pronom personnel sujet, surtout celui de la première personne. Toutefois, dans le résumé de carrière initial, on utilise de véritables phrases syntaxiquement complètes comportant l'emploi normal du pronom personnel sujet. S'il s'agit d'une demande d'emploi, ce pronom peut être à la première personne. S'il s'agit d'une offre de services émanant d'un organisme ou d'une entreprise, on utilisera la troisième personne.

La **présentation matérielle** du curriculum vitae doit être impeccable. Comme ce document est souvent lu rapidement, il faut en rendre la lecture la plus facile et la plus attrayante possible. On veillera spécialement à ce que le texte soit bien aéré, que les alinéas soient brefs, qu'ils soient regroupés en paragraphes pourvus de titres et de sous-titres pertinents.

Ci-après, on trouvera trois exemples de curriculum vitae: le premier est rédigé selon la formule à l'américaine, le second suit la forme classique et le dernier présente les informations sous la forme thématique.

CURRICULUM VITAE

MARCEL B. GRONDINES, ing., M.Sc.A.

1205, rue Groulx, app. 102
Sherbrooke (Québec) J1H 5Z8
tél.: (819) 562-4055
N.A.S.: 231-375-507
Né le 7 juin 1948, à Lotbinière, Québec
Langues: français, anglais, espagnol
Marié (3 enfants)

RÉSUMÉ DE CARRIÈRE

Diplômé en génie électrique de l'Université de Sherbrooke en 1972, il a oeuvré depuis ce temps en conception, surveillance et gestion de projets de transformation, transport et distribution d'électricité. Il a travaillé autant pour l'entreprise privée que dans le secteur public. Il possède de plus une bonne expérience des projets internationaux pour avoir réalisé un contrat d'électrification rurale en Arabie Saoudite, où il a résidé pendant deux ans.

ÉTUDES ET DIPLÔMES

M.Sc.A., génie électrique
École Polytechnique de Montréal, 1976

B.Sc.A., génie électrique
Université de Sherbrooke, 1972

D.E.C., sciences pures et appliquées
Cégep de Trois-Rivières, 1968

...2

2

MARCEL B. GRONDINES (suite)

EN COMPLÉMENT

Cours sur les lois des contrats A.C.M.Q., 1979

Cours de gestion de projets
Institut canadien des ingénieurs, 1978

MEMBRE DES ASSOCIATIONS SUIVANTES

Ordre des ingénieurs du Québec
Institut canadien des ingénieurs
Conférence internationale des grands réseaux électriques
Chambre de commerce de Laval

EXPÉRIENCE

Depuis 1980
Consultants S.O. inc.
Chef de chantier. Il est affecté à la surveillance et à la gestion
de la construction du poste Alabi (735 kV) à la Baie James,
réseau R.T.B.J.

1978-1980
S.W.L. inc.
Ingénieur résident. Il a la responsabilité d'un projet d'électrification rurale dans la région de Quaseem en Arabie Saoudite
(demande actuelle 15 000 kVA, prévisions 65 000 kVA pour
dans 5 ans et 200 000 kVA pour dans 10 ans — distribution
triphasée au primaire (33 kV) et au secondaire (120/208 V)
avec MALT solide sur le réseau).

...3

56

MARCEL B. GRONDINES (suite)

1976-1978
L.R.W.M. et associés
Ingénieur de projet. Il est responsable de divers projets de conception de sous-centrales pour Hydro-Québec: poste Sarcelle, Cap à l'Aiguille (120-25 kV), poste du Riz Sauvage, Port au Marsouin (12, 4-4 kV), etc.

1972-1976
Ville de Sherbrooke
Chargé de projet. Il est responsable de la construction d'une centrale hydro-électrique.

1970-1972
Générale électrique du Canada ltée
Étudiant stagiaire. Il travaille à la conception, aux essais et à la mise en production d'un nouveau type de transducteur.

PUBLICATIONS

GRONDINES, M.B. «Design of Analog Model for 12-14 kV substation ground studies, using a digital Model», dans *Substation Magazine*, vol. 10, n° 5, oct. 1976, p. 25-41.

GRONDINES, M.B. et A. LANOUETTE. «Méthode de conception et dessin de réseaux de M.A.L.T. assistés à l'ordinateur», dans le *Maître électricien*, vol. 15, n° 8, sept. 1980, p. 10-21.

CURRICULUM VITAE[1]

RENSEIGNEMENTS PERSONNELS

Nom: BEAUCHEMIN
Prénom: Catherine
Adresse: 840, av. Simard, app. 16
Rivière-du-Loup (Québec) G18 5H2
Numéro de téléphone au domicile: (418) 336-2514
au bureau : (418) 336-9461
Date et lieu de naissance: le 8 avril 1947, à Saint-Jean, Québec
Langue maternelle: français
Autre langue: anglais
Situation de famille: mariée

ÉTUDES ET DIPLÔMES

Diplôme d'études collégiales en Sciences de l'administration
Cégep de Saint-Jean, Saint-Jean, 1973

Baccalauréat en Sciences de l'administration
Université de Moncton, 1976

C.A., Ordre des comptables agréés du Québec, 1977

Maîtrise en Sciences commerciales
Université d'Ottawa, 1978

...2

1. Ce curriculum vitae accompagne une lettre de demande d'emploi pour un
poste de vice-présidente à l'administration d'une compagnie privée.

CATHERINE BEAUCHEMIN (suite)

EN COMPLÉMENT

Stage de huit mois en comptabilité
Complexe Desjardins inc., Montréal, 1976
Tâches et responsabilités: assister le chef comptable dans les
différentes fonctions du système de comptabilité de la compagnie (comptes fournisseurs, comptes clients, grand livre, etc.)

EXPÉRIENCE

Printemps 1977
Lamarre, Brochu, Jodoin et associés, comptables agréés
Contrat de trois mois pour préparer les documents et vérifier
les rapports d'impôt fédéral et provincial traités par ordinateur.

1978-1981
Banque nationale du Canada
Comptable à la succursale principale de Hull (Québec)

1981-1985
Banque nationale du Canada
Directrice adjointe à la succursale principale de Québec

Depuis juin 1985
Directrice des finances de la compagnie Électrolic inc., à
Rivière-du-Loup
Tâches et fonctions: comptable et contrôleuse. Responsable
de toutes les activités relatives aux finances de la compagnie.
Il s'agit d'une firme très dynamique, spécialisée dans la haute
technologie. Elle compte actuellement 325 employés et son
chiffre d'affaires est de plus de 25 000 000 $ par année.

...3

3

CATHERINE BEAUCHEMIN (suite)

MEMBRE DES ASSOCIATIONS SUIVANTES

       Association des administrateurs agréés du Nouveau-Brunswick
       Ordre des comptables agréés du Québec
       Chambre de commerce de Rivière-du-Loup

DISTRACTIONS PRÉFÉRÉES

       Cours de peinture et de dessin.
       Tennis, golf et ski.

RÉFÉRENCES

       Mme Luce Veillette, directrice
       Banque nationale du Canada
       16, boul. Laurier, Québec (Québec)
       G1G 8Z4
       (418) 643-2612

       M. Paul Simoneau, président-directeur général
       Compagnie Électrolic inc.
       114, 8e Rue, bureau 101, Rivière-du-Loup (Québec)
       G2B 4B6
       (418) 263-2611

Fait à Rivière-du-Loup, le 15 septembre 1986.

CURRICULUM VITAE[1]

de

Robert LEBLANC
2630, rue Roy
Montfleury (Québec)
J1H 7X9

Tél.: (819) 562-1020

Bureau:
Département de français
Université de Chéribourg
2500, bd du Collège
Chéribourg (Québec)
J1K 9W9

Tél.: (819) 821-9988

RENSEIGNEMENTS PERSONNELS

Né à Limoilou (Québec), le 25 avril 1936
Époux de Ghislaine BÉDARD
Père de cinq enfants
N° A.S.: 332-412-158

---

1. Ce curriculum vitae thématique a été dressé et envoyé en réponse à l'annonce suivante:

SOCIÉTÉ MULTINATIONALE recherche pour diriger son SERVICE DES RELATIONS INTERNATIONALES un juriste d'expérience spécialisé dans les questions fiscales et connaissant parfaitement les problèmes du monde agro-alimentaire. Le poste exige une excellente connaissance du français, de l'anglais et de l'espagnol. La préférence sera donnée aux candidats connaissant d'autres langues et ayant l'expérience de la traduction.

...2

2

Curriculum vitae de Robert Leblanc (suite)

RÉSUMÉ DE CARRIÈRE

Diplômé en droit et en sciences économiques, il a d'abord pratiqué le barreau pendant quatre ans. Il a ensuite travaillé durant six ans comme conseiller juridique et fiscal dans l'industrie agro-alimentaire. Ayant entretemps poursuivi à temps partiel des études de linguistique et de traduction, il est depuis 1967, professeur à l'Université de Chéribourg, où il enseigne la rédaction et la traduction dans le cadre du programme «Rédaction administrative, juridique et technique».

ÉTUDES

1947-1953 : Humanités classiques à Berlin-Ouest et à Montréal
(Collège Brébeuf)
1954-1957 : Licence en droit (Université de Montréal)
1957-1962 : Maîtrise en sciences économiques (Université de Montréal)
1964-1969 : Maîtrise en linguistique (Université Laval)

EXPÉRIENCE DU DROIT

Sitôt ses études de droit terminées, en 1958, il passe l'examen du barreau et pratique comme avocat, jusqu'en 1963, chez Bernard, Roy et associés, à Montréal, où il est spécialement chargé des procès d'ordre fiscal.

En 1960, il fait, au congrès international du M.N.O.P., tenu à Rome, une communication intitulée «L'incidence des impôts directs sur la productivité agricole».

Entre 1961 et 1963, il collabore régulièrement à la revue «Agriculture d'aujourd'hui» par la publication d'une soixantaine d'articles consacrés aux problèmes juridiques et fiscaux qui se posent aux agriculteurs.

...3

62

3

Curriculum vitae de Robert Leblanc (suite)

CONNAISSANCE DE L'INDUSTRIE AGRO-ALIMENTAIRE

À la fin de ses études de droit, en 1957, il publie un mémoire de 120 pages intitulé «Agriculture et Fiscalité». Cet ouvrage obtient le Prix André Leboeuf, auquel est attachée une bourse de 5000 dollars.

Cette bourse lui permet de compléter ses études par une maîtrise en sciences économiques, qu'il termine en 1962 en publiant un mémoire intitulé «Évolution de l'élevage du lapin au Québec de 1900 à 1950».

De 1961 à 1967, il est conseiller juridique et fiscal à la Société Agralim, où il met notamment sur pied un glossaire terminologique trilingue (français, anglais, espagnol) de la culture et du commerce de la betterave sucrière.

Depuis 1967, il enseigne à l'Université de Chéribourg, où il supervise entre autres un cours destiné aux futurs agronomes et intitulé «Terminologie et style du rapport d'expertise».

CONNAISSANCE DES LANGUES ET EXPÉRIENCE DE LA TRADUCTION

De langue maternelle française, mais ayant passé la plus grande partie de son enfance (jusqu'à l'âge de treize ans) dans différents pays étrangers, il y apprend successivement l'espagnol, le russe et l'allemand, langues dont il approfondit la connaissance durant toutes ses études secondaires et universitaires.

Pendant ses études de linguistique, il s'intéresse spécialement à la stylistique comparée de l'anglais et du russe. Sa thèse de maîtrise est consacrée à une «Étude comparative du vocabulaire de la culture maraîchère en anglais et en russe».

...4

4

Curriculum vitae de Robert Leblanc (suite)

En 1966, il devient membre agréé de la Société des traducteurs du Québec (traduction à partir de l'espagnol, de l'allemand et du russe vers le français).

Depuis son entrée au service de l'Université de Chéribourg, il enseigne la stylistique comparée du français et de l'anglais ainsi que la rédaction technique et administrative française.

En 1976, il est choisi pour représenter le Canada au sein du «Comité international pour l'harmonisation des terminologies dans l'industrie agro-alimentaire».

En 1978, il fait, au Congrès international des juristes, tenu à Stockholm, une communication relative à «Quelques problèmes de langue dans les traités internationaux relatifs aux échanges de produits agricoles». Cette communication d'une demi-heure a été traduite en trois langues et reproduite in extenso, en 1979, dans des revues scientifiques de cinq pays.

Depuis 1981, il est agréé comme traducteur par le Gouvernement du Québec, pour lequel il a traduit à ce jour environ 1900 pages de textes anglais, allemands, espagnols ou russes vers le français.

Fait à Chéribourg, le 28 juin 1986

1.8 Procédure

Une procédure est un document qui a pour objet de fournir des renseignements précis concernant les étapes par lesquelles il faut passer et les règles à suivre pour effectuer un travail, une recherche, etc.

On rédige généralement un texte de procédure lorsque, dans un organisme ou une entreprise, on désire implanter ou uniformiser une nouvelle méthode de travail, un type de formulaire, de rapport, etc. qui nécessite une méthodologie particulière. La rédaction est assurée par une personne mandatée à cette fin. Une fois le texte rédigé, il est approuvé par la direction et transmis aux personnes concernées.

Le texte de la procédure doit informer le destinataire quant aux points suivants:

1. le but ou les objectifs de la procédure;
2. sa période d'application;
3. l'exposé systématique et détaillé de toutes les opérations relatives à son objet;
4. les personnes qu'elle concerne.

La **phase préparatoire** à la rédaction d'une procédure consiste à bien identifier ces quatre composantes principales, qui constituent en fait le plan de travail et qui représentent les quatre parties du texte. En ce qui a trait à la méthodologie à suivre, pièce maîtresse de la procédure, il faut veiller avec le plus grand soin à établir une suite rigoureusement chronologique des opérations qui permettront à l'usager d'atteindre les objectifs visés sans le moindre risque d'erreur.

Dans la **rédaction du texte**, on doit apporter une attention spéciale au choix des charnières pour bien se faire comprendre et éliminer toute ambiguïté dans l'interprétation des consignes.

Tout texte de procédure doit être dactylographié, numéroté et signé par le rédacteur et le responsable.

En principe, on ne le détruit jamais, mais on peut le modifier. Dans un tel cas, la nouvelle version mentionne qu'il y a eu modification; la version originale est toujours conservée dans les archives de l'Administration.

Voir en annexe C un exemple de texte de procédure concernant la révision de rapports techniques.

1.9 Directive

La directive est une espèce de note de service, de longueur variable, qui a pour objet de donner des instructions précises à tout le personnel ou à une fraction du personnel quant à la façon d'agir dans certaines circonstances données: exécution d'un travail, accomplissement d'une tâche, etc.

On rédige une directive lorsqu'on désire donner des instructions relatives à l'application de nouvelles procédures, à des modifications dans la politique administrative, à des modifications dans l'organisation départementale, etc. La rédaction de la directive est assurée par une personne mandatée à cette fin. Une fois le texte rédigé, il est approuvé par la direction et diffusé parmi les personnes concernées.

La directive doit informer les destinataires relativement aux points suivants:

— détails des instructions formant l'objet de la directive;
— période d'application;
— personnes concernées;
— voie hiérarchique à suivre;
— sanctions éventuellement encourues par les contrevenants;
— rédacteur et responsable administratif.

Le travail de préparation et de rédaction est analogue *mutatis mutandis* à ce qui a été dit à propos de la procédure (V. par. 1.8 «Procédure»).

Toute directive doit être dactylographiée, numérotée et signée par le directeur ou le responsable administratif.

Il arrive souvent que les directives renvoient à des procédures. Comme celles-ci sont appelées à être modifiées et révisées régulièrement, il est important que, le cas échéant, les directives précisent le numéro de la procédure ou de la version révisée. Enfin, il est essentiel que la directive indique clairement sa date d'entrée en vigueur.

Ci-après, un exemple de directive.

	DI-00-00 Directive concernant la mise à jour des curriculum vitae	Révision n° 1-0	Date 1983-08-21
		Appr. Adm.	Date 1983-09-01

    Les curriculum vitae de tous les employés doivent être mis à jour au moins une fois par an au début de janvier. Cette mise à jour devra être faite conformément à la procédure PR-00-02 «Rédaction des curriculum vitae» et à ses derniers amendements et révisions.

    Dès la rentrée du congé du Nouvel An, tous les employés recevront une copie de leur C.V. tel qu'il figure dans les dossiers du personnel. Ils auront un délai de dix jours pour le réviser et en remettre à la directrice du personnel une copie dûment signée et approuvée par leur directeur.

    L'employé doit veiller à bien décrire les fonctions occupées depuis la dernière révision, la nature et l'importance des études, chantiers et ouvrages sur lesquels il a travaillé, de même que les cours et les séminaires suivis, les diplômes obtenus, les conférences prononcées, les articles publiés, etc.

    Cette directive remplace toute autre directive antérieure sur le même sujet et entre en vigueur dès aujourd'hui.

Luc Sylvain
Vice-président

1.10 Autres moyens de communication technique

Nous avons groupé ici quelques autres moyens de communication technique d'usage courant dans les entreprises. Étant donné l'ampleur de certains de ces documents et leur caractère spécialement technique, il s'avère impossible d'en donner des exemples-types.

1.10.1 SPÉCIFICATIONS TECHNIQUES

Document qui définit les caractéristiques exigées d'un matériau, d'un produit, d'un service ou d'un système (de matériaux, de produits, de services ou de systèmes).

1.10.2 NORME

Spécifications techniques ou autre document accessible au public, établi avec la coopération et le consentement de toutes les parties intéressées, et énonçant des exigences auxquelles doit satisfaire un matériau, un produit, un service ou un système pour qu'une collectivité puisse en faire usage comme il en a été convenu.

1.10.3 MANUEL D'UTILISATION ET D'ENTRETIEN

Ce manuel renferme les procédures, spécifications, programmes, conseils et recommandations essentiels à l'utilisation et à l'entretien du produit, du matériel, de la machine ou du système concerné. Qu'il s'agisse d'un réacteur nucléaire, d'une automobile ou d'un jouet, chaque produit a des particularités techniques qui demandent une méthode d'utilisation particulière de même qu'un entretien approprié.

Le document doit être clair, précis et illustré par des plans, schémas, figures, photos, etc. Il est généralement accompagné de la garantie applicable au produit en question.

1.10.4 MANUEL D'ASSURANCE DE LA QUALITÉ

Ce manuel précise les engagements et les obligations de la société ou de la compagnie en ce qui a trait aux mesures à prendre pour assurer la qualité des produits fabriqués ou des services rendus. Il doit en outre expliquer de façon claire, pour les différentes fonctions du programme d'assurance de la qualité, les responsabilités de chacun des intervenants, tout en précisant quelles sont les autorités hiérarchiques compétentes en la matière.

1.10.5 OFFRE DE SERVICE

L'offre de service constitue en fait le curriculum vitae d'une firme. Elle renferme essentiellement la description des services et des produits que l'on offre à un client éventuel.

Elle peut être générale: elle s'adresse alors à tous les clients éventuels et s'apparente ainsi à une brochure publicitaire. Mais elle a aussi souvent pour but d'offrir un service, un produit ou un système bien déterminés à un ou à quelques clients éventuels directement concernés. L'offre de service peut être très courte et parfois même se résumer à une simple lettre; mais il arrive souvent qu'elle soit beaucoup plus étoffée si le projet est complexe et la méthodologie détaillée.

Selon le cas, l'offre de service peut comprendre les éléments suivants:

- **historique de la firme**;

- **présentation du personnel et des ressources** matérielles disponibles (avec addition éventuelle d'un organigramme);

- **réalisations de la firme** (services ou produits, avec addition éventuelle de fiches techniques).

S'il s'agit d'un projet d'envergure, on ajoutera souvent des détails concernant:

— la **méthodologie** du travail (avec annexe éventuelle d'un logigramme);

— le **curriculum vitae des personnes** chargées de l'exécution du projet;

— le **calendrier des activités**;

— une **estimation des coûts**.

Dans certains cas, notamment dans les relations internationales, on devra ajouter certaines références bancaires.

L'offre de service est souvent la réponse à une invitation précise faite par un client éventuel. Cette invitation est dénommée **appel d'offre de service** et peut être publiée dans les journaux. Elle doit comporter tous les éléments nécessaires à la préparation de l'offre de service, et notamment, selon le cas:

— le nom de la firme d'où émane l'appel d'offre;

— la nature et la description du projet;

— le lieu où le projet doit être réalisé;

— le lieu où l'on peut se procurer les documents nécessaires (feuilles de soumission, plans, cahier des charges, etc.);

— les conditions d'admissibilité;

— la nature des garanties exigées;

— la date et l'heure limites de la remise des offres de service.

La **rédaction** d'une offre de service fait appel à différents styles d'écriture. On y trouve à la fois des textes présentés sous forme de narration (historique et réalisations) et de description (ressources et équipements disponibles). Certaines parties de l'offre peuvent être rédigées en style télégraphique (fiches techniques, calendrier, etc.). On peut également y faire usage de plans, de schémas, d'organigrammes, etc. Les curriculum vitae sont évidemment rédigés selon les règles exposées plus haut (V. par. 1.7 «Curriculum vitae»).

La **présentation** de l'offre de service revêt une importance capitale. On doit lui accorder la même attention que lorsqu'on rédige une brochure publicitaire. Le corps du texte sera précédé d'une table des matières établie avec soin et d'une page-titre attrayante. Le tout sera soigneusement relié dans une couverture appropriée. Enfin, l'offre de service sera accompagnée d'une lettre de présentation.

1.10.6 PROGRAMME DE TRAVAIL

Le programme de travail est un document permettant la planification et la gestion d'un projet ou d'une recherche. L'établissement d'un tel programme s'impose dans tous les cas où l'on doit accomplir un travail de quelque envergure. Il trouvera notamment sa place dans toute demande de subvention ou de subside. Il va sans dire qu'il s'agit là d'un outil de base dont on doit se munir avant d'offrir ses services pour un projet ou d'entreprendre l'exécution d'un contrat.

L'établissement d'un programme de travail comprend un certain nombre d'étapes.

1° **Délimitation précise du sujet**. Il s'agit de prendre conscience avec une parfaite netteté de la nature du mandat dont on est chargé, des objectifs poursuivis et des caractéristiques des personnes à qui l'on s'adresse.

2° **Élaboration du plan de travail**. Elle consiste à établir une liste des différents aspects à considérer, des différentes démarches à effectuer afin de dégager et d'étudier tous les aspects importants du problème. Dans certains cas, le plan de travail peut prendre la forme d'un **logigramme** (présentation graphique de la méthodologie utilisée).

3° **Définition de la structure organisationnelle**. On y précise les types de ressources humaines qu'exige l'application du programme, ce qui se traduit généralement par un **organigramme**, où sont figurés graphiquement les lots de travail, les activités, les disciplines, les tâches, etc.

4° **Inventaire des ressources matérielles**. Celui-ci concerne les locaux, la documentation et l'équipement dont on aura besoin dans l'exécution du travail.

5° **Énumération des étapes de réalisation et des techniques utilisées** pour la réalisation du projet.

6° **Établissement du calendrier des activités.**

7° **Estimation des coûts.**

8° **Mise au point de mécanismes de contrôle** qui visent à évaluer la portée des résultats et à effectuer les corrections nécessaires en cours de route.

La **rédaction** du programme de travail consiste à clarifier tous les points ci-dessus et à les présenter sous forme de schémas, de tableaux, de graphiques, de plans fragmentaires et de courts textes adoptant éventuellement le style télégraphique. (Pour plus de détails, nous renvoyons le lecteur à la leçon 9 de notre *Cours de rédaction technique et administrative*, où figure également un exemple de programme de travail.)

1.10.7 RAPPORT

Le rapport est un document qui présente l'étude objective et approfondie d'une question ou d'une situation donnée. Cette étude est réalisée en vertu d'un mandat confié par une autorité quelconque en vue d'une décision à prendre par celle-ci. Il s'agit donc d'un instrument de communication, d'information et de gestion, d'où son caractère à la fois social, documentaire et administratif. Il doit constituer une synthèse, une vue générale d'un problème particulier pour une période donnée.

Le rapport diffère du compte rendu et du procès-verbal; il est plus qu'une simple description. Il impose au rédacteur la tâche de rassembler des éléments et d'en faire une analyse judicieuse, afin d'en arriver, dans la plupart des cas, à des avis, à des propositions, à des conclusions motivées.

N.B. Le chapitre qui suit est entièrement consacré à l'élaboration du rapport technique. (V. aussi Annexe D «Exemple de rapport technique».)

Chapitre II

Rapport technique

2.0 RAPPORT TECHNIQUE

Le présent chapitre est entièrement consacré à l'élaboration du rapport technique. Nous lui avons accordé une place privilégiée, d'une part, à cause de la très grande importance que ce type de document revêt dans tout organisme ou entreprise, et d'autre part, parce que la plupart des principes applicables au rapport technique le sont également *mutatis mutandis* aux autres types de communication technique.

Ajoutons que la méthodologie décrite ci-après peut aussi être utilisée dans la rédaction de documents tels que mémoires, rapports de recherche, reportages, dossiers de tout genre.

2.1 Généralités

2.1.1 DIVERS TYPES DE RAPPORTS

Quel que soit le genre d'entreprise, la rédaction de rapports est une activité courante, et cela, aux différents niveaux de la hiérarchie. Il existe une très grande variété de rapports selon les divers domaines d'activités auxquels ils s'appliquent:

- ingénierie,
- administration,
- commerce,
- finance,
- industrie,
- recherche,
- politique,
- environnement,
- écologie, etc.

Par exemple, un rapport peut avoir pour objet:

- l'étude d'impact d'un projet sur l'environnement;
- l'étude de faisabilité d'un projet;

- les résultats d'une campagne d'exploration;
- une étude de rentabilité;
- les méthodes d'exploitation d'une mine, d'un chantier, d'une usine, etc.;
- les résultats de visites et d'inspection d'un chantier, d'une usine, etc.;
- des avis techniques concernant un brevet d'invention;
- les moyens de formation du personnel;
- l'état d'avancement de la fabrication d'un produit;
- l'étude de la situation financière d'une entreprise;
- l'achat d'équipement;
- des expertises;
- des programmes d'action;
- la description et l'évaluation d'activités périodiques (rapports journaliers, hebdomadaires, mensuels, annuels);
- des enquêtes judiciaires, etc.

Parmi ces rapports, certains ont essentiellement pour but de fournir une information sur un sujet donné, en laissant au destinataire le soin de porter un jugement et de prendre les décisions appropriées. Ce sera le cas, par exemple, d'un rapport qui fait état du nombre et des types d'accidents survenus dans une entreprise pendant une période déterminée (rapport de type explicatif).

Néanmoins, la majorité des rapports vont plus loin. Outre l'exposé des faits, ils en présentent une analyse, tirent des conclusions, proposent des solutions motivées ou en font une discussion critique. Ainsi, dans l'exemple précédent, le rédacteur du rapport ne se bornerait pas à faire état du nombre et des types d'accidents; il étudierait en outre leurs causes et proposerait des moyens pour remédier à la situation (rapport de type critique).

2.1.2 RÉDACTEUR DU RAPPORT

Le rapport engage la responsabilité de son auteur. Ce dernier est responsable de l'information donnée et, le cas échéant, des décisions qui sont prises par l'autorité sur la base des données fournies dans le rapport.

Le rédacteur du rapport doit donc manifester une grande intégrité professionnelle. Il doit rapporter les faits en toute impartialité, objectivement. Les données qu'il expose doivent être rigoureusement vérifiées. Les propositions et les conclusions qu'il formule doivent être soigneusement étudiées et pesées. Son seul but doit être l'efficacité et l'exactitude.

Le rapporteur doit également être conscient que le rapport reflète l'ampleur de ses connaissances professionnelles, la justesse de son jugement, l'efficacité de son esprit de synthèse et d'analyse, enfin, la rigueur de son raisonnement et la qualité de son expression.

2.1.3 DESTINATAIRES DU RAPPORT

Un rapport est écrit spécialement pour un ou des destinataires, c'est-à-dire pour un petit nombre de gens qualifiés. Ceux qui ont demandé le rapport désirent être bien informés. Il importe donc de connaître le plus exactement possible leurs exigences en ce qui a trait à l'étendue du rapport, à son contenu et à l'esprit dans lequel il doit être rédigé. Il est parfois essentiel de rencontrer les destinataires, afin de s'assurer que le travail entrepris répond à leurs besoins et à leurs exigences.

Les destinataires ont généralement beaucoup d'occupations; aussi désirent-ils un rapport concis, clair et bien présenté. Ils souhaitent être rapidement au courant du but du rapport et des solutions proposées par son auteur. De plus, les questions qu'ils se posent doivent facilement trouver réponse par la consultation de la table des matières, de l'index ou des titres et sous-titres, qui seront donc présentés selon un bon système de numérotation. En ce sens, il est toujours souhaitable de se mettre à la place du lecteur et de tenter de prévoir ses questions.

Les destinataires sont censés avoir une compétence certaine dans le domaine. Le rapport doit par conséquent éviter toute donnée imprécise, tout calcul non vérifié, toute remarque ou proposition non justifiée. La présence de telles imperfections jetterait le discrédit sur l'ensemble du travail.

Enfin, les destinataires sont des personnes qui apprécient, à juste titre, la qualité des rapports. Le texte doit donc être bien écrit, présenté avec soin et rédigé dans un ton qui évitera d'agacer ou de choquer le lecteur.

2.1.4 QUALITÉS D'UN BON RAPPORT

Tout rapport est le plus souvent jugé et annoté dès sa première lecture. Aussi, le rédacteur doit-il tout mettre en oeuvre pour qu'il soit, en tout point, de la meilleure qualité, ce qui suppose le respect de trois exigences de base.

1. Un rapport doit toujours être fondé sur des faits concrets, réels, qui sont décrits et replacés dans un ensemble. Loin d'accumuler des informations et de multiplier les détails superflus, un bon rapport ne conserve que l'essentiel et présente les faits le plus clairement et le plus fidèlement possible.

2. Un bon rapport se caractérise également par une démarche logique rigoureuse, qui part d'une analyse systématique des faits et des données recueillies pour aboutir aux commentaires et aux interprétations appropriés.

3. Enfin, pour être efficace, un rapport doit présenter des conclusions et des recommandations pratiques et justifiées, qui répondent ainsi aux questions et problèmes soulevés au début du rapport et sont susceptibles de convaincre les destinataires.

Pour atteindre ces trois objectifs de base, le rapporteur doit veiller à la qualité d'un certain nombre d'éléments et éviter plusieurs écueils qui le guettent. Le tableau qui suit présente une synthèse des principales qualités qui caractérisent un bon rapport. À celles-ci nous avons opposé les diverses erreurs qui font qu'un rapport n'est pas convaincant, est difficile ou désagréable à lire, parfois même incompréhensible. Dans une troisième colonne, nous avons donné quelques «recettes» pour aider à améliorer la qualité des rapports.

TABLEAU I

Qualités d'un rapport technique

Qualités de fond	Défauts à éviter	«Recettes»
1) Délimitation précise du sujet et des objectifs.	• Sujet d'étude mal cerné. • Objectifs non respectés ou perdus de vue en cours de route.	• Ne jamais entreprendre la recherche sans avoir au préalable élaboré un plan de travail provisoire précis. • Dans la mesure du possible, établir un programme de travail indiquant les étapes à franchir, avec éventuellement, un calendrier et les coûts prévus.
2) Documentation pertinente et complète.	• Documentation incomplète, inexacte, discutable, non ou mal identifiée, mal utilisée.	• Prendre le temps de se doter de toute la documentation pertinente. • Éventuellement, faire une utilisation judicieuse des banques de données. • Veiller scrupuleusement à une transcription fidèle et complète des renseignements puisés dans la documentation. • Évaluer les sources disponibles en fonction de certains critères tels que l'âge du document, la réputation de l'auteur, etc. • Ne jamais consigner un renseignement sans noter la référence exacte et complète du document d'où il provient. • Respecter le contexte d'où est tiré le renseignement, en évitant soigneusement toute extrapolation injustifiée. • Ne jamais hésiter à consulter un spécialiste pour obtenir des éclaircissements sur un point particulier.

79

TABLEAU I (suite)
Qualités d'un rapport technique

Qualités de fond	Défauts à éviter	«Recettes»
3) Argumentation bien structurée.	• Parti-pris ou manque d'objectivité du rapporteur. • Introduction imprécise en ce qui concerne le sujet d'étude, les objectifs du rapport et la méthode de travail utilisée. • Arguments présentés de façon incohérente. • Affirmations dépourvues de justification. • Explications incomplètes. • Détails oiseux, répétitions et longueurs inutiles. • Anticipation sur les conclusions du rapport. • Conclusion escamotée, ne répondant pas à toutes les questions annoncées dans l'introduction. • Conclusion dépourvue de concision et se limitant à un long résumé du développement. • Le cas échéant, conclusion présentant des propositions ou recommandations vagues et incomplètes.	• Essayer d'aborder le sujet de l'étude sans la moindre idée préconçue. • Apporter une attention particulière à ne jamais rien affirmer qui n'ait déjà été prouvé. Éviter notamment de tenir pour acquis ce qui est précisément à démontrer (pétition de principe). • Ne jamais commencer à rédiger le rapport avant d'avoir élaboré un plan de rédaction (plan détaillé). • Lire et se documenter sur la façon de rédiger un bon rapport. • Éventuellement, avoir à portée de main un ou plusieurs exemples de rapports bien rédigés.

TABLEAU I (suite)
Qualités d'un rapport technique

Qualités de forme	Défauts à éviter	«Recettes»
1) Rédaction correcte et appropriée au sujet.	• Style trop familier, trop «parlé». • Ton inapproprié: artificiel, emphatique. • Style lourd: phrases obscures, trop compliquées. • Abus des mots vagues ou vides tels que «avoir», «être», «faire», «chose», etc. • Vocabulaire inapproprié: termes techniques non reconnus, anglicismes, termes impropres, etc. • Fautes d'orthographe, de grammaire et de syntaxe. • Ponctuation erronée: texte trop ou trop peu ponctué. • Manque d'éléments de liaison pour passer d'une idée à une autre.	• Avoir à sa disposition quelques bons outils de référence pour s'autocorriger (V. bibliogr. critique). • Avoir à sa portée un protocole de révision de texte (V. annexe B). • Se relire pour corriger erreurs, impropriétés, incohérences, imprécisions, répétitions, etc. • Vérifier systématiquement au dictionnaire l'orthographe et le sens des mots dont on n'est pas sûr. • Faire lire son texte par une personne compétente et discuter par la suite avec elle des corrections à apporter.

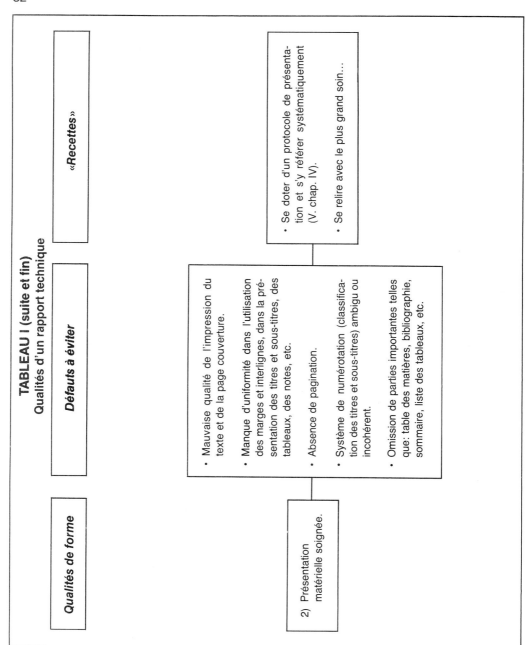

TABLEAU I (suite et fin)
Qualités d'un rapport technique

Qualités de forme	*Défauts à éviter*	*«Recettes»*
2) Présentation matérielle soignée.	• Mauvaise qualité de l'impression du texte et de la page couverture. • Manque d'uniformité dans l'utilisation des marges et interlignes, dans la présentation des titres et sous-titres, des tableaux, des notes, etc. • Absence de pagination. • Système de numérotation (classification des titres et sous-titres) ambigu ou incohérent. • Omission de parties importantes telles que : table des matières, bibliographie, sommaire, liste des tableaux, etc.	• Se doter d'un protocole de présentation et s'y référer systématiquement (V. chap. IV). • Se relire avec le plus grand soin....

2.1.5 LETTRE DE PRÉSENTATION DU RAPPORT

La lettre de présentation est une lettre que l'on joint au rapport dans le but d'introduire le sujet et de rappeler au lecteur les objectifs et l'importance de la question traitée. Elle peut également préparer le destinataire à la lecture du rapport en citant quelques points importants du plan.

La lettre de présentation peut être remplacée par une note figurant en tête du rapport, notamment lorsque celui-ci doit être distribué à un grand nombre de personnes.

2.2 Étapes à franchir avant d'élaborer un rapport technique

Comme tout travail de rédaction, l'élaboration d'un rapport comprend sept étapes:

— la délimitation précise du sujet;
— l'élaboration d'un plan de travail provisoire;
— la collecte des matériaux;
— l'analyse et le classement des matériaux;
— l'élaboration d'un plan détaillé (plan de rédaction);
— la rédaction proprement dite du rapport;
— la présentation du rapport.

2.2.1 DÉLIMITATION PRÉCISE DU SUJET

Il apparaît essentiel que le rapporteur se donne quelques heures de réflexion afin de bien cerner le sujet d'étude et d'en voir toutes les implications. Pour ce faire, il doit d'abord faire le vide en lui, dans le but d'aborder le sujet sans préjugés et l'esprit ouvert. Ceci fait, il doit procéder à une analyse minutieuse de l'énoncé exprimant son mandat. Celle-ci se fait sous deux angles: du point de vue sémantique, on tente de bien identifier le sens précis de tous les mots de l'énoncé qui exprime le sujet du rapport; du point de vue syntaxique, il s'agit de découvrir les rapports existant entre tous ces mots. L'étude du sens des mots implique non seulement la recherche de la signification exacte des mots inconnus ou mal connus, mais également une prise de conscience claire du sens de chaque mot de l'énoncé. Bien comprendre le sujet et le délimiter, c'est voir d'une manière absolument précise la réalité que l'on doit étudier.

Le rapporteur doit de plus s'assurer qu'il connaît parfaitement le mandat qui lui a été confié, c'est-à-dire qu'il a une vue précise des objectifs du rapport et de l'utilité qu'on en escompte.

Ainsi, après avoir analysé le sujet, il importe d'en cerner l'orientation. S'agit-il d'un rapport de type explicatif, où l'on doit simplement décrire, montrer en toute objectivité un certain nombre de faits ou de constatations? Ou plutôt, le rapport doit-il être basé sur la critique, doit-il peser, évaluer, juger les faits, pour en arriver à présenter un certain nombre de propositions? Il est très important de bien connaître le type d'orientation du rapport que l'on doit rédiger, car de là doit découler toute une façon d'être, d'agir et de réagir. Dans le premier cas, le compte rendu des faits sera fidèle, méticuleux, objectif. Dans le second cas, nous adopterons une attitude critique et dubitative. Nous chercherons à contester les apparences, à prouver le contraire de ce que certains faits semblent impliquer, à douter de certains éléments de preuve pour aboutir à une vision personnelle des faits et à la présentation de quelques propositions jugées appropriées.

Le rapporteur doit enfin s'interroger quant au destinataire du rapport. Qu'est-ce que celui-ci attend, et comment compte-t-il utiliser les résultats de l'étude?

2.2.2 ÉLABORATION D'UN PLAN DE TRAVAIL PROVISOIRE

Après avoir analysé le sujet d'étude, déterminé avec précision la tâche à accomplir, décidé de quel type de rapport il s'agit (explicatif ou critique), le rapporteur est en mesure d'évaluer l'ampleur de la recherche et d'entreprendre l'élaboration d'un plan de travail provisoire qui lui permettra de mener à bien son étude.

Souvent, la simple analyse du sujet débouche d'elle-même sur un plan de recherche provisoire. Mais ce n'est pas toujours le cas. Si de l'analyse du sujet ne découle aucun plan de travail, le rapporteur doit faire une analyse de la réalité à étudier et tenter de cerner les différents aspects que le rapport doit traiter.

Lorsque la rédaction d'un rapport technique est confiée à un spécialiste, celui-ci peut facilement dégager les points essentiels à discuter. Celui qui a l'habitude d'étudier un certain type de réalité peut partir d'une grille d'analyse a priori. Par exemple, un ingénieur géotechnicien possédera d'avance une méthode de travail qui lui permet d'entreprendre une étude des fondations d'un édifice. Sa méthode de travail lui fournit sa grille d'analyse, et par conséquent son plan de recherche provisoire pour chacune des études géotechniques qu'il aura à faire.

Le but du plan de recherche est d'établir une liste des différents aspects à considérer, des différentes démarches à effectuer afin de dégager et d'étudier tous les aspects importants du problème.

En dernier ressort, pour dresser son plan, le rapporteur peut s'inspirer de la table des matières d'ouvrages écrits sur le sujet. Dans ce cas, il ne doit évidemment jamais perdre de vue le sujet précis qu'il a à traiter.

N.B. Il ne faut pas confondre ce plan de travail provisoire et le plan de rédaction ou plan définitif. Le plan dont nous parlons ici a pour seul but de préciser un certain nombre de points qu'il faudra traiter pour mener la recherche à bien. Le plan définitif, lui, beaucoup plus précis et détaillé, est destiné à guider le rapporteur pas à pas lors de la rédaction proprement dite du rapport.

2.2.3 COLLECTE DES MATÉRIAUX

Le rapporteur doit rechercher l'ensemble de la documentation relative à son sujet d'étude afin d'obtenir toute l'information nécessaire. Il fait donc l'inventaire et dresse la liste de toutes les ressources qui sont à sa disposition: rapports, études, sondages et enquêtes, résultats d'essais et d'analyses, banques de données, avis de spécialistes, etc.

Pour bien se documenter, il faut être capable de sélectionner et d'évaluer ses ressources en fonction de certains critères tels que la date du document, l'ampleur et la précision des données qu'il fournit, la qualité de sa présentation, la réputation de l'auteur, et ainsi de suite.

Cette phase de recherche a pour but de réunir le maximum de renseignements sur le sujet: il faut traiter tout le sujet et rien que le sujet; il faut viser à l'exhaustivité dans la description des faits et à l'abondance des idées, compte tenu de l'ampleur et de la nature de la recherche. C'est donc à partir de ses connaissances personnelles, des données concrètes dont il dispose et de la documentation pertinente qu'il a entre les mains que le rapporteur pourra se doter de tous les éléments qui serviront de base à son travail.

Il importe avant tout de savoir de quels types sont les matériaux que l'on recherche. Ces derniers sont généralement de deux espèces: des faits considérés comme des données du réel, et des idées conçues par l'esprit, mais le plus souvent appuyées sur ces faits.

Dans cette recherche des faits et des idées, il faut prendre certaines précautions. On doit se méfier des affirmations ou opinions personnelles qui ne s'appuient sur aucun fait. Il faut plutôt émettre des constatations et des jugements réfléchis, motivés, qui découlent de faits observés et irréfutables. Les opinions purement personnelles inspirent toujours au lecteur un sentiment de doute quant au sérieux du rapport. L'ensemble des idées présentées dans un rapport prendra donc essentiellement la forme de constatations et de jugements.

Les matériaux utilisés doivent être pertinents, c'est-à-dire qu'ils doivent être directe-ment associés au sujet étudié. Une sélection parmi ces matériaux doit être faite en fonction de la nature et de l'orientation du sujet. Ainsi, dans le cas d'un rapport explicatif, nous accumulerons une série de matériaux pour rendre compte objectivement de la réalité: constatations, faits, preuves (quantités vérifiables), etc. S'il s'agit, au contraire, d'un rapport de type critique, nous ne retiendrons ces faits, ces preuves et ces constata-tions que pour les évaluer, les critiquer, et ainsi justifier la pertinence de nos propositions et recommandations.

À cette étape, le rapporteur a évalué sa recherche, il connaît avec précision l'ampleur de la tâche à accomplir, il a en main un plan de recherche provisoire et il connaît la nature des matériaux qu'il doit chercher: des faits et des idées. Il est donc maintenant en mesure d'aborder sa recherche. Il peut dès lors commencer à rassembler tous les éléments et les faits qui se rapportent au sujet traité et sur lesquels il va appuyer son étude.

2.2.4 ANALYSE ET CLASSEMENT DES MATÉRIAUX

Lorsque l'étape précédente est terminée, c'est-à-dire lorsque nous disposons de tous nos instruments de travail, nous devons passer à la recherche des faits et des idées qui constitueront nos matériaux de base. Cette enquête se fait en trois étapes:

— repérage et description des faits;
— analyse et classement des faits;
— conception d'idées et de jugements fondés sur l'observation et l'analyse des faits.

a) **Repérage et description des faits**

Le rapporteur doit prendre connaissance de toute la documentation recueillie en vue de son exploitation. Le travail consiste à repérer, à énoncer et à décrire tous les faits qui se rapportent directement au sujet à étudier. L'énonciation du fait retenu peut consister en une reproduction textuelle ou résumée d'un texte, ou en une description du fait observé, de façon à faire ressortir les caractères ou les éléments que l'on veut retenir.

Une méthode simple et efficace consiste à noter sur des fiches ou sur des feuilles (une pour chaque élément distinct) tout fait, idée, constatation ou jugement suggéré par l'observation et l'analyse des faits. En tête de chacune de ces fiches ou de ces feuilles, on note un titre qui se réfère au plan de recherche provisoire. Cela permettra par la suite de les classer et de les ordonner en fonction des divisions du rapport. Elles serviront à l'élaboration du plan détaillé, et si elles sont remplies avec soin, elles pourront également être utilisées lors du travail de rédaction (V. Annexe B «La prise de notes»).

b) **Analyse et classement des faits**

Ce travail consiste à comparer et à distinguer entre eux, dans le but de les catégoriser selon certains critères, les faits que nous venons d'énumérer et de décrire.

En les comparant, le rapporteur sera amené à déterminer les rapports de ressemblance et de différence entre les faits retenus, et par conséquent, à identifier leurs traits communs et leurs traits distinctifs, et à déterminer les caractères spécifiques d'ensembles et de sous-ensembles. On pourra ainsi classer la totalité des faits observés en un certain nombre de divisions et de subdivisions.

L'énumération et la description des faits se présentaient comme un tout informe. Ce tout est désormais organisé.

c) Conception et énonciation des idées

Il s'agit de la dernière étape de cette recherche des faits et des idées. Le travail du rapporteur consiste ici à énoncer, sous forme de phrases complètes, des observations, des idées, des inductions, des jugements, etc. Ces idées, déduites du classement et de l'analyse des faits, sont données à titre personnel, mais sont toujours appuyées sur les faits observés, décrits et analysés. Dans le cas d'un rapport explicatif, l'auteur énoncera surtout des constatations; s'il s'agit d'un rapport de type critique, il devra émettre des jugements.

2.2.5 ÉLABORATION DU PLAN DÉTAILLÉ (PLAN DE RÉDACTION)

Lors de l'analyse du sujet, de la collecte des matériaux, de la recherche et de l'analyse des faits et des idées, le rapporteur était le récepteur de messages: il accumulait des informations et des connaissances sur le sujet. Dorénavant, il doit devenir l'émetteur: celui qui transmet un message. Il doit donc veiller à ce que ses affirmations soient cohérentes, sa pensée logique et claire, son argumentation bien structurée et convaincante.

La qualité d'un rapport est directement liée à la qualité et à la précision du plan sous-jacent. Il ne viendrait pas à l'idée d'un ingénieur ou d'un architecte d'entreprendre la construction d'un pont ou d'un édifice sans plans ni devis; d'un homme d'État ou d'un militaire, de se lancer dans une action importante sans stratégie. Il en va de même pour l'expert à qui l'on confie la rédaction d'un rapport sur un problème particulier. L'abondance de la documentation ne suffit jamais, à elle seule, à conférer au rapport une haute qualité.

Le rapport n'est pas une pure création de l'esprit: bien au contraire, il part toujours de faits concrets, de données réelles. Aussi, après avoir rassemblé et analysé les faits, il importe de faire un tri, de sélectionner les éléments qui se rapportent au sujet traité et de les incorporer dans un plan logique. Dans ce foisonnement du donné, il faut éliminer l'accessoire et ne conserver que ce qui est essentiel pour l'argumentation. Il s'agit là d'un travail d'organisation qui consiste à mettre en ordre les faits enregistrés et à distribuer les éléments, compte tenu d'un certain nombre d'idées principales et d'idées secondaires.

Le plan d'un rapport ne s'improvise pas. Son élaboration implique un important travail de réflexion afin de bien circonscrire le sujet, de cerner avec précision l'idée ou les idées directrices et d'établir les liens qui seront à la base d'une argumentation solide.

Méthodologie pour le choix des idées

L'élaboration du plan détaillé se fait à partir du plan provisoire et de la recherche des faits et des idées. Lors de l'analyse et du classement des matériaux, nous avons procédé au repérage et à la description des faits, à l'analyse et au classement de ces faits, et enfin, à l'énonciation d'idées, de constatations ou de jugements relevant de l'analyse des faits. Nous sommes donc en présence d'un certain nombre de données qui ont été regroupées et classées compte tenu de leurs traits caractéristiques communs et de certains jugements auxquels elles ont donné naissance.

Pour construire notre plan détaillé, nous ferons un choix parmi ces idées, que nous conserverons telles quelles, ou que nous reformulerons. Il s'agit donc du regroupement des faits par domaines ou par grandes idées. Nous partirons des faits pour généraliser: le rapporteur induit une idée générale à partir des faits qu'il a observés. Par exemple, il avait au départ quelque soixante faits, qui sont maintenant regroupés autour de quatre idées principales.

Pour identifier ces grandes idées directrices qui constituent l'ossature du rapport, deux préoccupations doivent guider le rédacteur: d'une part, le sujet du rapport et les objectifs qu'il poursuit, et d'autre part, les exigences du destinataire du rapport. Les idées formulées doivent être précises: elles doivent exprimer exactement et entièrement la pensée de l'auteur. Elles doivent de plus être pertinentes, donc fournir une explication du sujet. Enfin, l'ensemble des idées doit fournir une réponse à tous les problèmes soulevés par le sujet traité et mentionnés dans le plan de recherche provisoire.

Une fois que les idées directrices ont été induites, il importe de les agencer de telle sorte qu'elles constituent une argumentation.

Chaque idée principale comprendra à son tour deux ou plusieurs idées secondaires. Le plan définitif est donc construit à deux niveaux:

— les idées principales;
— les idées secondaires.

La somme des idées principales doit couvrir l'ensemble du sujet. La somme des idées secondaires doit expliquer la totalité de l'idée principale à laquelle elles sont rattachées. De plus, toutes les idées doivent être distinctes les unes des autres et s'enchaîner de façon logique et progressive.

Ainsi, le plan détaillé est constitué de quelques grandes idées directrices, d'idées secondaires servant à développer chacune des idées principales et d'une série de faits destinés à illustrer et à prouver chacune des idées émises (voir schémas-types du plan de développement, p. 102 et 103).

En outre, l'argumentation doit faire progresser le lecteur dans une direction que le rapporteur a choisie. Ce dernier doit convaincre: il doit par conséquent ranger ses idées de telle sorte que le lecteur adhère d'emblée aux propositions et recommandations qu'il émettra plus tard.

Différents types de progression s'offrent au rapporteur compte tenu de la nature du sujet:

— progression chronologique (succession des événements dans le temps);
— progression par opposition (thèse, antithèse, synthèse);
— progression thématique (regroupement d'éléments par catégories);
— progression quantitative (ordre croissant, ordre décroissant, du général au particulier, etc.).

Une progression dynamique dans la présentation des faits, des idées et des jugements est indispensable si l'on veut retenir l'attention du lecteur jusqu'à la fin.

Le rapport est maintenant ordonné, sur papier, en parties et en subdivisions. Dans le cas d'un rapport explicatif, les idées sont organisées les unes par rapport aux autres de façon à expliquer la totalité du problème. Ces idées s'appuieront sur des faits qui serviront d'illustration et de preuve. Dans le cas d'un rapport de type critique, pour chacune des idées directrices émises, il y aura trois subdivisions:

— une première dont le but est d'exposer les faits;
— une deuxième qui portera sur l'analyse, l'explication et l'appréciation des faits;
— une troisième enfin qui constituera une conclusion partielle, laquelle pourra éventuellement présenter des propositions qui seront reprises dans la conclusion finale du rapport.

Il faut apporter une attention particulière aux transitions (liaisons) entre les différentes idées (V. chap. III, par. 3.5 «Charnières du discours»). Ce sont des éléments très importants qui ont pour but d'assurer la progression de la pensée. Leur rôle est d'amener le lecteur à passer tout naturellement d'une idée à une autre et à s'acheminer sans effort vers le dénouement du rapport.

L'élaboration d'un plan de rédaction est donc une tâche très exigeante dont on ne saurait surestimer l'importance.

Si le plan est précis et bien structuré, il devrait fournir à un lecteur éventuel une idée très proche du contenu du rapport. Il permet en outre de bâtir une argumentation solide et logique, ce qui rendra le rapport intéressant et concluant. Dans trop de travaux, on trouve des contradictions. Un bon plan nous épargnera ce genre de mésaventure, et à plus forte raison, les répétitions, les pertes de temps et l'éparpillement qui guettent constamment le rapporteur.

On se plaît à dire qu'une fois le plan élaboré, la moitié du travail est déjà faite. En effet, le rapporteur n'a plus qu'à le suivre pas à pas tout au long de la rédaction.

2.3 Structure d'ensemble du rapport

Un rapport est généralement composé de cinq parties:

— les pages préliminaires;
— l'introduction;
— le développement;
— la conclusion;
— les annexes.

2.3.1 PAGES PRÉLIMINAIRES

Les pages préliminaires sont celles qui précèdent l'introduction du rapport. En principe, on ne les numérote pas (certains préconisent toutefois une numérotation en chiffres romains minuscules). Compte tenu de la nature et de la complexité du rapport, elles comprennent:

— la page-titre;
— la page de remerciements;
— le sommaire;
— la table des matières;
— la liste des tableaux;
— la liste des figures, illustrations, etc.;
— la liste des abréviations et sigles.

Voici quelques règles relatives à leur rédaction.

a) Page-titre

La page-titre est la première page du rapport. Elle doit contenir les informations permettant au lecteur de prendre connaissance du sujet traité et de l'origine du document. On y trouve donc:

— le titre et le sous-titre du rapport, qui résument en quelques mots l'objet précis de la recherche;

— le nom de l'entreprise, de la direction, du service ou de la personne à qui est destiné le rapport;

— le nom du ou des auteurs avec leurs titres et qualités;

— le nom de l'entreprise, de la direction ou du service d'où émane le rapport;

— les numéros de références, de projet, de contrat, de commande, etc.;

— la date.

Le titre et le sous-titre ainsi que les renseignements qui les accompagnent doivent être disposés sur une page avec clarté et goût. Il n'y a pas de norme rigoureuse quant à la présentation de ces mentions sur la page-titre du rapport. On peut retenir un principe de base: les informations fournies doivent aller du général au particulier.

N.B. Dans certains cas, les noms, fonctions et responsabilités des personnes qui sont intervenues dans la réalisation de l'ouvrage et dans l'élaboration du rapport, sont mentionnés à la fin du rapport dans une section intitulée «Personnel»:

► PERSONNEL

Les travaux de sondage et les essais sur le chantier ont été réalisés sous la supervision de MM. Pierre Simard, technicien, et Gustave Lavoie, ingénieur. La photo-géologie à été interprétée par M. Luc Lesieur, géomorphologue. Le présent rapport a été rédigé par M. Gustave Lavoie et approuvé par MM. Jean Trépanier et Martin Roy, ingénieurs.

Groupe-conseil S.O. inc.

Gustave Lavoie, ing., M.Sc.A.
Géologie et géotechnique

Jean Trépanier, ing., M.Sc.A.
Chef de division
Géologie et géotechnique

Ci-après un exemple de page-titre.

AMÉNAGEMENT HYDROÉLECTRIQUE

DE LA RIVIÈRE DORMANTE

ÉTUDE DES IMPACTS SUR L'ENVIRONNEMENT

Rapport présenté au
ministère de l'Environnement du Québec

Marie-Pierre Giroux

Marie-Pierre Giroux, biologiste

Natalie Leroy

Natalie Leroy, ing.,
Vice-présidente

Groupe-conseil S.O. inc.

345, boul. Merisier
Montréal (Québec)
J1L 1X9

2545, rue des Peupliers
Longueuil (Québec)
J4K 3P8

Contrat N° 1N2-6644

Décembre 19..

b) **Page de remerciements**

La page de remerciements suit immédiatement la page-titre. Elle est constituée de quelques paragraphes, intitulés «Remerciements», où l'auteur exprime sa reconnaissance à ceux qui l'ont aidé gracieusement dans l'exécution de son travail. Ces remerciements peuvent s'adresser à des collègues ou à des spécialistes pour leur collaboration et leurs conseils ou à toute autre personne dont on veut signaler l'aide financière ou technique (subvention, prêt d'équipement, accès à certains documents, etc.).

À titre d'exemple, voir la page de remerciements du présent ouvrage.

c) **Sommaire**

Tous les rapports ne sont pas nécessairement précédés d'un sommaire, mais il est souvent exigé par le destinataire. Le sommaire a pour objet de présenter de façon brève et concise les grandes parties constituantes du rapport et les idées principales de l'introduction, de chacun des chapitres et de la conclusion. Il doit également faire ressortir l'intérêt et, le cas échéant, la nouveauté de la recherche.

Se présentant comme un condensé du rapport, il peut servir de communiqué ou de résumé succinct permettant à un lecteur pressé de se renseigner sur l'essentiel du contenu.

d) **Table des matières**

La table des matières constitue un aperçu schématique du contenu du rapport.

Les titres des parties, des chapitres et de leurs divisions sont indiqués selon leur ordre d'apparition dans le travail avec référence aux numéros de pages. Il convient de veiller avec un soin scrupuleux à ce que le libellé des titres soit rigoureusement identique à celui qu'on trouvera dans le rapport.

Il est à noter que la table des matières commence avec la mention de l'introduction; on omet les pages préliminaires, mais on indique les pages annexes.

À titre d'exemple, voir la table des matières du présent ouvrage.

e) Liste des tableaux

Si le texte contient plusieurs tableaux, il faut en dresser la liste au début du rapport. Cette liste énumère, avec leur pagination, les titres et numéros de tous les tableaux présentés dans le corps du rapport ou en annexe. Lorsqu'un rapport ne contient que deux ou trois tableaux, il n'est pas nécessaire d'en dresser la liste au début; on peut simplement ajouter leurs titres, leurs numéros et leur pagination à la fin de la table des matières.

Les titres sont reproduits selon le même libellé qu'ils ont dans le texte et leur numérotation se fait en chiffres romains.

f) Liste des figures

Tout comme pour la liste des tableaux, lorsque le rapport comporte plusieurs figures ou illustrations, on les énumère au début du travail; la liste les reprend selon leur ordre d'apparition, avec leurs numéros (en chiffres arabes), leurs titres et leur pagination.

S'il y a moins de trois figures ou illustrations, leurs titres, numéros et pagination sont simplement reproduits à la fin de la table des matières.

À titre d'exemple, voir la liste des figures du présent ouvrage.

g) Liste des abréviations et sigles

Bien que les abréviations et les sigles soient d'usage courant dans le style technique et administratif, il est toujours à conseiller d'en réduire l'utilisation au minimum. Si l'on a néanmoins utilisé un certain nombre de sigles ou d'abréviations qui ne sont pas très connus, il s'impose de fournir, au début de l'ouvrage, une liste alphabétique des termes et expressions abrégés.

2.3.2 INTRODUCTION

L'introduction d'un rapport doit mentionner le mandat confié à l'auteur, présenter clairement le sujet traité et, le cas échéant, poser le problème qu'il s'agit de résoudre. Dès ses premiers mots, le rapporteur doit éveiller l'intérêt du lecteur et préciser les buts poursuivis par le rapport.

L'introduction doit, au besoin, faire le point sur les travaux antérieurs relatifs au sujet et bien mettre en évidence la nouveauté ou la pertinence du travail accompli. En principe, on doit également y trouver la description de la méthode de travail employée. Dans certains travaux spéciaux, la méthodologie nécessitera des explications plus abondantes, qui trouveront leur place en tête du développement. Il s'agit en quelque sorte pour l'auteur de justifier ses démarches.

L'introduction doit enfin mettre en évidence le cheminement de la pensée et du travail par l'explication de la logique de la table des matières. Elle peut également rappeler les circonstances qui ont motivé la rédaction du rapport ou donner des explications complémentaires que l'on juge essentielles ou utiles pour la bonne compréhension du développement qui suivra.

L'introduction doit donc renseigner avec exactitude sur l'objet du rapport qui sera développé. Cette présentation doit être à la fois brève, précise et complète. Elle ne doit contenir que les éléments de base et ne pas omettre d'éléments importants.

L'introduction doit conduire au développement sans anticiper sur celui-ci ni sur la conclusion.

Lorsqu'il s'agit d'un rapport relativement bref, on remplacera parfois l'introduction par une courte mention intitulée **Objet**. Cette mention se présente généralement sous la forme d'un titre placé en tête du rapport, bien détaché du texte et mis en vedette. Son but, tout comme celui de l'introduction, est d'informer le lecteur quant à l'objet du rapport et de lui montrer l'intérêt du sujet traité. Elle attire son attention et le met rapidement au fait de la situation, si bien qu'il peut d'emblée juger de l'importance de la question et de son éventuel caractère d'urgence.

L'énoncé de l'objet doit être rédigé avec soin, car il doit accrocher le lecteur et l'inciter à lire la totalité du rapport. De l'avis de certains, la mention de l'objet est au rapport ce que la publicité est au produit. Son texte doit être bref et précis. Il s'étend sur quelques lignes, généralement pas plus de quatre et le plus souvent, une phrase suffit.

Il peut de plus être annoncé dans une lettre ou dans un bordereau de transmission qui accompagne le document.

N.B. Il est important de souligner que l'on ne doit songer au libellé précis de l'introduction ou de l'objet que lorsqu'on a terminé la rédaction du rapport. Il est alors plus facile de dégager de l'ensemble les éléments essentiels sur lesquels il faut insister.

SCHÉMA-TYPE DE L'INTRODUCTION

1. **Entrer en contact avec le destinataire du rapport.**

2. **Présenter le sujet, le situer et susciter l'intérêt du lecteur.**

3. **Expliciter la structure du rapport ou du développement en se basant sur la table des matières.**

2.3.3 DÉVELOPPEMENT

Le développement peut se définir comme étant l'explicitation du plan du rapport. Il se divise généralement en chapitres qui, occasionnellement, peuvent être groupés en deux ou plusieurs parties. Celles-ci doivent porter un titre parfaitement adapté à la matière traitée.

La composition de chacun des chapitres doit elle-même refléter, dans la mesure du possible, et tout en évitant les répétitions inutiles, la structure tripartite:

1. l'introduction fait le lien avec le chapitre qui précède et expose l'aspect particulier que traite le chapitre en question;

2. le corps du chapitre est constitué de quelques grands paragraphes qui servent de développement;

3. la conclusion, enfin, résume ce qui a été développé dans le chapitre.

Le développement comprend deux parties distinctes:

a) l'exposé des faits;

b) l'analyse des faits ou la démonstration.

a) **Exposé des faits**

La rédaction d'un rapport doit toujours partir de données réelles, c'est-à-dire de faits, d'informations ou d'observations qui ont été au préalable soigneusement étudiés et vérifiés. La présentation des faits doit de plus être faite selon un ordre de progression qui peut varier selon la nature du sujet traité. Par exemple, s'il s'agit de rapporter une suite d'événements, le rédacteur choisira d'exposer les faits selon l'ordre chronologique. D'autre part, dans le cas d'un sujet controversé, le rapporteur, pour répondre à des besoins de clarté, d'exactitude et de cohérence, pourra opter pour un type de progression quantitative. Il relatera alors les faits en fonction d'une certaine hiérarchie, qui lui permettra de les disposer en tenant compte de leur importance croissante. Il pourra suivre une progression semblable dans la démonstration. Il présentera au lecteur une suite d'arguments ou d'objectifs qu'il aura superposés dans un ordre de gradation ascendante, de façon à lui présenter des opinions et des arguments qui sont de plus en plus forts et convaincants (voir différents types de progression p. 90).

b) **Analyse des faits ou démonstration**

Après avoir exposé les faits, le rapporteur doit procéder à une analyse ou à une démonstration qui le mèneront à une ou à des conclusions et, le cas échéant, à des propositions et recommandations.

La démonstration doit suivre scrupuleusement le plan établi et se présenter comme une construction bien charpentée. Le rapporteur a exposé les faits; il doit maintenant apporter une appréciation. Il faut qu'il analyse ces faits et fasse connaître au lecteur son opinion, sa critique de la situation observée. Cette analyse raisonnée des faits peut conduire, éventuellement, à une argumentation faite d'explications, de justifications et de déductions logiques. Le lecteur doit être amené à partager ces avis donnés en connaissance de cause et établis sur des faits, et en venir à adopter les opinions émises par le rapporteur. Ces déductions et appréciations portant sur des points particuliers peuvent aboutir à des conclusions partielles qui seront reprises dans la conclusion du rapport.

La démonstration doit toujours être claire, complète et appuyée sur des faits qui ont été exposés et analysés sans idée préconçue. Elle doit être menée avec une grande rigueur intellectuelle: les faits doivent s'enchaîner les uns aux autres de façon claire et logique; les causes, les remèdes, les conséquences doivent être dégagés avec netteté et précision. Tout doit être analysé avec soin et parfaitement justifié, pour mener à une conclusion pratique et applicable. Le lecteur n'a alors d'autre choix que celui d'accepter la thèse émise par le rédacteur.

Le plan de la démonstration varie selon la complexité du sujet traité. S'il s'agit d'un sujet simple, le plan se ramène à un exposé des faits, à une analyse suivie d'une appréciation de ceux-ci et à une conclusion. Dans le cas d'un sujet complexe, le développement se subdivise en autant de sections qu'il y a de sujets particuliers, chacun de ces points comprenant les trois parties habituelles, à savoir un exposé des faits, une analyse et une conclusion partielle.

Dans le but de rendre la démonstration plus claire et convaincante, il est recommandé, selon le cas, d'utiliser des tableaux, des schémas, des croquis, des diagrammes, etc., que l'auteur peut insérer dans le texte, ou reporter en annexe s'ils sont trop volumineux.

SCHÉMA TYPE DU DÉVELOPPEMENT D'UN RAPPORT DE TYPE EXPLICATIF

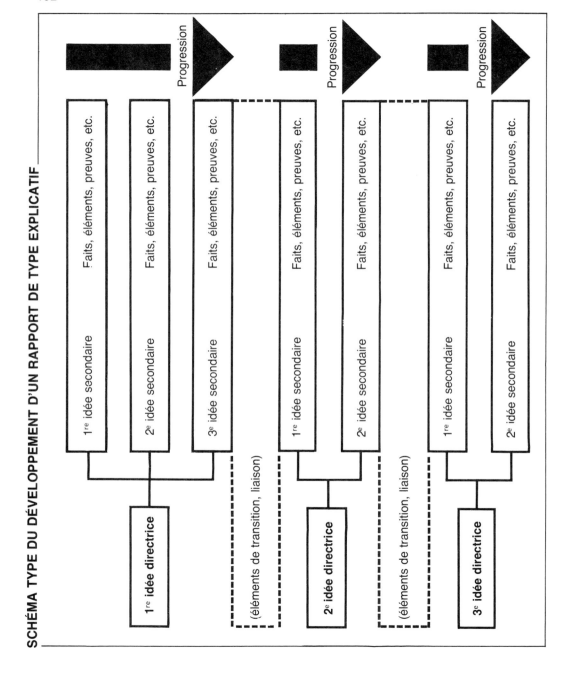

SCHÉMA TYPE DU DÉVELOPPEMENT D'UN RAPPORT DE TYPE CRITIQUE

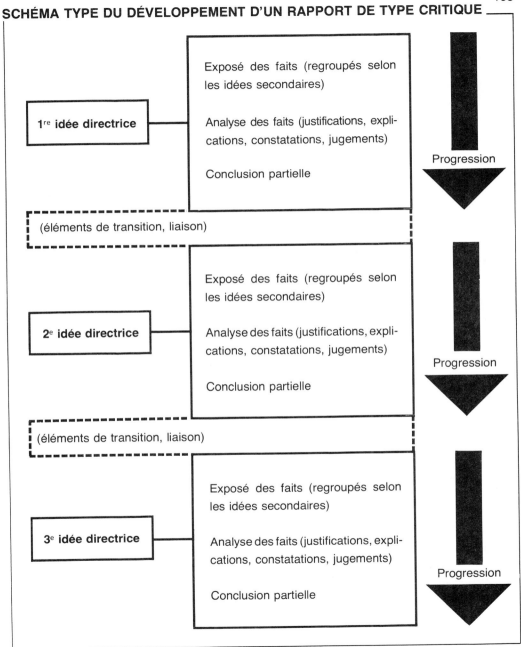

2.3.4 CONCLUSION

La conclusion est la partie finale du rapport: elle constitue son point d'aboutissement et lui donne tout son sens. Elle ne doit contenir aucun élément destiné à renforcer la démonstration ni aucun argument nouveau. Après l'exposé et l'analyse des faits ou la démonstration, la conclusion présente le résultat final auquel en arrive le rapporteur.

Si la démonstration a été bien menée, le lecteur est prêt à recevoir la conclusion qui en découle en toute logique. Il doit y trouver des réponses claires et justifiées à toutes les questions posées. La conclusion est en quelque sorte la synthèse des grands thèmes du rapport et des propositions formulées au cours du développement. Elle reporte le lecteur aux questions soulevées par l'introduction en mettant en lumière les problèmes étudiés, et confirme de la sorte l'unité de l'ouvrage.

Au besoin, elle doit également énoncer des solutions applicables, des propositions, des recommandations, des moyens d'action. Après la lecture du rapport, le lecteur doit être en mesure de porter un jugement sur la valeur de ces conclusions, et éventuellement, de passer à l'action.

Dans le cas d'un rapport simple, la conclusion découle directement de la démonstration. La solution préconisée, la mesure proposée était présente implicitement dans le développement; elle est maintenant énoncée explicitement dans la conclusion.

Dans le cas d'un rapport complexe comprenant plusieurs conclusions partielles disséminées dans le texte, la conclusion finale reprend chacune des propositions déjà formulées auxquelles le rapporteur a été conduit au cours du développement.

Il doit y avoir un lien direct entre l'introduction et la conclusion; l'introduction expose les données du problème et la conclusion en présente la solution. Un rapport est souvent jugé, lors d'une première lecture, en fonction de la qualité de ces deux parties.

La progression est importante également dans la conclusion: les propositions ou les solutions doivent être présentées de façon claire et disposées selon un ordre d'importance et d'urgence quant à leur exécution.

En outre, il peut parfois être nécessaire que le rapporteur ajoute quelques observations ou remarques qui préciseront la portée de la conclusion émise, la replaceront dans un ensemble et la rattacheront à certains autres aspects concernant le même problème, aspects que le rapport n'avait pas le mandat d'étudier.

SCHÉMA-TYPE DE LA CONCLUSION

1. **Résumer le rapport, c'est-à-dire récapituler le raisonnement suivi tout au long du développement et s'assurer ainsi qu'on a répondu aux questions posées dans l'introduction.**

2. **Présenter les propositions jugées appropriées et plaider leur application, c'est-à-dire engager à l'action.**

3. **Placer éventuellement le sujet du rapport dans un contexte plus large, et selon le cas, énoncer une hypothèse quant au suivi ou au prolongement de l'étude effectuée (prochain mandat).**

2.3.5 PAGES ANNEXES

On appelle pages annexes, les pages qui suivent la conclusion. Elles sont numérotées à la suite des pages du rapport. Tout rapport comporte nécessairement une bibliographie des sources utilisées. Certains rapports peuvent aussi nécessiter, selon le cas, des annexes et des appendices, un ou plusieurs index, etc.

Ces différentes données se présentent généralement dans l'ordre suivant:

a) **Annexes et appendices**

Un rapport se fonde le plus souvent sur un certain nombre de pièces essentielles à sa compréhension: notes, extraits d'ouvrages, témoignages, tableaux, illustrations, figures, plans, devis, etc.

Lorsqu'un tel document dépasse une certaine longueur, il est à conseiller de ne pas l'insérer dans le texte et de le reporter dans les pages annexes. Il est alors numéroté au moyen d'une lettre ou d'un chiffre romain et porte un titre. Dans le cas d'un texte suivi, on le dactylographie habituellement à simple interligne.

On donne le nom d'**appendice** à une annexe qui n'est pas absolument indispensable à la compréhension du rapport, mais qui apporte, sur certains points de celui-ci ou sur certains problèmes connexes, un complément jugé intéressant par l'auteur.

Il est important de noter que toutes les pièces annexes doivent être annoncées dans le rapport à deux reprises, soit:

— au début du rapport, dans la liste des tableaux, dans la liste des figures ou dans la table des matières, etc.;

— dans le corps du texte, à l'endroit précis où le lecteur doit consulter les annexes pour avoir une meilleure compréhension de la matière.

À titre d'exemple, voir les annexes et les appendices du présent ouvrage.

b) **Bibliographie**

Tout rapport sérieux s'appuie nécessairement sur une bibliographie la plus complète possible. Il existe deux façons de dresser une liste bibliographique:

— on ne cite que les ouvrages consultés;
— on dresse une liste la plus complète possible des ouvrages reliés au sujet traité.

Dans chacun des deux cas, on peut ajouter une note personnelle relative au contenu et à la valeur de l'ouvrage cité (bibliographie critique).

À titre d'exemple, voir la bibliographie critique du présent ouvrage.

On opte généralement pour le premier type de bibliographie: on se borne à rapporter les ouvrages consultés, que l'on présente par ordre alphabétique.

Selon la nature du rapport, il peut être utile de présenter une bibliographie par domaines ou par divisions; dans ce cas, on utilise l'ordre alphabétique à l'intérieur de chacun des domaines ou divisions.

L'uniformité est le principe fondamental de toute bibliographie.

La description bibliographique d'un livre se présente habituellement comme suit:

— nom de l'auteur en capitales / virgule / prénom / point;
— titre du volume souligné / virgule;
— lieu de publication / virgule;
— numéro d'ordre de l'édition / virgule;
— éditeur (s'il y a lieu) / virgule;
— année de publication / virgule;
— nombre de tomes (le cas échéant) / virgule;
— nombre de pages / point.

▶ CATHERINE, Robert. Le style administratif, Paris, 9e éd., Albin Michel, 1979, 171 p.

La rédaction de ces différentes mentions obéit aux principes suivants.

Nom et prénom de l'auteur

— Le nom et le prénom de l'auteur sont retranscrits en toutes lettres, si possible sans abréviation, en omettant les titres honorifiques et universitaires. S'il y a deux auteurs, leurs noms sont également inscrits en toutes lettres, et le nom du second est précédé et non suivi de son prénom:

> ▶ CLAS, André, et Paul A. HORGUELIN. Le français langue des affaires, Montréal, 2ᵉ éd., McGraw-Hill, 1979, 391 p.

— Si l'auteur est à la fois auteur et éditeur ou auteur et compilateur, on fait suivre son nom de la mention «éd.» ou «comp.»:

> ▶ RAMAT, Aurel, éd. Grammaire typographique, Montréal, 1982, 93 p.

— S'il y a plus de deux auteurs, le premier nom est écrit au complet et tous les autres sont compris dans l'abréviation *et al.* (*et alii*, c'est-à-dire «et autres»):

> ▶ CHEVALIER, Jean-Claude, *et al.* Grammaire Larousse du français contemporain, Paris, Larousse, 1978, 495 p.

— Lorsqu'il s'agit d'une personne morale (un pays, un corps législatif, une société, une corporation, etc.) et que le nom de l'auteur n'est pas indiqué sur la page couverture, il est remplacé par le nom de l'organisme en question:

> ▶ COMMISSION DE TOPONYMIE. Guide toponymique municipal, Québec, Éditeur Officiel du Québec, 1979, 90 p.

Titre du volume

— Le titre est reproduit intégralement comme il apparaît à la page-titre du volume, et on le souligne:

> ▶ CHEVROT, J.-M., et M. SALLÉE. Organisation des entreprises, Paris, Dunod, 1971, 252 p.

— S'il s'agit d'une traduction, on fait suivre le titre de la mention suivante: «traduit de (telle langue) par...»:

▶ BLOOMFIELD, Leonard. <u>Le langage,</u> trad. de l'américain par Janick GAZIO, Paris, Payot, 1961, 564 p.

— Si le titre est accompagné d'un sous-titre, ce dernier est inscrit à la suite du titre, les deux mentions séparées par une virgule:

▶ GREVISSE, Maurice. <u>Le bon usage, grammaire française avec des remar-ques sur la langue d'aujourd'hui,</u> Paris, 6e éd., Geuthner, 1955, 1047 p.

Lieu de publication

— On indique le nom de la ville où le livre a été publié.

— Si le lieu n'apparaît pas, on indique «s.l.» (sans lieu):

▶ <u>Encyclopédie internationale des sciences et des techniques,</u> s.l., Groupe des Presses de la cité, 1969, 10 vol.

Numéro d'ordre de l'édition

On n'écrit jamais «1re édition». Si l'ouvrage consulté est une réédition, on précise de quelle édition il s'agit et l'on ajoute, s'il y a lieu, «rev.», «corr.», «augm.» (revue, corrigée, augmentée) ou «mise à jour»:

▶ ROBERT, Paul. <u>Dictionnaire universel des noms propres, alphabétique et analogique: le Petit Robert 2,</u> Paris, 4e éd. rev., corr. et mise à jour, Société du Nouveau Littré — Le Robert, 1979, 1994 p.

Éditeur

— On écrit intégralement le nom de l'éditeur ou de la maison d'édition:

▶ BOUSQUIÉ, G. <u>Comment rédiger vos rapports,</u> Paris, 9e éd., Entreprise moderne d'édition, 1973, 150 p.

— Si l'ouvrage ne porte pas de nom d'éditeur, on indique «s.éd.» (sans éditeur).

Année de publication

— On indique la date qui apparaît sur la page-titre du volume ou, à défaut, celle qui accompagne le copyright:

▶ GOURIOU, Ch. Mémento typographique, Paris, Hachette, 1973, 122 p.

— S'il s'agit d'une réimpression, on indique la date de l'original et on met entre parenthèses: (reprod. de l'éd. de...):

▶ CAJOLET-LAGANIÈRE, Hélène. Le français au bureau, Office de la langue française, Québec, Éditeur officiel du Québec, 1983, 197 p. (reprod. de l'éd. de 1982).

— S'il n'y a aucune date, on indique «s.d.» (sans date) là où devrait apparaître la mention de la date:

▶ DESONAY, Fernand. Le rapport: comment l'élaborer, comment le rédiger, Amiens, Éditions scientifiques et littéraires, s.d., 300 p.

Nombre de tomes ou de volumes

Lorsqu'une oeuvre comporte plusieurs volumes ou tomes, on en indique le nombre en chiffres arabes suivi du mot «tomes» ou de l'abréviation «vol.»:

▶ GIRODET, Jean. Logos: grand dictionnaire de la langue française, Paris, Bordas, 1976, 3 vol.

Nombre de pages

Pour indiquer le nombre de pages d'un ouvrage, on emploie l'abréviation «p.» précédée du numéro de la dernière page:

▶ DION, Gérard. <u>Dictionnaire canadien des relations de travail; français-anglais</u>, Québec, Presses de l'Université Laval, 1976, 662 p.

Les références aux grandes collections documentaires, aux encyclopédies, aux documents administratifs, aux thèses, etc., demandent un type de référence semblable. Il faut veiller à leur intelligibilité et à éviter tout ce qui pourrait créer la moindre confusion. Dans le cas d'une thèse, il faut indiquer le grade postulé ainsi que l'université et la faculté fréquentées par l'auteur:

▶ DUPONT, Jean. <u>Le bilinguisme au Canada</u>, thèse de maîtrise présentée à l'Institut d'histoire de la Faculté des lettres de l'Université de Montréal, 1933, 120 p.

La description bibliographique d'un article de revue ou de journal se présente comme suit:

— nom de l'auteur en capitales / virgule / prénom / point;
— titre de l'article entre guillemets non souligné / virgule;
— nom de la revue ou du journal souligné / virgule;
— lieu de publication (s'il s'agit d'un article de journal);
— mention du volume ou du numéro de la revue ou du journal et sa date de publication / virgule; s'il s'agit d'une revue mensuelle, on indique le volume et le numéro de la revue en chiffres arabes, le mois et l'année entre parenthèses, chaque information étant séparée de la précédente par une virgule;
— le numéro de la première et de la dernière page de l'article:

▶ CÔTÉ, Louise. «Représentation majoritaire pour le Québec et l'Ontario dans la commission d'enquête sur le biculturalisme», dans <u>Le Devoir</u>, Montréal, vol. 54, 6 juin 1963, p. 1-3.

Dans le cas de documents confidentiels, de lettres, de dossiers, d'enquêtes, etc., on doit procéder avec discrétion et en tout cas obtenir l'approbation des personnes citées.

La dactylographie des références bibliographiques se fait à interligne simple, mais on laisse un interligne double entre chaque référence. Si la référence comporte plus d'une ligne, les autres lignes sont en retrait de quelques frappes (de deux à cinq), ce qui permet de bien dégager la liste alphabétique.

À titre d'exemple, voir la bibliographie du présent ouvrage.

N.B. En ce qui concerne les références bibliographiques contenues dans le texte (notes et références en bas de pages), voir p. 253.

c) **Index**

L'index est une table analytique des sujets traités, de même que des noms de personnes, de lieux, etc. cités dans le rapport, accompagnés de la référence à la page où ils sont mentionnés.

L'élaboration d'un index ne s'impose pas toujours. Mais pour peu que le rapport ait une certaine longueur, et surtout s'il est destiné à être publié, sa consultation est toujours facilitée par la présence d'un index préparé avec soin.

N.B. L'index ne doit être élaboré que lorsque le manuscrit est complètement terminé.

À titre d'exemple, voir l'index du présent ouvrage.

Chapitre III

Rédaction

3.0 RÉDACTION

3.1 Style

La fonction la plus évidente du langage est de communiquer des idées. Mais lorsque l'on considère un acte de parole ou un texte produits dans telles ou telles circonstances concrètes, l'information fournie va souvent bien au-delà du message que voulait livrer le locuteur ou le scripteur.

Supposons, par exemple, qu'un patron veuille au plus vite se faire apporter un dossier par un subordonné du nom d'Albert Lefebvre. Voici, parmi beaucoup d'autres, six phrases qu'il pourrait *théoriquement* prononcer:

1) Hé toé, je veux le dossier X... au plus sacrant!
2) Albert, le dossier X...! Et grouille-toi, hein! J'ai pas le temps d'attendre.
3) Albert, apporte-moi tout de suite le dossier X...
4) Monsieur Lefebvre, voulez-vous m'apporter tout de suite le dossier X..., s'il vous plaît.
5) Monsieur Lefebvre, soyez assez aimable de m'apporter aussi vite que possible le dossier X..., je vous prie.
6) Monsieur Lefebvre, je désirerais que vous m'apportassiez le dossier X... aussi diligemment que faire se peut.

Ces six phrases véhiculent exactement le même message. Mais il est clair que chacune d'elles nous donne en outre certaines informations concernant la personnalité, et notamment le degré d'éducation de celui qui la prononce, ou son humeur, ou le genre de milieu où il évolue, ou encore la nature des relations qui unissent les personnes en présence.

La première phrase est de la plus grossière trivialité; la seconde est également vulgaire, quoique de façon moins choquante; la troisième est correcte, mais elle est familière et très cavalière; dans la quatrième, toute trace de familiarité a disparu; la cinquième frise le style écrit: on sent un peu trop que le locuteur surveille son langage, ce qui donne à l'expression un caractère guindé et un peu prétentieux; quant à l'impensable sixième phrase, son caractère pseudo-littéraire et archaïsant la rend tout simplement grotesque.

Imaginons maintenant que l'ordre donné par le patron à son employé prenne la forme d'un écrit. On peut concevoir, par exemple, les textes suivants:

1) Albert Lefebvre. Apporte-moi le dossier X... Et en vitesse!!! (souligné trois fois)
2) Monsieur Albert Lefebvre,
   Je vous prie de vouloir bien me transmettre sans tarder le dossier X...
   Je vous en remercie d'avance et vous prie de croire à l'expression de mes meilleurs sentiments.
3) Note pour M. Albert Lefebvre. Prière de m'apporter immédiatement le dossier X...
4) Note pour Albert Lefebvre. J'ai besoin vraiment tout de suite du dossier X... Alors je voudrais bien que tu me l'apportes le plus vite possible.
5) Note pour M. Albert Lefebvre. Veuillez, s.v.p., m'apporter immédiatement le dossier X... Merci d'avance.

Il est clair que la première note est à la fois impolie et trop familière, tandis qu'au contraire la seconde pèche par un excès de formalisme. La troisième est très sèche pour une communication personnelle. La quatrième formule est du langage parlé et donne presque l'impression d'avoir été écrite par un enfant. Seule la cinquième paraît satisfaisante.

Les divers exemples que nous venons de donner illustrent ce qu'on entend par formes du langage, niveaux de langue et tons du discours. La combinaison des trois constitue ce qu'on appelle le **style**.

Il y a deux **formes du langage**: la forme parlée et la forme écrite.

Il y a (pour simplifier les choses) cinq **niveaux de langue**:

— le niveau trivial (ou vulgaire);
— le niveau familier;
— le niveau neutre;

— le niveau soutenu (ou littéraire);
— le niveau poétique.

Les **tons du discours** correspondent aux états émotifs du locuteur ou du scripteur. On peut donc distinguer un grand nombre de tons différents selon que l'auteur veut dramatiser les choses, ironiser ou badiner, selon qu'il s'étonne ou s'indigne, selon qu'il exprime une crainte ou un désir, etc. Le ton est dit «neutre» lorsqu'il ne reflète aucune émotion.

3.1.1 LANGUE PARLÉE ET LANGUE ÉCRITE

C'est un lieu commun que de dire qu'on ne parle pas comme on écrit et qu'on n'écrit pas comme on parle.

Dans le langage parlé, les interlocuteurs sont en contact direct les uns avec les autres. Les intonations, les mimiques, les gestes en disent souvent bien plus long que les mots prononcés. Chacune des personnes en présence peut, à tout moment, interrompre celle qui parle pour lui demander des précisions, des explications, des justifications. Il en résulte qu'en général on ne prépare pas ses conversations. Le discours oral est improvisé et il suit pas à pas les réactions de l'interlocuteur. Dans ces conditions, on pardonne sans peine l'imprécision du vocabulaire, la banalité de certaines expressions, la pauvreté syntaxique des phrases, les répétitions inutiles, sans compter les incorrections grammaticales ou lexicales dont foisonne parfois le langage de tous les jours.

Il en va tout à fait différemment dans l'écrit. Ici, le message est émis hors de la présence du récepteur. Si celui-ci ne comprend pas ou croit ne pas comprendre, il ne peut demander aucune explication. Le rédacteur qui veut être certain que son message sera bien reçu est donc contraint de préparer minutieusement celui-ci.

Tout d'abord, il ne doit jamais faire allusion à un fait quelconque sans se demander si le destinataire connaît bien ce fait et en mesure toute la portée. Il ne faut jamais surestimer la faculté de compréhension ni la perspicacité des gens pour lesquels on écrit. Même s'il arrive que ceux-ci soient d'une intelligence supérieure, ils ne sont pas nécessairement doués pour les devinettes, et ils seront toujours reconnaissants au rédacteur d'avoir établi clairement tous les faits auxquels le texte se réfère.

En d'autres termes, lorsque nous rédigeons, nous devons constamment essayer d'imaginer quelle serait la réaction du récepteur si on lui lisait le texte en question. Dès que nous soupçonnons la moindre possibilité d'une demande d'explication, la preuve est là: nous n'avons pas été assez explicites, nous devons retravailler notre texte pour mieux établir la réalité du fait évoqué, sa nature précise, avec tous les détails pertinents, les circonstances de son apparition.

D'autre part, tout travail écrit, du fait même qu'il est écrit, implique qu'on y a préalablement réfléchi. Le lecteur est donc en droit d'exiger que le rédacteur ait mis de l'ordre dans ses idées et ait pris la peine de chercher les mots et les locutions qui les expriment de façon parfaitement adéquate. Le texte écrit doit donc se caractériser par une argumentation solide, par une expression tout à fait claire des idées émises, par une rigoureuse structuration des phrases et paragraphes, par un grand soin dans le choix des mots employés. Les négligences que l'on trouve si souvent quant à ces différents points donnent facilement au lecteur l'impression que l'auteur du texte n'a pas jugé utile de prendre le temps nécessaire à une rédaction soignée. Le résultat peut être désastreux si le destinataire ne comprend pas le message ou interprète ces manquements comme des manifestations de désinvolture, voire d'irrespect à son égard.

Mais ce n'est pas tout. Notre société, comme toutes les autres, juge les individus selon certains critères, parmi lesquels la qualité de la langue employée joue un rôle capital. Et ceci est particulièrement vrai de la langue écrite. Une personne qui sait rédiger bénéficie *ipso facto* d'un préjugé favorable. Tout rédacteur qui veut intéresser et convaincre son lecteur doit donc viser à «bien écrire».

Mais qu'est-ce que bien écrire? Il n'est pas facile de répondre à cette question en quelques mots. Sans entrer dans des détails qui seraient ici dépourvus de pertinence, disons simplement que pour bien écrire, il faut prêter une attention constante aux différences qui, selon le bon usage grammatical et lexicologique, distinguent le langage parlé du langage écrit.

Il est impossible de faire en quelques lignes l'inventaire de ces différences. Nous nous bornerons donc à signaler qu'elles relèvent à la fois du vocabulaire, de la correction grammaticale et de la phraséologie.

Cela veut dire:

— que la langue parlée utilise certains mots qui ne sont pas de mise dans l'écrit (p.ex. «un machin», «se patenter quelque chose», etc.);

— que, réciproquement, on doit souvent employer dans un texte écrit des formes grammaticales de même que certains mots ou expressions qui paraîtraient prétentieux dans la conversation de tous les jours (p. ex. l'emploi du passé simple de l'indicatif);

— que la langue écrite ne s'accommode absolument pas de certaines tolérances grammaticales qui abondent dans la langue parlée (p.ex. suppression du «ne» avec «pas», «jamais», «rien», «aucun», «personne», etc.);

— que la langue écrite exige des tournures de phrases beaucoup plus variées et précises que le langage oral (p.ex. le mot «alors» de l'oral peut correspondre dans l'écrit à «alors», «à ce moment», «dans ces conditions», «par conséquent», «en conséquence», «par suite», etc.).

Les différences existant entre langue écrite et langue parlée sont souvent subtiles et difficiles à expliciter. Elles ont cependant une importance qu'on ne saurait exagérer. À telle enseigne qu'un texte, au demeurant correct du point de vue grammatical, peut sembler déplacé ou même ridicule par le seul fait qu'il s'y trouve quelques expressions abusivement empruntées au langage parlé.

Cela agace le lecteur et lui donne l'impression que la formation de l'auteur est déficiente. Si le défaut est encore plus évident, le style est jugé «infantile», ce qui peut déconsidérer définitivement la personne la plus compétente dans sa spécialité.

3.1.2 NIVEAUX DE LANGUE

On entend par niveau de langue un ensemble de traits caractéristiques liés au statut socioculturel du milieu où le discours s'insère ainsi qu'au degré d'instruction et d'éducation du locuteur. Le niveau de langue nous fournit donc tout un complexe d'indices qui nous permettent d'inférer, avec très peu de risques d'erreur, que tel ou tel acte de parole (ou d'écriture) est intervenu dans un atelier ou dans un auditorium, que son auteur est poète, juriste ou technicien, etc.

Nous avons signalé plus haut que l'on peut distinguer cinq niveaux de langue. Cette classification n'est évidemment pas d'une parfaite rigueur. On passe insensiblement d'un niveau à l'autre, et parfois, il peut être malaisé de préciser, par exemple, si telle ou telle expression est vulgaire ou simplement familière.

Quoi qu'il en soit, tout le monde s'accorde assez généralement sur les traits qui caractérisent la langue usuelle ou commune: celle-ci se situe au niveau familier à l'oral et au niveau neutre à l'écrit. Les autres niveaux apparaissent comme constituant des «écarts» par rapport à ce niveau «normal».

Tout ce qui vient d'être dit s'applique au domaine technico-scientifique comme à tout autre. Le jargon d'atelier ou de chantier est une langue relâchée, peu conforme au bon usage et farcie d'expressions fautives, argotiques ou vulgaires. Il s'oppose à la langue que l'on parle, par exemple, au cours d'une séance de conseil d'administration ou d'une conférence de presse. Cette langue parlée, à son tour, se distingue de celle, encore beaucoup plus strictement normalisée, que l'on trouve dans les textes écrits: notes, lettres, rapports, etc. Par exemple, ce qu'on appelle une «pépine» sur un chantier est désigné par le terme «rétrocaveuse» dans un texte soigné; et la «switch», que le langage familier correct appelle un «interrupteur», devient généralement un «commutateur» dès qu'on en parle dans un texte technique.

Dans tout travail de rédaction, le technicien ou le scientifique doit donc veiller avec le plus grand soin à respecter le niveau de langue qui s'impose, c'est-à-dire à s'abstenir aussi bien des expressions familières ou vulgaires que du style recherché, et ceci, en gardant constamment à l'esprit la personnalité du destinataire pour lequel il écrit.

3.1.3 RÈGLE ET BON USAGE

Comme on a distingué langue parlée et langue écrite, il convient également de faire une distinction entre la communication individuelle, où le locuteur est relativement libre d'utiliser la langue à sa convenance, et la communication officielle, où il doit respecter un certain usage s'il veut être compris et accepté par le public auquel il s'adresse.

La règle se fonde donc essentiellement sur la nécessité d'assurer une communication efficace entre les interlocuteurs. Ce qui implique que le rédacteur doit se conformer aux exigences orthographiques, syntaxiques et lexicales propres au français. Il ne s'agit nullement de faire du «style», mais plutôt d'exprimer sa pensée clairement, d'une manière simple et naturelle, sans jamais verser dans la négligence ou le laisser-aller. Les différents dictionnaires, grammaires et autres ouvrages du même genre n'ont d'autre but que d'aider les usagers de la langue désireux de se conformer au bon usage.

N.B. La bibliographie critique du présent ouvrage peut servir de guide.

3.1.4 MOT, PHRASE, DISCOURS

Dans les différents types de communication technique, la langue est toujours utilisée dans le but unique de communiquer des informations de la manière la plus claire et la plus efficace possible. Ceci implique un très grand soin dans le choix des termes employés. Seuls seront retenus les mots désignant exactement ce que l'on veut exprimer, et on laissera de côté les mots vagues et imprécis. On évitera aussi de surcharger d'épithètes et de compléments ces mots trop généraux dont on croit ainsi préciser le sens.

a) Le mot dans la phrase

Tout mot tire sa signification du contexte dans lequel il est placé; le sens précis du mot est donc déterminé par la place qu'il occupe dans la phrase. Le but visé étant la clarté et l'efficacité de la communication, le rédacteur doit en arriver à formuler des phrases simples et claires, où tous les termes, choisis en fonction de leur justesse et de leur précision, jouent exactement et uniquement le rôle qu'il veut leur assigner.

b) La phrase dans le discours

Le rédacteur a un message global à transmettre, c'est le discours. Il dispose à cet effet de termes précis qu'il doit agencer selon un ordre syntaxique rigoureux, dans le but de formuler des phrases correctes et claires. Néanmoins, il ne doit pas se limiter à fournir l'information. Il doit en outre l'adapter compte tenu du mandat confié et du destinataire à qui il s'adresse. Il faut donc qu'il s'exprime de façon à établir un contact étroit et constant avec ce dernier, et à exercer sur lui une certaine influence. Il doit, par conséquent, connaître la valeur des procédés syntaxiques et lexicaux qui lui permettront d'exprimer une idée ou un jugement, de nuancer une affirmation, de convaincre, de persuader.

3.1.5 CHOIX DES MOTS

Que le rédacteur ait à écrire une note, une directive, un manuel d'entretien ou un rapport technique, la langue constitue toujours le principal outil dont il dispose pour transmettre des informations. Pour que la langue remplisse cette fonction de communication d'une manière efficace et correcte, plusieurs écueils doivent être évités. Nous en passerons quelques-uns en revue.

a) **Impropriété des mots**

Il existe diverses formes d'impropriétés. Ces fautes très fréquentes consistent à confondre le sens des mots, c'est-à-dire à utiliser pour exprimer une idée un mot qui ne convient pas, à employer un mot inexistant dans le lexique courant, ou encore, à altérer ou à déformer une forme admise (p. ex. «infractus» au lieu d'«infarctus»). Les causes de ces erreurs sont le plus souvent l'ignorance du sens précis des mots et de leur aire d'utilisation, l'extension abusive du sens des mots, l'emploi impropre d'épithètes, d'adverbes, etc. Le lecteur se rend vite compte de l'impropriété par référence au contexte. Il s'aperçoit aisément que le rédacteur s'est mépris sur le sens d'un mot, ou encore qu'il a utilisé un terme étranger au lexique. Les risques courus sont très graves: imprécisions et contresens, entraînant chez le lecteur confusion ou méprise.

Le rédacteur doit également éviter l'abus des *clichés*, c'est-à-dire de ces locutions ou expressions toutes faites, si souvent utilisées qu'elles ont fini par perdre leur sens originel et leur portée (p. ex. «sommes astronomiques», «intense activité», etc.). Il en va de même des *pléonasmes grammaticaux et lexicaux* (p. ex. «s'entraider réciproquement»), de certaines *images plus ou moins incohérentes* (p. ex. «épauler les efforts») et de l'*emploi systématique d'adjectifs et d'adverbes qui marquent l'exagération* et qui le plus souvent alourdissent inutilement les phrases (p. ex. «exceptionnellement», «effective-ment», «de la plus haute importance», etc.). Le rédacteur doit plutôt rechercher la simplicité et la sobriété. En ce sens, il doit également éviter le rapprochement de certains mots qui rendent la lecture plus ardue ou moins agréable (p. ex. «celui qui quitte», «il peut peut-être», etc.).

Il faut donc systématiquement faire la chasse aux impropriétés. Outre l'impression défavorable qu'elles donnent quant au degré de culture du rédacteur, elles nuisent à la clarté, à la richesse et à la précision de l'expression. Le rédacteur doit par conséquent être vigilant, faire preuve d'une certaine modestie et vérifier dans les dictionnaires le sens exact des mots dont il n'est pas tout à fait sûr.

b) Emprunts et anglicismes

L'emprunt est le phénomène par lequel une langue accueille et incorpore un élément d'une autre langue (mot, expression, construction). Ainsi, l'anglicisme est un mot, une expression ou une construction qu'on emprunte à la langue anglaise.

Il ne faut pas condamner systématiquement tous les emprunts, qui sont une des sources d'enrichissement et de renouvellement de la langue. Néanmoins, il importe de distinguer entre l'emprunt nécessaire ou utile, qui permet de désigner un concept nouveau, une réalité nouvelle, et l'emprunt inutile, qui n'apporte rien de plus à la langue et qui entre en compétition avec un terme français désignant déjà la réalité en question.

L'utilisation d'emprunts et d'anglicismes doit par conséquent être réduite au mini-mum. Ici encore, le rédacteur court le risque de ne pas être compris ou d'être mal compris. Il devra donc faire preuve de vigilance et éviter l'emploi d'emprunts non attestés ou non reconnus par le bon usage. Éventuellement, il consultera les nombreux ouvrages et dictionnaires qui sont à sa disposition.

N.B. La bibliographie critique du présent ouvrage peut servir de guide.

c) Néologismes

Notre époque connaît, particulièrement dans les domaines technique et scientifique, une prolifération de néologismes. On entend par «néologisme» soit la création proprement dite d'un mot nouveau, soit l'attribution d'un sens nouveau à un mot déjà existant.

On sait que les langues sont animées d'une constante évolution, où les néologismes jouent un rôle important. Toutefois, la création d'un mot nouveau n'est acceptable que dans le cas précis où la langue ne dispose pas déjà d'un terme pour désigner une réalité ou un concept nouveaux. Elle ne doit nullement être le fruit de l'originalité ou de la fantaisie du moment. Aussi le rédacteur aura-t-il soin de proscrire tout néologisme non reconnu par un organisme officiel.

Ici encore, les risques courus sont importants: doute, incompréhension, confusion chez le lecteur; signe d'ignorance ou de négligence chez le rédacteur.

d) Synonymes

On entend par «synonymes» des mots ou des expressions qui ont le même sens ou des significations voisines. Le rédacteur dispose souvent d'une gamme de mots qui lui permettent d'exprimer et de nuancer sa pensée avec précision. Toutefois, il est faux de croire que tous les synonymes soient interchangeables. Le rédacteur devra veiller encore une fois à vérifier le sens précis et les nuances qu'apporte tel ou tel synonyme, dans le but de s'exprimer avec le maximum d'efficacité et de précision.

Dans le vocabulaire des sciences et des techniques, les synonymes sont envisagés d'un autre point de vue. Les termes techniques se distinguent par leur caractère univoque (un terme ne désigne en principe qu'une seule notion). Cela met en question la notion même de synonymie, du moins sur le plan sémantique (nuance de sens). On note par contre d'autres facteurs de différenciation synonymique: l'*aire géographique d'utilisation* (p.ex. «motoneige» au Québec est synonyme de «scooter des neiges» en France); le *niveau de langue* (p.ex. «pépine» utilisé dans les chantiers est synonyme de «rétrocaveuse» utilisé dans un français plus soigné); l'*époque* (p.ex., le mot «malle», utilisé naguère, est aujourd'hui remplacé par le synonyme «courrier»).

Le rédacteur devra tenir compte de ces facteurs, car même si les synonymes désignent exactement la même notion ou réalité, ils ne sont pas interchangeables dans un contexte donné.

e) **Style technico-scientifique**

Il y a une différence entre écrire un texte littéraire, un article de journal et une communication technique (procédure, directive, rapport, etc.). Certains éléments particuliers caractérisent le style technique et scientifique.

Mentionnons tout d'abord le vocabulaire. Chaque métier, chaque profession, chaque discipline technique possède une terminologie qui lui est propre. Il nous faut par conséquent distinguer la «langue commune», qui renferme tous les mots et expressions utilisés par l'ensemble de la population dans la vie courante, et la «langue technique», qui comprend les mots et expressions utilisés dans telle ou telle activité spécialisée.

La première caractéristique du style technico-scientifique est donc d'ordre lexical et terminologique. C'est le vocabulaire technique qui le plus souvent donnera à la phrase sa spécificité. En ce sens, le rédacteur apportera un soin particulier à utiliser une terminologie uniformisée ou, selon le cas, normalisée.

On note également une deuxième caractéristique, sur le plan syntaxique, cette fois. La phrase utilisée dans les communications techniques et scientifiques est concise et elle va directement au but. Elle est également précise en ce sens qu'elle donne aux charnières du discours une valeur rigoureuse et exempte de variations dans leurs valeurs stylistiques. La charnière «donc», par exemple, exprimera toujours une relation de cause à effet.

Le style technique et scientifique se caractérise en outre par de nombreux recours à l'illustration (dessins, graphiques, cartes, schémas, tableaux, etc.).

Mentionnons un dernier trait propre à ce style. Le *ton* utilisé dans les communications techniques est essentiellement objectif, homogène et impersonnel. Toute trace de subjectivité, de sentimentalité ou de familiarité de la part du rédacteur doit par conséquent être écartée.

Cette «dépersonnalisation» de l'auteur se manifeste par la relative *rareté* de *l'emploi du pronom* «je» (qui sera réservé aux seuls cas où le rapporteur intervient en son nom personnel).

En principe, le rapporteur utilise le pronom de la première personne du pluriel «nous», faisant ainsi référence à l'organisme responsable du contenu du rapport. Le pronom «nous» s'utilise également lorsque le texte est le fruit d'un travail collectif.

L'auteur peut aussi utiliser le «nous» en son nom personnel, ce qui lui permet de prendre une certaine distance vis-à-vis du lecteur et de s'exprimer ainsi avec plus d'objectivité. Si l'on utilise ce «nous» de politesse, il faut veiller à respecter les règles d'accord (voir par. 3.4.3 b) «Accord de l'attribut du «nous» et du «vous» de politesse»).

Enfin, l'utilisation de la troisième personne du singulier est également très fréquente (p. ex. «il apparaît que...», «il convient maintenant,...» «il nous semble pertinent...», etc.). Cette utilisation d'une forme impersonnelle contribue beaucoup à l'homogénéité et à l'objectivité du style.

Les différents traits de style énumérés ci-dessus ne doivent pas condamner les communications techniques à un style fade et ennuyeux. Bien au contraire, leur clarté, leur précision, leur sobriété et leur rigueur s'accommodent fort bien d'un style vivant qui retiendra l'intérêt du lecteur jusqu'à la fin du texte.

3.2 Critères de lisibilité

Le rédacteur doit toujours avoir à l'esprit la nécessité d'être efficace. Son style doit par conséquent être simple et aller à l'essentiel.

Certaines qualités font qu'un texte est d'accès plus facile, et favorisent une meilleure mémorisation des points traités et des idées véhiculées. Bon nombre d'études ont été faites à ce sujet. Elles donnent toutes à peu près les mêmes résultats: pour être efficace, un texte doit s'adapter aux mécanismes de mémorisation du lecteur, lui rendre la lecture la plus simple et la plus agréable possible. Nous pouvons donc isoler un certain nombre de facteurs qui influent sur le fait qu'un texte «passe» ou «ne passe pas». Parmi ces facteurs, mentionnons les suivants:

1. Vocabulaire

Les mots employés doivent l'être d'une manière précise. Dans la mesure du possible, ils doivent être plutôt courts, chargés d'information et connus du lecteur. Si l'on doute que le terme utilisé soit connu du lecteur, il est préférable de l'expliquer en le faisant suivre d'un synonyme ou d'une expression qui en indique le sens.

2. Phrase

La phrase est d'une importance capitale. Elle doit être bien structurée. On sait que, chez le lecteur moyen, la possibilité de mémoire immédiate est d'environ dix-huit mots. En moyenne, il convient donc de ne pas dépasser cette limite. On privilégiera donc les phrases à structure syntaxique simple. Cela ne veut toutefois pas dire qu'il faille proscrire les phrases complexes. Mais on veillera spécialement dans ce cas à bien faire ressortir la structure grâce à une ponctuation appropriée.

Les spécialistes mentionnent de plus que l'efficacité des phrases peut dépendre de l'application de certains autres principes. Mentionnons-en quelques-uns.

— On préférera les verbes et les noms aux adjectifs et aux adverbes; les premiers, en effet, sont plus chargés de sens et de ce fait sont mieux retenus par le lecteur. Les adjectifs et les adverbes, au contraire, ne servent souvent que de remplissage et sont parfois destinés à masquer la pauvreté des idées.

— On utilisera à bon escient les mots outils, car ils sont bien retenus et aident le lecteur à anticiper la construction de la phrase (voir paragr. 3.5 «Charnières du discours»).

— On limitera au minimum l'utilisation des tournures passives, telles:

  ▶ La question a été posée de savoir...
  Il a été constaté que...

— Dans la mesure du possible, on évitera les expressions négatives ou dubitatives:

   ▶ On n'est pas sans savoir que...
     Nul besoin de mentionner que...

— On limitera au strict minimum l'usage des inversions, incises et enchâssements qui aboutissent à l'insertion d'un segment de phrase entre deux mots fortement unis par le sens: sujet et verbe, verbe et complément d'objet, verbe et attribut, etc. Cela nuit à la mémorisation de la phrase et crée même un obstacle à la compréhension lorsque l'incise est longue, le lecteur étant alors susceptible d'oublier plus ou moins ce qu'il a lu au début de la phrase. On évitera donc d'écrire:

   ▶ Nos résultats se sont révélés, bien que nous ayons pris soin d'assurer une parfaite représentativité de notre échantillon, aberrants par rapport à une distribution normale.

— On privilégiera les débuts de phrases affirmatifs comme:

   ▶ Nous constatons que...

de même que les phrases énumératives qui favorisent la mémorisation:

   ▶ Nous avons vérifié les hypothèses suivantes:
     1) ...
     2) ...

— On veillera à ce que les phrases s'enchaînent selon une démarche rigoureusement logique.

N.B. Rappelons enfin que la phrase ne doit développer qu'une seule idée et qu'en principe, les éléments d'information les plus importants doivent figurer dans sa première partie, car c'est souvent celle-ci qui est le mieux retenue du lecteur.

3. Présentation matérielle du texte

Une présentation matérielle trop compacte nuit à la clarté et à l'intelligibilité du texte. Voici quelques facteurs dont il faut tenir compte ici.

— Les titres et les sous-titres jouent un rôle très important. Ils doivent être précis, concis, attrayants et originaux. Ils ont pour but d'aérer le texte, de relancer l'intérêt ou de piquer la curiosité du lecteur en même temps qu'ils servent de guide dans la lecture du texte.

— Les tableaux et les illustrations (schémas, cartes, graphiques, photographies, etc.) concrétisent, synthétisent et mettent en valeur des données souvent trop complexes pour être exposées clairement dans un texte ordinaire.

— L'encadré peut souvent être utilisé pour mettre en relief une information importante.

— L'emploi d'un caractère différent permet d'attirer l'attention sur certains points jugés essentiels.

4. Répétition des idées importantes véhiculées dans le texte

Le rédacteur doit veiller à ce que les idées maîtresses du rapport soient communiquées au lecteur plus d'une fois et de diverses façons, soit:

— dans l'introduction;
— dans le sommaire;
— dans la table des matières;
— dans des conclusions partielles;
— dans la conclusion finale du rapport.

N.B. Il faut néanmoins veiller à la variété dans l'expression, afin de ne pas donner l'impression que le rapport est une suite de redites.

5. Sujet bien cerné et proche des préoccupations du lecteur

Le rédacteur doit faire en sorte que le contenu du rapport réponde aux questions posées par la personne ou par l'administration qui l'a commandé. Le plan de l'argumentation doit être simple et cohérent et aller droit à l'essentiel. Il ne doit laiser aucune place au malentendu, à l'ambiguïté ou à l'hésitation.

6. Qualité de la langue

Le texte doit être écrit correctement et être revu soigneusement aux points de vue de l'orthographe, de la syntaxe, de la ponctuation et du vocabulaire. Le rédacteur est toujours jugé quant à son expression, car un rapport mal rédigé ne peut être un bon rapport et convaincre son lecteur.

7. Aspect convaincant du rapport

Rappelons enfin que pour convaincre son lecteur, le rédacteur doit d'abord être lui-même convaincu et croire aux solutions qu'il propose. La conviction exclut l'ambiguïté, l'imprécision et l'inexactitude dans le message.

Plusieurs études ont prouvé que, chez les hommes d'action, le pessimisme et l'incertitude amènent des phrases longues et mal construites, un vocabulaire moins précis, des jugements qui s'émoussent et une argumentation peu dynamique.

3.3 Clarté syntaxique

Bien des gens sont mal à l'aise lorsqu'ils ont à prendre la plume et à écrire une lettre, une note, une directive, un rapport, notamment si le texte est d'une certaine envergure. Dans les chapitres qui précèdent, nous avons tenté de montrer comment organiser ce que l'on a à dire; nous allons maintenant nous attarder à expliquer comment l'écrire.

Pour énoncer des faits, des idées, des jugements, on se sert de phrases. Dans le corps d'un texte, celles-ci sont d'inégale longueur. Même si le souci de concision et de clarté nous impose souvent de rédiger des phrases courtes, il apparaît néanmoins que des phrases plus amples nous seront parfois fort utiles.

Ainsi, nous nous servirons de phrases courtes pour énumérer et présenter des faits, des idées, des observations, des informations, des explications précises. Cela permettra de dégager la clarté et la netteté du fait ou de la réalité exprimée. D'autre part, nous utiliserons des phrases plus longues dans le but de présenter une vision des choses plus globale ou synthétique. Elles pourront constituer un outil précieux de démonstration.

La clarté d'un texte dépend toujours de l'enchaînement des idées exprimées dans des phrases qui, elles aussi, doivent être nettes et concises et se succéder avec une grande rigueur logique. Mentionnons toutefois que la concision consiste à n'employer que les mots nécessaires au sens de l'énoncé et non pas à utiliser le minimum de mots possible. Notons de plus qu'écrire des phrases claires est synonyme d'écrire des phrases simples et naturelles; simples en ce sens que l'on évite de dire plus qu'on ne pense, et naturelles, en ce sens qu'on dit les choses telles qu'elles sont en réalité. Ajoutons enfin que pour exprimer correctement des idées claires, il faut penser avec netteté.

Dans les lignes qui suivent, nous analyserons donc comment le rédacteur peut exprimer des faits, des observations, des jugements, des recommandations, à l'aide de phrases qui répondent aux critères ci-dessus et qui, en outre, excluent toute manifestation affective.

3.3.1 PHRASE SIMPLE

La phrase simple est constituée par une seule proposition. L'assemblage des mots qui la composent est limité aux éléments de base:

sujet / verbe
sujet / verbe / complément
sujet / verbe / attribut
sujet / verbe / complément / attribut du complément

Les fonctions de sujet, de verbe, d'attribut ou de complément peuvent être remplies par un seul mot ou par un groupe de mots.

Dans la structure de la phrase simple, le verbe constitue le terme pilier autour duquel se greffent le sujet, qui vient préciser l'être ou l'objet dont on parle, l'attribut, qui apporte une précision ou qualité au sujet, et le complément, qui achève l'idée exprimée par le verbe.

Les éléments de base de la phrase simple peuvent en outre être complétés par différents éléments d'ordre secondaire qui viennent préciser les idées exprimées par les noms et les verbes.

Les exemples suivants montrent comment la phrase simple permet d'exprimer d'une manière nette et concise un fait, un jugement, une affirmation, et comment, grâce à des expansions, on peut la rendre de plus en plus précise:

> ► Cet ouvrage est utile.
> Cet ouvrage remarquable est utile.
> Cet ouvrage remarquable est utile à tout chercheur.
> Cet ouvrage remarquable est utile à tout chercheur conscient de la nécessité d'une rigoureuse objectivité.

3.3.2 PHRASE COMPLEXE

La phrase complexe doit être réservée à la synthèse d'une argumentation, à l'explication d'un fait, à la démonstration d'un principe, etc., où différents éléments viennent se coordonner ou se subordonner les uns aux autres. Le rédacteur doit l'utiliser avec réserve, car plusieurs écueils le guettent: mauvaise structure de la phrase, manque de clarté, incohérence, incorrections grammaticales et syntaxiques. Il doit ne développer qu'une idée et se conformer aux règles de la syntaxe.

Alors que la phrase simple ne comporte qu'une proposition, la phrase complexe est formée par un groupe de propositions. La phrase complexe a généralement autant de propositions qu'on peut y compter de verbes à un mode personnel:

> ► J'*estime* / que les ouvriers de cette usine *travailleraient* mieux/ si leurs conditions de travail *étaient* meilleures/.
> (trois verbes à un mode personnel, donc trois propositions)

a) Juxtaposition

Parmi les divers types de phrases complexes, mentionnons les phrases où les propositions sont reliées entre elles par une simple juxtaposition (propositions juxtaposées):

▶ Vous avez fait votre possible, j'en suis convaincue.

N.B. La juxtaposition est toujours marquée par un signe de ponctuation.

b) Coordination

On qualifie d'autre part de coordonnées les propositions qui, dans une même phrase, sont liées entre elles par une conjonction de coordination: «et», «ou», «mais», «donc», «or», «ni», «car», «aussi», etc.:

▶ La situation économique est désastreuse, et nous devons nous y adapter.

Ces calculs sont erronés; aussi faudra-t-il les recommencer.

c) Subordination

Lorsque dans une phrase complexe, une proposition est dans un rapport de dépendance par rapport à une autre proposition (dite principale), on qualifie cette proposition de subordonnée. Elle est généralement introduite par une conjonction de subordination:

▶ Je vous enverrai mes commentaires *lorsque* j'aurai terminé la lecture de votre rapport.

3.3.3 ORDRE DES MOTS DANS LA PROPOSITION

L'ordre habituel des mots dans toute proposition est le suivant: sujet/verbe/attributs et compléments. Si le verbe a des compléments de longueurs différentes, l'harmonie de la phrase exige généralement que le complément le plus long soit placé à la fin:

▶ *sujet*   *verbe*   *complément*   *complément le plus long*
(Le directeur) (a donné) (aux ouvriers) (les instructions nécessaires
à l'utilisation de cet appareil).

Cet ordre peut toutefois être modifié pour des raisons de nature syntaxique, logique ou stylistique:

▶ Cet ouvrage, on le conseille à tous les chercheurs. (inversion du complément d'objet direct en vue d'une mise en relief)

Aussi conseille-t-on cet ouvrage à tous les chercheurs. (inversion du sujet exigée par la présence de «aussi» en tête de phrase)

On dira que cet ordre grammatical en français peut parfois manquer de souplesse; néanmoins, il a l'avantage de présenter les éléments avec ordre et clarté. Il nous impose en outre une discipline très féconde dans la façon d'ordonner nos idées.

3.3.4 ORDRE DES PROPOSITIONS DANS LA PHRASE COMPLEXE

Lorsque la phrase ne comporte que des propositions juxtaposées et coordonnées, l'ordre d'apparition de chaque proposition est simplement déterminé par la logique ou par l'ordre de priorité à exprimer. Ainsi, on exprimera les faits antérieurs avant les faits postérieurs, les hypothèses avant les conclusions, etc.:

▶ Le résultat de l'expérience était concluant; nous avons donc décidé d'appliquer cette solution.

Dans les phrases comportant une ou des propositions subordonnées, la règle générale est de placer la proposition principale en tête de phrase. La règle comporte toutefois de nombreuses exceptions. À ce sujet, nous renvoyons le lecteur aux pages traitant des divers types de subordonnées.

3.3.5 NÉGATION

Pour exprimer la négation, on utilise des adverbes ou des conjonctions tels que: «ne», «non», «ni», etc. L'adverbe de négation «non» est utilisé pour nier une idée, une proposition, un élément de la phrase que l'on veut opposer à un autre:

▶ Nous devons opter pour la démocratie, (et) non pour le laisser-faire.

L'adverbe de négation «ne» est le plus souvent accompagné des mots «pas», «point», «aucun», «aucunement», «guère», «jamais», «nul», «nullement», «personne», «plus», «rien», etc.:

▶ Je ne suis pas de votre avis.
mais   Je ne saurais accepter vos excuses.

La locution restrictive «ne... que» n'a rien de négatif: elle signifie «seulement»:

▶ Je ne demande qu'à vous croire.

N.B. Il y a lieu de prendre garde à l'utilisation de la négation avec des mots tels que «tout», «toujours», «partout», etc.

▶ *Comparer:*

Tous les essais n'ont pas été concluants (ce qui implique que certains l'ont
et   été).
Aucun essai n'a été concluant.

3.3.6 PROPOSITIONS RELATIVES

La proposition relative (introduite par l'un des pronoms relatifs «qui», «que», «quoi», «dont», «où», «lequel») se rapporte toujours à un nom ou à un pronom dont elle est le complément.

Elle peut avoir l'un des deux rôles suivants. Ou bien elle précise le sens du nom qu'elle complète: elle est alors absolument indispensable pour que le lecteur sache de qui ou de quoi il s'agit. C'est ce que l'on appelle la **proposition relative déterminative**. Elle n'est jamais séparée par une virgule du nom qu'elle complète:

▶ L'échantillon qui avait été prélevé en hiver présentait de nettes différences comparativement aux plus récents.

D'autre part, la proposition relative peut apporter un simple commentaire concernant une chose ou une personne qui est déjà pleinement déterminée et connue du lecteur. Nous avons affaire ici à la **proposition relative explicative**. On peut la supprimer sans nuire au sens fondamental de la proposition principale. Elle est toujours isolée par deux virgules.

▶ *Comparer:*

et   Les ouvriers qui sont mécontents ont interrompu le travail.
Les ouvriers, qui sont mécontents, ont interrompu le travail.

Dans le premier cas, il s'agit d'une relative déterminative: seuls les ouvriers mécontents ont interrompu le travail et le lecteur a besoin de la relative pour savoir de quels ouvriers on parle.

Dans le deuxième cas, le lecteur sait qu'il s'agit de tous les ouvriers. La relative apporte un commentaire fournissant la cause de l'interruption du travail. Même si nous supprimons la relative explicative, la proposition principale «Les ouvriers ont interrompu le travail» procure une information tout à fait compatible avec celle que fournit la phrase complète.

Remarque:

Le maniement du pronom relatif «dont» est parfois délicat. Il faut toujours se rappeler que «dont» équivaut à un complément précédé de la préposition «de». Ainsi, puisqu'on dit «avoir besoin d'une chose», «se souvenir de quelque chose», on dira:

▶ l'appareil dont j'ai besoin...
la conversation dont je me souviens...

À comparer avec:

et non
▶ la conversation que je me rappelle
la conversation dont je me rappelle

(car on se rappelle quelque chose et non «de» quelque chose).

Mode du verbe dans la subordonnée

Le verbe de la subordonnée relative se met à l'indicatif si le fait exprimé est considéré dans sa réalité:

▶ J'ai opté pour cette solution, que je crois réaliste.

Il se met au conditionnel si le fait exprimé est envisagé comme éventuel ou lié à une condition (énoncée ou non):

▶ Voici une employée qui serait plus heureuse si on lui offrait une promotion.

Il se met au subjonctif si le fait exprimé est envisagé comme un but à atteindre:

▶ Je cherche une solution qui soit réaliste.

Il en va de même lorsque l'antécédent est accompagné d'un superlatif relatif du type «le premier», «le dernier», «le seul», «l'unique», «le plus»:

▶ La seule chose que je puisse exiger, c'est que vous arriviez à temps.

Dans ce dernier cas, l'indicatif est également acceptable, bien qu'il soit souvent moins idiomatique.

▶ *Comparer:*

et C'est le seul ouvrage du genre que je peux vous prêter.
C'est le seul ouvrage du genre que je puisse vous prêter.

Dans certaines relatives, le mode utilisé peut être l'infinitif (au lieu du subjonctif):

▶ Elle n'a pas de but à quoi se raccrocher.
Elle n'a personne à qui parler.

N.B. La relative peut parfois être remplacée par un simple adjectif (ce qui contribue dans certains cas à alléger le style).

▶ *Comparer:*

et Les ouvriers, qui sont mécontents, ont interrompu le travail.
Les ouvriers, mécontents, ont interrompu le travail.

3.3.7 PROPOSITIONS PARTICIPIALES

La proposition participiale est une proposition subordonnée qui n'est pas introduite par une conjonction de subordination et dont le verbe est au participe présent ou passé. Ce verbe a un sujet propre qui n'a aucune autre fonction dans la phrase.

▶ *Comparer:*

et Ce travail terminé, nous pouvons passer à la phase suivante.
Ce travail, terminé depuis deux jours, n'attend que l'approbation de la directrice.

Dans le premier cas, «ce travail» est sujet du participe passé «terminé». Il s'agit d'une participiale. Dans le deuxième cas, «ce travail» est sujet de «attend» et le participe «terminé» est simplement apposé à «travail».

3.3.8 POUR EXPRIMER LE TEMPS

Lorsque l'on veut situer un événement dans le temps, on le signale comme étant antérieur, postérieur ou simultané à un autre. On peut avoir recours aux procédés suivants:

1. **Utilisation d'une proposition subordonnée**

Les principales conjonctions et locutions conjonctives utilisées sont les suivantes:

a) **Pour exprimer que l'action de la subordonnée est postérieure à l'action de la principale:**

avant que	d'ici à ce que
jusqu'à ce que	en attendant que

b) **pour exprimer la simultanéité:**

quand	maintenant que
lorsque	à présent que
au moment où	chaque fois que
pendant que	toutes les fois que
tandis que	à mesure que
en même temps que	comme
aussi longtemps que	

Remarque 1: Le mot «comme» employé comme conjonction de temps est nécessairement suivi de l'imparfait ou du plus-que-parfait de l'indicatif:

▶ Comme j'arrivais, elles se préparaient à partir.

Remarque 2: La locution «alors que» marque une opposition ou une concession. Il est donc incorrect de l'employer pour exprimer la simple simultanéité.

c) **Pour exprimer que l'action de la subordonnée est antérieure à l'action de la principale:**

après que   dès que
depuis que   une fois que
aussitôt que

Remarque: Les conjonctions «quand» et «lorsque» peuvent exprimer l'antériorité et la postériorité aussi bien que la simultanéité: tout dépend du temps verbal utilisé après la conjonction:

▶ Je suis partie quand j'ai eu terminé mon travail
(antériorité).

Il était déjà parti quand je suis arrivée
(postériorité).

Quand la pression augmente, il se produit...
(simultanéité).

Mode du verbe dans la subordonnée

En principe, les propositions exprimant le temps se mettent à l'indicatif ou au conditionnel, selon que le fait est envisagé comme réel ou hypothétique. Toutefois, on emploie le subjonctif après les conjonctions suivantes: «avant que», «jusqu'à ce que», «d'ici à ce que», «en attendant que»:

▶ Prévenez-moi lorsque le travail sera terminé.

Pourrait-on l'excuser toutes les fois qu'il se tromperait?

Poursuivez votre réflexion jusqu'à ce que vous trouviez une solution.

2. Utilisation d'une préposition ou locution prépositive suivie d'un infinitif ou d'un groupe nominal

Les prépositions et locutions prépositives employées sont les suivantes:

avant	au cours de
avant de	pendant
après	au moment de
lors de	à

▶ À la fin de la rencontre, tout le monde était satisfait.

Après avoir terminé ce travail, je l'ai transmis au secrétaire.

3. Utilisation d'une proposition introduite par le pronom relatif «où»:

▶ Ce genre de problème ne se posait pas à l'époque où l'économie était florissante.

4. Utilisation d'un participe précédé ou non de «en»:

▶ Tout en tenant ces propos, elle surveillait l'heure.

5. Utilisation d'une proposition participiale:

▶ La secrétaire ayant lu l'ordre du jour, l'assemblée entreprit la discussion du premier point.

6. Lexicalisation de la notion de temps

Au lieu d'utiliser un mot outil exprimant le temps, on peut recourir à des verbes tels que «prendre», «occuper», «remplir», «voir», etc. La suppression des prépositions et conjonctions se traduit souvent par un allègement du style.

▶ *Comparer:*

et

Les nations européennes ont colonisé l'Afrique au cours du XIXe siècle.

Le XIXe siècle a vu les nations européennes coloniser l'Afrique.

ou encore:

et

L'expérience s'est prolongée pendant deux heures.

ou

L'expérience a duré deux heures.
L'expérience nous a pris deux heures.

3.3.9 POUR EXPRIMER LA CAUSE

Lorsque le rédacteur veut exprimer une cause, il a à sa disposition divers types de construction.

1. Utilisation d'une proposition subordonnée

Les principales conjonctions et locutions conjonctives employées sont les suivantes:

parce que	dès lors que
étant donné que	du moment que
vu que	sous prétexte que
attendu que	non que
considérant que	non pas que
comme	ce n'est pas que
puisque	

Remarque 1: La proposition introduite par «comme» exprimant la cause se place toujours avant la proposition principale:

▶ Comme il se fait tard, nous optons pour...

Remarque 2: «Puisque» implique toujours que le fait annoncé est déjà connu du lecteur, soit parce qu'il a été mentionné précédemment, soit parce qu'il s'agit d'une vérité connue de tous:

▶ Puisque notre premier résultat a été négatif, nous avons décidé de poursuivre notre recherche dans une autre voie.

Remarque 3: «Sous prétexte que» implique toujours que le rédacteur ne prend pas à son compte le lien de causalité invoqué:

▶ Il n'a pas voulu venir sous prétexte qu'il pleuvait. (Le rédacteur ne conteste pas qu'il ait plu, mais il pense que la vraie raison est autre que celle invoquée.)

Remarque 4: «Considérant que» et «attendu que» doivent être réservés aux écrits qui adoptent le style juridique.

Mode du verbe dans la subordonnée

Le verbe de la subordonnée exprimant la cause se met généralement à l'indicatif, car la cause exprime le plus souvent un fait réel:

▶ Étant donné que les résultats sont négatifs, nous avons décidé de poursuivre dans une autre voie.

Lorsque la négation d'une cause est introduite par l'une des locutions «non que», «non pas que», «ce n'est pas que», le mode de la subordonnée est toujours le subjonctif:

▶ Si l'expérience a échoué, ce n'est pas que nous n'ayons pris toutes les précautions nécessaires, mais...

2. Utilisation d'une préposition suivie d'un infinitif ou d'un groupe nominal

Les principales prépositions et locutions prépositives sont les suivantes:

à cause de
grâce à
par suite de
pour (+ un infinitif passé)
sous prétexte de

étant donné
faute de
vu
par

▶ Faute de temps, nous n'avons pu consulter toutes les personnes intéressées.

Pour n'avoir pas été prévenu à temps, je n'ai pu assister à cette réunion.

N.B. «À cause de» s'oppose à «grâce à»: le premier est en général péjoratif alors que le deuxième introduit toujours un élément favorable:

▶ C'est à cause de lui que nous avons échoué.
C'est grâce à elle que nous avons réussi.

3. Utilisation d'une proposition introduite par un pronom relatif (proposition relative explicative):

▶ L'entreprise, qui n'en était qu'à ses débuts, ne put traverser la crise économique.

4. Utilisation d'un adjectif ou d'un participe précédé ou non de «en»:

▶ Incapable de mener le projet à bien, il a été congédié par son employeur.

En retardant votre décision, vous avez perdu la chance de...

Étant trop occupé, je n'ai pu consulter toutes les personnes intéressées.

5. **Utilisation d'une proposition participiale:**

   ▶ Ce travail étant terminé, nous pouvons passer à la phase 2.

6. **Utilisation de la coordination introduite par les conjonctions «car» ou «en effet»:**

   ▶ Je n'ai pu le rencontrer, car il était absent.

7. **Utilisation d'une indépendante juxtaposée, précédée d'un deux-points:**

   ▶ Je préfère retarder ma décision: j'y verrai plus clair demain.

8. **Lexicalisation de la notion de cause**

On peut faire passer l'idée de cause dans un verbe ou dans une locution verbale tels que «causer», «entraîner», «engendrer», «créer», «produire», etc.:

   ▶ Mon retard a été causé par cet incident.

3.3.10 POUR EXPRIMER LA CONSÉQUENCE

Voici les divers types de construction permettant d'exprimer la conséquence.

1. Utilisation d'une proposition subordonnée

Les principales conjonctions et locutions conjonctives employées sont les suivantes:

de sorte que	tant ... que
de telle sorte que	tellement ... que
de telle manière que	tel que
de telle façon que	tant et si bien que
si bien que	au point que
pour que	à tel point que
au point que	à un tel point que
si ... que	à telle enseigne que

Remarque: «Pour que» n'exprime la conséquence que dans les expressions du type «assez pour que», «trop pour que», «trop peu pour que», «(in)suffisamment pour que».

Mode du verbe dans la subordonnée

Le verbe de la subordonnée exprimant la conséquence se met en principe à l'indicatif ou au conditionnel:

▶ Nos coffres sont vides, si bien qu'il nous est impossible d'accéder à cette demande.

Il a lu son texte si rapidement que même un initié n'aurait pu le suivre.

On emploie toutefois le subjonctif:

a) lorsque l'on ajoute à l'idée de conséquence une idée de but (objectif à atteindre, intention manifestée, etc.):

▶ Rédigez ce rapport de sorte que le Conseil d'administration soit satisfait.

b) après les locutions «assez pour que», «trop pour que», «trop peu pour que», «(in)suffi-samment pour que»:

> ▶ La situation économique actuelle est trop grave pour que nous la prenions à la légère.

2. Utilisation d'une préposition ou locution prépositive suivie d'un infinitif

Les principales prépositions et locutions prépositives indiquant la conséquence sont:

au point de
assez pour
(in)suffisamment pour
trop pour

trop peu pour
jusqu'à en
pour

> ▶ Les nombreux accidents survenus dans l'usine suscitent l'inquiétude des employés, au point de nécessiter des mesures tout à fait exceptionnelles.

> ▶ Nous avons fait tout ce travail pour nous retrouver en fin de compte à notre point de départ.

3. Utilisation d'une proposition introduite par un pronom relatif (proposition relative explicative):

> ▶ Nous avons plongé le bloc de métal dans l'acide, qui a réagi aussitôt.

4. Utilisation d'une proposition introduite par une conjonction ou locution conjonctive de coordination telles que:

donc
par conséquent
c'est pourquoi

ainsi
d'où
aussi (en tête de proposition)

> ▶ Elle n'a aucune expérience; aussi avons-nous dû écarter sa candidature.

Remarque: Une proposition qui commence par «d'où» doit toujours être nominale.

▶ *Comparer:*

Le gouvernement a rejeté les demandes des manifestants; c'est pourquoi une grève générale a été déclenchée dans tout le pays.

et

Le gouvernement a rejeté les demandes des manifestants, d'où le déclenchement d'une grève générale dans tout le pays.

5. **Utilisation d'un adjectif ou d'un participe souvent accompagné de «ainsi», «finalement», «en fin de compte», etc.:**

▶ La crise a provoqué la fermeture de cette usine, transformant ainsi en chômeurs une centaine d'ouvriers.

6. **Utilisation d'une proposition participiale:**

▶ Les récoltes ont été catastrophiques cette année, la pénurie ainsi créée entraînant dans la faillite des milliers d'agriculteurs.

7. **Lexicalisation de la notion de conséquence**

On peut faire passer la notion de conséquence dans un verbe tel que: «résulter», «s'ensuivre», etc.:

▶ Il s'ensuit que toutes nos conclusions précédentes doivent être révisées.

3.3.11 POUR EXPRIMER LA CONCESSION

Lorsque l'on veut poser ensemble la réalité de deux faits dont l'un contredit la conséquence normale de l'autre, on a recours à une construction concessive ou oppositive. Les divers types de construction dont dispose le rédacteur sont les suivants:

1. Utilisation d'une proposition subordonnée

Voici les principales conjonctions et locutions conjonctives employées pour exprimer la concession ou l'opposition:

bien que   même si
quoique   si
tandis que   encore que
alors que   quand
alors même que   quand même
lors même que   quand bien même

Remarque: La locution «malgré que» est à déconseiller.

La concessive peut également être introduite par:

a) des locutions adverbiales et conjonctives telles que:

si... que   où que
quelque... que   pour... que
tout... que

▶ Si attentifs que nous ayons été, nous n'avons remarqué aucune anomalie.

b) des locutions pronominales:

quoi que
quel que
quelque... que

▶ Quelle que soit votre opinion, je suis résolue à aller de l'avant.

Mode du verbe dans la subordonnée

Le verbe de la subordonnée exprimant une concession se met:

a) au subjonctif dans la majorité des cas:

> ▶ Ce livre est intéressant, quoiqu'il soit trop axé sur la vulgarisation.

b) au conditionnel:

1° après «quand», «quand même», «quand bien même», «lors même que»:

> ▶ Quand bien même on consacrerait trois semaines à cette recherche, les résultats resteraient insignifiants.

2° après «alors que», «alors même que», «tandis que», lorsque le fait exprimé dans la subordonnée est considéré comme irréel ou éventuel:

> ▶ Les calculs ont été faits à la main alors qu'il aurait été si simple de recourir à l'ordinateur.

c) à l'indicatif:

1° après «même si», «si»:

> ▶ Même si le travail est facile, il demande néanmoins beaucoup de temps et d'application.

2° après «alors que», «alors même que» et «tandis que» lorsque le fait exprimé dans la subordonnée est considéré comme réel:

> ▶ Ils ont fait les calculs à la main alors qu'on leur avait conseillé de recourir à l'ordinateur.

2. Utilisation d'une préposition suivie d'un infinitif ou d'un groupe nominal

Les principales prépositions et locutions prépositives utilisées sont les suivantes:

malgré
en dépit de
pour (plus infinitif) ..., ... n'en ... pas moins

▶ Malgré tous nos efforts, nous n'avons pas réussi à respecter le calendrier qui nous avait été fixé.

Pour être facile, le travail n'en demande pas moins beaucoup de temps.

3. Utilisation d'une proposition introduite par un pronom relatif (proposition relative explicative)

Ce type de construction ne peut exprimer la concession que si l'on insère dans la proposition relative un adverbe du type «pourtant», «néanmoins», «toutefois», «cependant», etc.:

▶ Le travail, qui avait pourtant été exécuté consciencieusement, n'a pas été accepté par la cliente.

4. Utilisation d'un participe ou d'un adjectif précédé de «bien que» ou «quoique»:

▶ Bien qu'ayant discuté pendant des heures, nous ne sommes parvenues à aucun accord.

Quoique soucieux d'épargner du temps, nous avons dû consacrer plus de deux jours à cet aspect du problème.

5. **Utilisation d'une proposition participiale contenant un adverbe tel que: «pourtant», «toutefois», «néanmoins», etc.:**

   ▶ Nous sommes arrivés à un accord de principe avec le personnel, le syndicat n'ayant toutefois pas encore ratifié le projet d'entente.

6. **Utilisation d'une proposition indépendante**

— **coordonnée**, introduite par l'une ou l'autre des conjonctions suivantes:

mais	(et) pourtant
pourtant	(et) cependant
néanmoins	en revanche
toutefois	au contraire

   ▶ Nous avons relu le rapport plusieurs fois; nous n'y avons pourtant rien trouvé de nouveau.

— **juxtaposée**, les deux propositions étant séparées par une virgule; dans ce cas, on emploie la locution verbale «avoir beau»:

   ▶ Le problème a beau présenter des aspects intéressants, nous n'avons pas le temps de nous en occuper actuellement.

7. **Lexicalisation de la notion de concession**

On peut faire passer l'idée de concession dans la locution verbale «ne pas empêcher» ou de la locution figée «il n'empêche que».

▶ *Comparer:*

Malgré tous les soins que nous avons apportés à l'exécution du projet, celui-ci s'est soldé par un échec.

et

Tous les soins apportés à l'exécution du projet ne l'ont pas empêché d'échouer.

ou

Nous avons apporté beaucoup de soin à l'exécution du projet; il n'empêche que celui-ci s'est soldé par un échec.

3.3.12 POUR EXPRIMER LE BUT

Lorsque le rédacteur veut exprimer un but, il a à sa disposition différents types de construction:

1. Utilisation d'une proposition subordonnée

Les principales conjonctions et locutions conjonctives employées sont les suivantes:

pour que	de manière que
afin que	de façon que
de sorte que	de peur que
de telle sorte que	de crainte que

Mode du verbe dans la subordonnée

Le verbe de la subordonnée exprimant le but se met toujours au subjonctif:

▶ Je vous ai envoyé cette lettre afin que vous compreniez le caractère alarmant de la situation.

On place la pièce «A» de telle sorte qu'elle soit adjacente à la pièce «B».

N.B. Les locutions «de façon à ce que», «de manière à ce que» alourdissent le style et sont à éviter.

2. Utilisation d'une préposition suivie d'un infinitif ou d'un groupe nominal

Les principales prépositions et locutions prépositives sont les suivantes:

pour	de façon à
afin de	de manière à
en vue de	de peur de
à l'effet de	de crainte de
dans le but de	par crainte de
dans l'intention de	en sorte de

▶ Pour accélérer la réaction, on suivra les instructions figurant à la p. 10.

Il nous faut préparer une procédure en vue d'une meilleure utilisation de l'appareil.

3. Utilisation d'une proposition introduite par un pronom relatif:

▶ Dans tous les rapports, il faut toujours une description exacte des faits qui permette de saisir parfaitement la réalité étudiée.

N.B. On met toujours au subjonctif le verbe d'une telle relative.

4. Utilisation d'un adjectif ou d'un participe

▶ *Comparer:*

Nous avons repensé toutes les structures administratives de la compagnie pour nous conformer à cette nouvelle législation.

et

Soucieux de nous conformer à cette nouvelle législation, nous avons repensé toutes les structures administratives de la compagnie.

5. Lexicalisation de la notion de but

Au lieu d'utiliser un mot-outil (préposition ou conjonction), on peut faire passer l'idée de but dans un verbe ou une locution verbale tels que «vouloir», «avoir pour objectif de», «tendre à», «viser à», etc. Ce genre de tournure permet souvent de varier et d'alléger le style de la phrase.

▶ *Comparer:*

On a préparé cette procédure afin d'améliorer l'utilisation de l'appareil.

et

La préparation de cette procédure vise à améliorer l'utilisation de l'appareil.

3.3.13 POUR EXPRIMER LE MOYEN

Tout comme la cause est associée à une conséquence, de même le moyen est associé à un but. Pour exprimer le moyen, le rédacteur dispose de différents types de construction.

1. Utilisation d'une préposition suivie d'un groupe nominal

Les principales prépositions et locutions prépositives employées sont les suivantes:

par   au moyen de
grâce à   par l'intermédiaire de

▶ Nous avons pu réaliser cette expérience grâce au nouveau matériel mis à notre disposition par la Direction.

2. Utilisation d'un participe présent précédé de «en»:

▶ Nous avons obtenu la décomposition du produit en le chauffant à 1000 degrés Celsius.

3. Lexicalisation de la notion de moyen

▶ *Comparer:*

et

C'est en utilisant le procédé X que nous sommes arrivés à nos fins.

L'utilisation du procédé X nous a permis d'arriver à nos fins.

3.3.14 POUR EXPRIMER LA COMPARAISON

Lorsque l'on veut exprimer une comparaison, on peut avoir recours à l'un des moyens suivants:

1. Utilisation d'une proposition subordonnée

Les principales conjonctions et locutions conjonctives employées sont les suivantes:

comme	aussi bien que
ainsi que	de même que

Il faut y ajouter la conjonction «que» en corrélation avec des adjectifs ou adverbes à valeur comparative tels que: «plus», «moins», «aussi», «autre», «meilleur», «pire», «moindre», «autant», «tant» et «tel».

Mode du verbe utilisé dans la subordonnée

Le mode le plus souvent employé est l'indicatif. On utilise toutefois le conditionnel s'il s'agit d'un fait hypothétique ou éventuel:

▶ Comme nous l'avons démontré antérieurement, les deux premières hypothèses sont à rejeter.

Ainsi qu'elle l'aurait dit à plusieurs personnes, elle serait sur le point de faire faillite.

Remarque: La comparaison s'exprime souvent par une proposition subordonnée ellip-tique (c.-à-d. par une proposition où le verbe est sous-entendu).

▶ *Comparer:*

et
Vous raisonnez comme le ferait un profane.
Vous raisonnez comme un profane.

2. Utilisation d'une préposition suivie d'un nom ou d'un groupe nominal

Les principales prépositions et locutions prépositives sont:

suivant
à l'exemple de
à l'instar de

▶ À l'instar de mon prédécesseur, j'ai suivi minutieusement les instructions du document 003.

3. Lexicalisation de la notion de comparaison

▶ *Comparer:*

J'ai exécuté ce travail exactement comme vous l'aviez demandé.

et

Dans l'exécution de ce travail, j'ai suivi scrupuleusement toutes vos instruc-tions.

3.3.15 POUR EXPRIMER LA CONDITION OU L'HYPOTHÈSE

Les propositions conditionnelles ou hypothétiques sont celles qui expriment la condi-tion à laquelle est soumise une réalité exprimée par le verbe principal. Le rédacteur dispose à cet effet de divers types de construction.

1. Utilisation d'une proposition subordonnée

Les principales conjonctions et locutions conjonctives employées sont les suivantes:

si	en admettant que
au cas où	du moment que
dans le cas où	pourvu que
pour le cas où	pour peu que
à (la) condition que	selon que
dans l'hypothèse où	suivant que
à supposer que	soit que ... soit que
en supposant que	à moins que

Mode du verbe utilisé dans la subordonnée

— Après «si»

1) Lorsque le fait présenté par «si» est irréel ou éventuel (possibilité dans le futur), on emploie l'indicatif imparfait ou plus-que-parfait (et l'on emploie dans la principale le conditionnel présent ou passé, parfois l'indicatif ou l'impératif):

▶ Si nos stocks étaient plus abondants, nous pourrions envisager d'honorer cette commande.

Si vous retrouviez un jour le document, veuillez m'en aviser.

2) Lorsque le fait présenté par «si» est considéré comme réel, on emploie l'indicatif présent ou passé défini (et on emploie l'indicatif dans la principale):

▶ Si l'on accepte cette hypothèse, on tombe dans l'absurdité.

Remarque: Lorsqu'une proposition conditionnelle introduite par «si» est coordonnée au moyen de «et», «mais», «ou», à une deuxième conditionnelle introduite par «que», le verbe de cette dernière se met en principe au subjonctif.

▶ *Comparer:*

Si la cliente vient et si je suis absent, veuillez la faire patienter.

et

Si la cliente vient et que je sois absent, veuillez la faire patienter.

— Après «au cas où», «dans le cas où», «pour le cas où», «dans l'hypothèse où», on emploie le conditionnel:

▶ Je vous remets ce rapport aujourd'hui au cas où vous voudriez en prendre connaissance dans le plus bref délai.

— Après «du moment que», on emploie l'indicatif si le fait est présenté comme réel, le subjonctif, s'il est présenté comme éventuel:

▶ Du moment que vous êtes sûrs de vos premiers résultats, vous pouvez passer à la phase 2 du travail.

▶ Peu importe la méthode, du moment que les résultats soient concluants.

— Après «selon que» et «suivant que», on emploie l'indicatif:

▶ Selon que le résultat est positif ou négatif, on applique l'une ou l'autre procédure.

— Après toutes les autres conjonctions ou locutions conjonctives mentionnées ci-dessus, on emploie généralement le subjonctif:

▶ Il vous fournira ces renseignements, pour peu que vous les lui demandiez.

2. **Utilisation d'une préposition suivie d'un infinitif ou d'un groupe nominal**

Les principales prépositions et locutions prépositives utilisées sont les suivantes:

en cas de   à moins de
dans l'hypothèse de   à condition de

▶ À moins d'être inconscient, on ne peut adopter une telle résolution.

3. **Utilisation d'une proposition introduite par un pronom relatif et utilisant le conditionnel:**

▶ Une expérience qui serait menée sans ces précautions risquerait d'aboutir à des résultats faussés au départ.

4. **Utilisation d'un adjectif ou d'un participe précédé ou non de «en»:**

▶ En procédant de la sorte, on risque de fausser tout le déroulement de l'expérience.

5. **Utilisation d'une proposition participiale:**

▶ Cette question étant résolue, nous aurions la possibilité de nous consacrer à d'autres tâches.

6. **Lexicalisation de la notion de condition ou d'hypothèse**

▶ *Comparer:*

Si l'on avait recours à ce procédé, le rendement de l'appareil serait grandement amélioré.

et

Le recours à ce procédé améliorerait grandement le rendement de l'appareil.

3.4 Quelques rappels

3.4.1 TEMPS ET MODES

TABLEAU II

Temps et modes

Mode	Temps	Exemple
Indicatif	présent	il écrit
	imparfait	il écrivait
	passé simple ou défini	il écrivit
	futur simple	il écrira
	passé composé	il a écrit
	plus-que-parfait	il avait écrit
	passé antérieur	il eut écrit
	futur antérieur	il aura écrit
Conditionnel	présent	il écrirait
	passé	il aurait écrit
Subjonctif	présent	qu'il écrive
	imparfait	qu'il écrivît
	passé	qu'il ait écrit
	plus-que-parfait	qu'il eût écrit
Impératif	présent	écris
	passé	aie écrit
Infinitif	présent	écrire
	passé	avoir écrit
Participe	présent	écrivant
	passé	(ayant) écrit

3.4.2 CONCORDANCE DES TEMPS

Dans une phrase comportant une proposition principale et une proposition subordonnée, les faits exprimés par les deux propositions ne sont pas nécessairement simultanés.

Quel que soit le temps exprimé par la proposition principale, le fait exprimé par la subordonnée peut être antérieur, simultané ou postérieur à celui exprimé par la première. Le tableau qui suit présente les temps à employer dans chaque cas.

TABLEAU III

Concordance des temps	
	A. Propositions subordonnées à l'indicatif ou au conditionnel
1. Le verbe de la principale est au présent (indicatif présent):	Le fait exprimé par la subordonnée est
	a) **antérieur** (temps passé: imparfait, passé simple ou passé composé):
▶ Je suis certain	qu'il a fini son travail.
	b) **simultané** (temps présent):
	qu'il est en train de travailler.
	c) **postérieur** (temps futur):
	qu'il travaillera sérieusement.

TABLEAU III (suite)

Concordance des temps

**A. Propositions subordonnées à l'indicatif
ou au conditionnel**

2. Le verbe de la principale est au passé
(imparfait, passé simple ou passé
composé):

▶ J'étais certain
J'ai pensé
Je crus

Le fait exprimé par la subordonnée est

a) **antérieur**
(temps passé: plus-que-parfait):
qu'il avait terminé ce travail.

b) **simultané**
(temps passé: imparfait):

qu'il était en train de travailler.

c) **postérieur** (conditionnel présent):

qu'il travaillerait sérieusement.

3. Le verbe de la principale est au futur:

▶ Je partirai

▶ Je partirai

▶ Demain, je saurai

Le fait exprimé par la subordonnée est

a) **antérieur** (futur antérieur):

quand j'aurai terminé ce travail.

b) **simultané** (futur simple):

quand vous voudrez.

c) **postérieur** (futur simple):

quand il viendra.

164

TABLEAU III (suite)	Concordance des temps
	A. Propositions subordonnées à l'indicatif ou au conditionnel

4. Le verbe de la principale est au futur antérieur:	Le fait exprimé par la subordonnée est **postérieur** (futur simple):
▶ J'aurai terminé ce travail	quand vous arriverez. N.B. Il semble que l'antériorité et la simultanéité soient très rares dans la subordonnée lorsque la principale est au futur antérieur.

5. Le verbe de la principale est au conditionnel (conditionnel présent):	Le verbe exprimé par la subordonnée est a) **antérieur** (plus-que-parfait):
▶ Il serait heureux (aujourd'hui)	s'il avait toujours suivi mes conseils. b) **simultané** (imparfait):
▶ Il serait heureux (aujourd'hui)	s'il était riche.

6. Le verbe de la principale est au conditionnel passé:	Le verbe exprimé par la subordonnée est a) **antérieur** (plus-que-parfait):
▶ Il aurait été heureux	s'il avait gagné cette compétition. b) **simultané** (plus-que-parfait): s'il avait été riche.

TABLEAU III (SUITE)	Concordance des temps
	B. Propositions subordonnées au subjonctif

1. Le verbe de la principale est au présent (indicatif présent):	Le fait exprimé par la subordonnée est
	a) **antérieur** (subjonctif passé):
▶ Je doute	qu'il ait terminé son travail hier.
	b) **simultané** (subjonctif présent):
	qu'il soit en train de travailler.
	c) **postérieur** (subjonctif présent):
	qu'il puisse terminer son travail pour demain.
2. Le verbe de la principale est au passé (imparfait, passé simple ou passé composé):	Le fait exprimé par la subordonnée est
	a) **antérieur** (subjonctif plus-que-parfait ou passé):
▶ Je doutais	qu'il eût terminé son travail la veille. ou qu'il ait terminé son travail la veille.
	b) **simultané** (subjonctif imparfait ou présent):
	qu'il fût en train de travailler. ou qu'il soit en train de travailler.
	c) **postérieur** (subjonctif imparfait ou présent):
	qu'il pût terminer son travail pour le lendemain. ou qu'il puisse terminer son travail pour le lendemain.

Remarque: Lorsque l'on doit exprimer la postériorité dans un mode qui ne comporte pas de futur (conditionnel ou subjonctif), on se sert souvent des verbes «pouvoir», «vouloir», «devoir», etc. qui jouent alors en quelque sorte le rôle d'un auxiliaire.

▶ *Comparer:*

Je doute qu'elle soit prête à partir.

et

Je doute qu'elle puisse être prête à partir demain.

ou

Je doute qu'elle soit prête à partir demain.

3.4.3 RÈGLES D'ACCORD

a) **Accord du verbe avec le sujet**

— Le verbe s'accorde en nombre et en personne avec son sujet.

— Le verbe qui a plusieurs sujets se met au pluriel.

Si les sujets sont de personnes grammaticales différentes, la première l'emporte sur les autres et la 2e l'emporte sur la 3e:

▶ Mon avocat et moi avons décidé...

Vous et votre secrétaire serez les bienvenus.

— **Lorsque deux noms sont séparés par «ainsi que» ou «de même que»**, deux cas peuvent se présenter:

1) Ou bien la conjonction marque la comparaison et l'accord du verbe se fait avec le premier nom uniquement. Dans ce cas, généralement, on placera entre deux virgules le groupe formé par la conjonction et le nom qui la suit:

▶ La démocratie d'aujourd'hui, de même que la monarchie des temps passés, s'accompagne souvent de beaucoup d'injustices.

2) Ou bien la conjonction a la valeur d'un simple «et», auquel cas l'accord du verbe se fait avec les deux noms:

▶ L'architecte de même que l'ingénieur ont démontré la nécessité de faire cet essai.

— **Lorsque le verbe a plusieurs sujets à peu près synonymes**, simplement juxtaposés (donc non coordonnés par **et**) **et formant une gradation**, l'accord se fait avec le sujet le plus rapproché:

▶ Cette machine est extrêmement fragile: la manipulation brutale, les variations brusques de température, le choc le plus léger la met hors d'usage.

— **Lorsque le sujet est «l'un ou l'autre» ou «ni l'un ni l'autre»**, l'accord se fait en principe au singulier:

▶ L'une ou l'autre solution nous convient parfaitement.

Ni l'une ni l'autre de ces candidates ne sera engagée.

— **Lorsque le sujet commence par «le peu de»** suivi d'un complément, l'accord du verbe (et de l'attribut éventuel) se fait avec le complément si «le peu» signifie «une quantité suffisante»; au contraire, le verbe reste au singulier (et l'attribut au masculin singulier) si «le peu» signifie «une quantité insuffisante» ou «le manque de»:

▶ Le peu de ressources qui m'a été alloué m'a empêché de réaliser le projet.

mais

Le peu de ressources qui m'ont été allouées m'ont permis d'amorcer la réalisation du projet.

— **Lorsque le sujet est le pronom relatif «qui»**, c'est le nombre et la personne de l'antécédent qui commandent l'accord du verbe:

> ▶ Vous, qui avez fait ce rapport, devez sans doute bien connaître la question.

> Le directeur des achats et moi-même, qui avons rencontré le fournisseur, sommes persuadés du bien-fondé de sa réclamation.

— **Lorsque le sujet est un nom collectif** (foule, multitude, majorité, troupe, etc.) suivi d'un complément au pluriel, il est recommandé:

a. de faire l'accord au singulier si le collectif est précédé de l'article défini (le ou la) ou du démonstratif (ce, cet et cette);

b. de faire l'accord au pluriel si le collectif est précédé de l'article indéfini (un ou une).

> ▶ *Comparer:*

> La foule des manifestants se dispersa à l'arrivée de la police.
>
> *et*
>
> Une foule de manifestants envahirent la salle des délibérations.

— **Si le sujet est précédé de l'une des locutions «la plupart de», «(bon) nombre de», «quantité de», «beaucoup de», «peu de», «combien de», «trop de», «tant de», «assez de»**, le verbe s'accorde toujours en nombre avec le complément:

> ▶ La plupart des expériences ont confirmé notre hypothèse.

— Avec **«plus d'un»** l'accord se fait au singulier; avec **«moins de deux»**, il se fait au pluriel.

▶ *Comparer:*

Plus d'une semaine s'était écoulée depuis son départ.

et

Moins de deux semaines s'étaient écoulées depuis son départ.

Remarque: Lorsque le sujet est constitué par la locution pronominale «tout le monde», le verbe s'accorde toujours au singulier:

▶ Tout le monde s'est aperçu que l'orateur ne connaissait guère sa matière.

Lorsque le sujet est le pronom «ce», le verbe «être» qui suit se met ordinairement au pluriel quand l'attribut est un nom pluriel ou un pronom de la 3e personne du pluriel. Dans les autres cas, il se met à la 3e personne du singulier:

▶ Ce sont de nouveaux produits.

Ceux qui s'opposent au projet, ce sont les employés les plus jeunes.

C'est vous tous qui avez mené le projet à bien.

b) Accord de l'attribut du «nous» et du «vous» de politesse

— Lorsque le pronom «nous» ou «vous» ne désigne qu'une seule personne, l'attribut qui s'y rapporte s'accorde exactement comme si le sujet était «je» ou «tu»:

▶ Nous sommes consciente que cette proposition est difficile à mettre à exécution.

c) Accord du pronom avec le mot qu'il remplace

— **Lorsqu'un pronom remplace un nom désignant une collectivité** (gouvernement, assemblée, conseil, etc.), il doit toujours avoir le même nombre grammatical que celui-ci:

▶ Le Conseil s'est réuni vendredi; après avoir traité de la question des salaires, il a décidé de reporter à une date ultérieure l'étude des autres points à l'ordre du jour.

et non

Le Conseil s'est réuni vendredi; après avoir traité de la question des salaires, ils ont décidé de reporter à une date ultérieure l'étude des autres points à l'ordre du jour.

— **Lorsqu'un pronom réfléchi accompagne un infinitif dont le sujet logique est à la 1ʳᵉ ou à la 2ᵉ personne**, il ne doit jamais être rendu par «se» mais par «me», «te», «nous», «vous»:

▶ Nous avons suivi toutes ces étapes afin de nous conformer à la procédure 0077.

et non

Nous avons suivi toutes ces étapes afin de se conformer à la procédure 0077.

d) **Accord de l'adjectif**

L'adjectif s'accorde en genre et en nombre avec le nom auquel il se rapporte. C'est notamment le cas:

— de l'adjectif épithète:

▶ Une explication claire.

— de l'adjectif attribut:

▶ Cette explication paraît claire.
Je considère cette proposition comme inespérée.

— de l'adjectif apposé:

▶ Incapables de résoudre ce problème, nous avons eu recours à un expert.

Cas particuliers

Accord de «demi»

«Demi» placé devant un nom est invariable et est suivi d'un trait d'union:

▶ une demi-journée

Placé après le nom, il s'accorde en genre avec celui-ci, mais reste toujours au singulier:

▶ deux tonnes et demie

Accord de «possible»

«Possible» est invariable lorsqu'il est placé après un nom pluriel accompagné de «le plus», de «le moins» ou de «le meilleur».

▶ *Comparer:*
Nous avons fait le plus d'essais possible pour vérifier cette hypothèse.
et
Faites tous les essais possibles pour vérifier cette hypothèse.

Accord de «ci-joint», «ci-inclus», «ci-annexé»

«Ci-joint», «ci-inclus», «ci-annexé» sont toujours variables lorsqu'ils suivent le nom qu'ils qualifient. Dans tous les autres cas, il est recommandé de les laisser invariables:

▶ Nous vous transmettons ci-inclus une copie de la décision.
La copie ci-incluse vous est transmise à titre confidentiel.

Accord de «des plus», «des moins», «des mieux»

L'adjectif précédé de «des plus», «des moins», «des mieux» se met en principe au pluriel:

▶ Cette étude est des plus intéressantes.

Accord de «tel» et de «tel que»

«Tel» employé sans «que» s'accorde avec le ou les noms qui suivent:

▶ Telles sont les recommandations faites par notre expert.
Les matières premières employées, tels le fer, le nickel, l'aluminium, etc.

«Tel» suivi de «que» s'accorde avec le nom auquel il se rapporte:

▶ Ces propositions sont telles que nous ne pouvons les refuser («telles» est ici attribut du sujet «propositions»).

▶ Elle nous a fait des propositions telles que nous ne pouvions les refuser («telles» détermine «propositions»).

▶ Telles que je les connais, ces personnes refuseront notre offre («telles» est ici apposé à «personnes»).

Remarque: La locution «tel que» est fautive lorsque «tel» ne peut être rattaché à un nom ou à un pronom, mais se rapporte à toute une proposition. Dans ce cas, il faut employer «comme» ou «ainsi que»:

▶ Comme nous l'avons annoncé, la réunion aura lieu à 17 h.

et non

Tel que nous l'avons annoncé (*ou* tel qu'annoncé), la réunion aura lieu à 17 h.

Accord des adjectifs désignant la couleur

Les adjectifs simples s'accordent selon la règle générale. Les adjectifs composés (adjectif plus nom, adjectif plus adjectif, séparés ou non par «et») restent invariables. Il en va de même lorsque la couleur est exprimée par un nom employé comme adjectif:

▶ Une toile bleu clair
Une toile vert pomme
Une toile vert et blanc
Des toiles marron

Accord de quelque

Lorsqu'il est placé devant un groupe nominal, le mot «quelque» est en principe adjectif et s'accorde avec le nom:

▶ Voici quelques renseignements complémentaires.

Placé devant un nombre cardinal, «quelque» a le sens de «environ»; il est alors adverbe et reste par conséquent invariable:

▶ L'expérience a duré quelque six semaines.

Toutefois, s'il est placé devant un adjectif ou un groupe nominal suivis eux-mêmes de «que» et du verbe «être», «quelque» est synonyme de «si»; il est alors adverbe et demeure invariable:

▶ Quelque précises que soient ces procédures, nous n'avons pu éviter un certain nombre de fausses manoeuvres.

Quelque bons candidats qu'ils soient, aucun n'a trouvé la solution de ce problème.

N.B. Quand nous parlons du verbe «être», nous visons également les verbes analogues tels que «paraître», ou «sembler» ainsi que les verbes «devoir» et «pouvoir» qui peuvent accompagner ces différents verbes:

▶ Quelque précises que puissent être (*ou* paraître) ces procédures...

Remarque: On ne confondra pas «quelque» avec le groupe «quel que» figurant immédiatement devant les verbes «être», ou encore «pouvoir» ou «devoir» suivis de «être». Dans ce cas, «quel» est adjectif et s'accorde avec le sujet du verbe «être»:

▶ Quels que soient les résultats de l'enquête, il est manifeste que...

Quelles que puissent être ses explications, elles n'excusent pas sa négligence.

Accord de «même»

«Même» s'accorde en principe avec le nom ou le pronom auquel il se rapporte. Employé comme pronom, «le même» s'accorde avec le nom ou le pronom qu'il remplace:

▶ Je suis arrivée aux mêmes conclusions que lui.
Nous avons effectué les calculs nous-mêmes.
Mes résultats sont les mêmes que les vôtres.

«Même» est adverbe et demeure donc invariable lorsqu'il signifie «aussi» avec une nuance d'insistance ou de renchérissement:

▶ Il y avait là des députés et même quelques ministres.

Accord de «tout»

L'adjectif indéfini «tout» s'accorde avec le nom ou le pronom auquel il se rapporte:

▶ Tous les résultats concordent.
Tous ceux qui ont participé à la réunion...

Le pronom indéfini «tout» reste invariable lorsqu'il a une valeur neutre et signifie «toute chose»:

▶ Tout n'est pas bon à dire...

Dans les autres cas, il prend le genre et le nombre du pronom ou du nom qu'il remplace ou sous-entend:

▶ Nous avons toutes connu des difficultés.
Tous savent l'importance de bien se documenter.

«Tout» est adverbe et demeure donc en principe invariable lorsqu'il signifie «tout à fait», «entièrement», «complètement» (ou «si» dans l'expression «tout... que»):

▶ Elle a été tout étonnée d'apprendre cette nouvelle.
Tout intelligente qu'elle soit, elle n'est pas à la hauteur de la situation.

Toutefois, cet adverbe s'accorde exceptionnellement en genre et en nombre lorsqu'il est suivi d'un adjectif féminin commençant par une consonne ou par un «h» aspiré.

▶ *Comparer:*

Vos tout dévoués.
Vos toutes dévouées.
Tout dévoués qu'ils soient...
Toutes dévouées qu'elles soient,...

N.B. «Tout» suivi de «autre» est adverbe quand il signifie «complètement»; il est adjectif et s'accorde avec le nom qui suit lorsqu'il signifie «chaque», «n'importe lequel»:

▶ Cette employée a l'air très complexée, mais elle est tout autre quand on la connaît.
(«Tout autre» signifie «complètement autre».)

mais

Toute autre employée pourrait convenir pour ce travail.
(Car ici, «toute» n'est pas adverbe et signifie «n'importe quelle»; il est adjectif et s'accorde donc avec le nom «employée».)

Accord des adjectifs numéraux cardinaux

Les adjectifs numéraux cardinaux demeurent en principe invariables:

▶ Quarante personnes ont assisté à la réunion.

Les quarante personnes qui ont assisté à la réunion ont voté en faveur du projet.

Outre le mot «un» qui se met évidemment au féminin devant un nom féminin, seuls les numéraux «vingt» et «cent» sont variables. Ils prennent un «s» quand ils sont multipliés par un autre nombre cardinal et qu'ils terminent l'adjectif numéral. Dans les autres cas, ils restent invariables.

▶ Nous étions cent vingt lors de la dernière assemblée.
Nous étions cinq cents lors du dernier congrès.
Cet article a coûté quatre-vingts dollars.
Cet article a coûté quatre-vingt-cinq dollars.

Remarque: «Millier», «million» et «milliard» sont des noms et non pas des adjectifs numéraux; on écrit donc:

▶ Deux cents millions d'années.
Quatre-vingts millions d'années.

e) **Accord du participe passé**

Le participe passé employé seul (sans auxiliaire) se traite exactement comme un adjectif. Il s'accorde donc en genre et en nombre avec le nom ou le pronom auquel il se rapporte:

▶ Les informations contenues dans ce livre sont de la plus haute importance.

Dû est toujours un participe passé et se rapporte nécessairement à un nom ou à un pronom, avec lequel il s'accorde. (Rappelons ici que «dû» ne prend l'accent circonflexe qu'au masculin singulier.):

▶ Voici mon rapport sur les deux accidents dus à la défectuosité de cet appareil.

Il est fautif de donner à l'expression «dû à» le sens d'une des locutions prépositives «par suite de», «à cause de»:

▶ L'expérience a été retardée à cause de la panne d'électricité.

et non

L'expérience a été retardée dû à la panne d'électricité.

Les participes **vu** et **passé** ainsi que les groupes figés **y compris** et **étant donné** restent invariables lorsqu'ils sont placés immédiatement avant le nom précédé ou non d'un article ou d'un déterminatif. Dans les autres cas, ils s'accordent:

▶ Étant donné les résultats de l'expérience,...
Passé 17 heures, les bureaux sont fermés.
Ces précisions étant données, nous poursuivons notre exposé.

Accord du participe passé employé avec l'auxiliaire «être»

Le participe passé employé avec l'auxiliaire «être» suit exactement les mêmes règles d'accord que l'adjectif attribut. Il prend donc le genre et le nombre du sujet:

▶ Elles sont tombées d'accord sur ce projet.
Nous sommes dépassés par les événements.

N.B. La règle qui précède ne s'applique pas lorsqu'on a affaire à un verbe pronominal (voir à la p. 180 le paragraphe consacré à ce sujet).

Accord du participe passé employé avec l'auxiliaire «avoir»

En principe, le participe passé construit avec «avoir» reste invariable.

Toutefois, le participe passé s'accorde avec le complément d'objet direct dans le seul cas où celui-ci le précède:

▶ Nous avons enfin terminé.

Nous avons enfin terminé nos travaux.

Ces travaux, nous les avons terminés à temps.

Je vous rends vos livres; je les ai lus avec beaucoup d'intérêt.

Voici les conclusions que j'ai tirées de ces constatations.

Remarque 1: Lorsque le complément d'objet placé avant le participe passé est le pronom personnel «en», le participe passé reste en principe invariable:

▶ J'ai prélevé 25 échantillons, mais je n'en ai retenu que trois.

Remarque 2: On notera le cas particulier constitué par le participe passé des verbes «laisser», «voir», «entendre», «sentir», suivi d'un infinitif. Le participe s'accorde avec le complément d'objet direct placé avant *si celui-ci fait l'action exprimée par l'infinitif.* Dans le cas contraire, le participe passé demeure invariable.

▶ *Comparer:*

Les employés que j'ai laissés partir...

(«que» mis pour «employés» fait l'action de «partir»; donc on fait l'accord).

et

Les employés que j'ai laissé congédier par le directeur du personnel...

(«que» mis pour «employés» ne fait pas l'action de «congédier»; donc l'accord ne se fait pas).

N.B. Contrairement à «laissé», le participe passé «fait» suivi d'un infinitif demeure toujours invariable:

▶ Elle nous a fait comprendre que...

Elle nous a fait prévenir par le chef de service que...

Remarque 3: Les participes passés «voulu», «pu», «cru», «su» et ceux des verbes de sens analogue: «pensé», «souhaité», «désiré», «imaginé», etc. restent invariables quand ils sont suivis d'un infinitif *exprimé* ou *sous-entendu* ou encore d'une proposition subordonnée complément d'objet direct *exprimée* ou *sous-entendue*:

subordonnée complément d'objet direct *exprimée* ou *sous-entendue:*

> ▶ Je lui ai fourni toutes les explications que j'ai pu (sous-entendu «lui fournir»).

> Cette opération est plus complexe que je n'avais cru (sous-entendu «qu'elle était»).

Remarque 4: Dans les verbes du premier groupe (infinitif en «er»), l'infinitif et le participe passé se prononcent de la même façon; on a, par exemple, «marcher» et «marché». Dans certains cas, on peut hésiter quant à la forme à employer. Pour résoudre le problème, il suffit de remplacer le verbe par un autre verbe, du deuxième ou du troisième groupe, ce qui permet immédiatement de déterminer s'il s'agit de l'infinitif ou du participe:

> ▶ Je l'ai laissé emmener par le policier.
> (En remplaçant «emmener» par «prendre», on se rend compte qu'il s'agit d'un infinitif.)

> Elle s'est vue forcée de rendre l'argent.
> (En remplaçant le verbe «forcer» par le verbe «contraindre», on obtient: «contrainte de rendre l'argent»; on voit donc qu'il s'agit ici d'un participe passé.)

Remarque 5: Les participes «coûté», «vécu», «pesé» et «valu» sont toujours invariables quand leur complément exprime respectivement le prix, la durée, le poids ou la valeur.

> ▶ *Comparer:*

> Les 20 000 dollars que m'a coûté cet échec...

et

> Les efforts que m'a coûtés ce travail...

Remarque 6: Le participe «duré» est toujours invariable:

> ▶ Les deux ans qu'a duré l'expérience...

Accord du participe passé des verbes pronominaux

Un verbe pronominal est un verbe construit avec un pronom réfléchi, c'est-à-dire avec un pronom qui représente la même personne ou la même chose que le sujet:

> ▶ Il se lave.
> Je m'imagine...

Dans les verbes pronominaux, le participe passé se construit toujours avec l'auxiliaire «être», *mais celui-ci a la valeur de «avoir»*. Aussi, on dit:

> ▶ Je lui *ai* procuré ce livre.

mais
> Je me *suis* procuré ce livre.

Parmi les verbes pronominaux, on distingue:

1° les **verbes essentiellement pronominaux**, qui ne peuvent jamais s'employer sans le pronom réfléchi:

> ▶ se souvenir
> s'emparer

> (Les verbes «souvenir» et «emparer» n'existent pas.)

Le participe passé de ces verbes s'accorde avec le sujet:

> ▶ Nous nous sommes très bien souvenues de cet événement.

Remarque: «S'arroger» est le seul verbe essentiellement pronominal dont le participe passé ne s'accorde pas avec le sujet. C'est aussi le seul qui puisse avoir un complément d'objet direct. Le participe passé s'accordera donc avec ce complément si celui-ci est placé avant.

▶ *Comparer:*

Elle s'est arrogé des droits exorbitants.
(Le complément d'objet direct est placé après; donc l'accord ne se fait pas.)

et

Les droits exorbitants qu'elle s'est arrogés...
(Le complément d'objet direct «que» remplaçant «droits» est placé avant; donc l'accord se fait avec ce mot.)

2° les **verbes accidentellement pronominaux**, qui peuvent également s'employer sans le pronom réfléchi:

▶ se laver
se rappeler
se douter

(Les verbes «laver», «rappeler», «douter» peuvent s'employer sans le pronom réfléchi.)

Parmi les verbes accidentellement pronominaux, on doit faire la distinction suivante:

a) Pour certains de ces verbes, le pronom réfléchi peut vraiment s'analyser séparément; il a un sens plein et il pourrait éventuellement être remplacé par un pronom d'une autre personne. Lorsque nous disons: «je me lave», cela signifie: «je lave moi-même». Le pronom «me» pourrait être remplacé par un pronom de la 2e ou de la 3e personne: le participe passé de ces verbes s'accorde exactement selon les règles applicables dans le cas du participe construit avec «avoir». Il faut donc rechercher le complément d'objet direct et l'accord se fait si celui-ci est placé avant le participe:

▶ Nous nous sommes rencontrées lundi dernier...
(Nous avons rencontré «nous»; le complément d'objet direct est placé avant; donc l'accord se fait.)
Nous nous sommes juré d'être plus vigilants à l'avenir.
(Nous avons juré «à nous», complément d'objet indirect; nous avons juré

quoi? d'être plus vigilants: complément d'objet direct placé après; donc l'accord ne se fait pas.)

b) Pour certains verbes accidentellement pronominaux, il est impossible d'analyser séparément le pronom réfléchi. Il est en quelque sorte soudé au verbe pour former un nouveau verbe. Lorsque nous disons: «je me suis aperçu de mon erreur», il est impossible d'attribuer un sens précis au pronom «me». La phrase ne signifie pas: «j'ai aperçu moi-même de mon erreur» et l'on ne pourrait pas remplacer le «me» par un «te» ou par un «le», etc. Ces verbes s'appellent des **verbes pronominaux agglutinés**. Au point de vue du participe passé, ils sont traités comme des verbes essentiellement pronominaux, c'est-à-dire que le participe s'accorde avec le sujet:

▶ Nous nous sommes aperçues de notre erreur.
  Vous seriez-vous jamais doutés d'une telle malhonnêteté?
  Nous nous étions attendues à cette réaction.
  Nous nous sommes facilement passées de son aide.
  Ils se sont joués de ces difficultés.

Remarque 1: Par exception «se plaire», «se complaire», «se rire» et «se rendre compte» sont des verbes pronominaux agglutinés dont le participe passé demeure toujours invariable:

▶ Elles se sont plu à démolir notre argumentation.
  Ils se sont ri de toutes ces difficultés.
  Nous nous sommes rendu compte de notre erreur.

Remarque 2: Lorsqu'un verbe pronominal est utilisé avec un sens passif, on applique exactement la même règle que dans le cas des pronominaux agglutinés, c'est-à-dire que le participe passé s'accorde avec le sujet:

▶ Le cuivre et l'étain se sont très bien vendus cette année.

Remarque 3: Lorsque le participe passé de l'un des verbes «laisser», «voir», «entendre», «sentir» employé pronominalement est suivi d'un infinitif, on applique la même règle que lorsqu'il n'est pas employé pronominalement (v. p. 178, remarque 2):

▶ Elle s'est laissée tomber.
(C'est elle qui fait l'action de tomber; donc on fait l'accord.)

Elle s'est laissé emmener par le policier.
(Ce n'est pas elle qui fait l'action d'emmener; donc l'accord ne se fait pas.)

Accord du participe passé des verbes impersonnels

Le participe passé des verbes impersonnels ou employés de façon impersonnelle est toujours invariable:

▶ Il est tombé beaucoup de neige cet hiver.

Il a fallu plusieurs essais pour vérifier cette hypothèse.

Tous les essais qu'il a été convenu de faire sont très coûteux.

3.5 Charnières du discours

On appelle «charnières» tous les mots ou expressions auxquels on peut avoir recours pour indiquer les rapports logiques existant entre tous les éléments de l'exposé: parties de phrase, phrases, paragraphes, chapitres.

Dans ce sens, les signes de ponctuation, les prépositions, les conjonctions et les pronoms relatifs constituent des charnières:

▶ Nous n'avons pu nous procurer ce livre: il est épuisé depuis plusieurs semaines.
(Le deux-points montre ici que le deuxième segment exprime la cause du fait mentionné dans le premier.)

Nous avons simplifié notre texte en vue d'en faciliter la lecture.
(La locution prépositive «en vue de» montre que le deuxième segment exprime le but poursuivi par l'action signifiée dans le premier.)

Les ouvriers, qui étaient mécontents, ont déclenché une grève surprise.
(La proposition relative mise entre deux virgules indique ici que le mécontentement des ouvriers est la cause du déclenchement de la grève.)

Tous ces points sont traités ailleurs dans le présent chapitre (voir les paragraphes consacrés à la ponctuation et à la rédaction de phrases).

Nous nous bornerons donc à traiter dans le présent paragraphe des expressions et formules qui servent à relier les phrases et toutes les unités supérieures à la phrase. À cet égard, il existe quatre grands types de charnières:

1. Les **charnières d'introduction** qui marquent le début de l'énoncé et annoncent ce qui va suivre. Tel est le cas des expressions:

   ▶ Commençons par...
   Avant tout, il faut considérer...

2. Les **charnières de rappel** qui renvoient à une chose qui vient d'être dite:

   ▶ Nous avons vu (précédemment) que...

3. Les **charnières de liaison** qui unissent deux phrases en précisant leurs rapports réciproques:

   ▶ Or,...
   Donc,...

4. Les **charnières de terminaison** qui indiquent la fin de l'expression d'une idée ou d'une série d'idées:

▶ Au terme de cette étude...
Pour conclure...

Remarque: Certaines charnières se présentent sous la forme de deux expressions corrélatives:

▶ D'une part,..., d'autre part,...
Non seulement..., mais encore...

Les pages qui suivent présentent une liste de charnières qui pourra aider le rédacteur à varier son expression dans la structuration de son exposé. Nous avons regroupé sous certains mots-vedettes des séries d'équivalents approximatifs. On notera toutefois qu'en général nous n'avons pas repris ici les prépositions et conjonctions qui ont déjà été traitées dans l'étude des propositions subordonnées et qui peuvent également servir de charnières.

3.5.1 LISTE DES CHARNIÈRES

Dans ce but

À cet effet,...
À cette fin,...
Pour atteindre ce résultat,...

De plus

En outre,...
En plus,...
Par surcroît,...
De surcroît,...
Au surplus,...

D'ailleurs

Par ailleurs,...
D'un autre côté,...
À un autre point de vue,...
Par contre,...
Dans un autre ordre d'idées,...
Au demeurant,...
En revanche,...
D'autre part,...
Au reste,...
Du reste,...
Au surplus,...

D'après ce qui précède

Selon ce qui précède,...
(ce que nous avons dit plus haut, nos
conclusions précédentes, etc.)
Conformément à ce qui précède,...
Aux termes de ce qui précède,...
À la lumière de ce qui précède,...
Comme nous l'avons dit plus haut,...
Comme nous l'avons dit ci-dessus,...
Comme nous l'avons mentionné
   antérieurement,...
Selon nos conclusions
   précédentes,...
Le lecteur sait déjà que...
Nous avons vu plus haut que...
Dans ces circonstances,...
Dans ces conditions,...
Compte tenu de ce qui précède,...
En raison de ce qui précède,...
En considération de ce qui précède,...
Eu égard à ce qui précède,...

Dans ce cas

Si tel est le cas,...
Dans cette hypothèse,...
Dans une telle hypothèse,...
Si l'on retient cette hypothèse,...

Car

En effet,...
C'est que...
C'est qu'en effet,...
De fait,...

Enfin

Pour terminer,...
En terminant,...
Ainsi donc,...
En dernière analyse,...
Finalement,...
En dernier lieu,...
En conclusion,...
Pour conclure,...
En fin de compte,...

Par conséquent

Aussi(,)...
C'est pourquoi...
En conséquence,...
Pour cette raison,...
Pour ces motifs,...
Pour ces raisons,...
Ainsi,...
Donc,...
Partant de ce fait,...
Ainsi donc,...

En réalité

En fait,...
À vrai dire,...
Effectivement,...

Notamment

En particulier,...
Particulièrement,...
Entre autres choses,...

En résumé

Bref,...
En un mot,...
Pour tout dire,...
À tout prendre,...
Somme toute,...
En d'autres termes,...
Pour nous résumer,...
En somme,...
Tout compte fait,...
En définitive,...
Au fond,...
Dans le fond,...
Tout bien considéré,...
Au total,...
Dans l'ensemble,...
Essentiellement,...
En substance,...
En gros,...

Pourtant

Néanmoins,...
Toutefois,...
Cependant,...

Sans doute

Assurément,...

À notre avis

En ce qui nous (me) concerne,...
Pour notre (ma) part,...
Personnellement,...
Quant à nous (moi),...
À notre (mon) avis,...
À notre (mon) sens,...

Au sujet de

Quant à...
Relativement à...
En ce qui regarde...
En ce qui touche...
En ce qui concerne...
En ce qui a trait à...
À propos de...
Pour ce qui est de...
En liaison avec...
En rapport avec...
De ce point de vue,...
À cet égard,...
À ce sujet,...
À ce propos,...
Dans cet ordre d'idées,...
Sur ce point,...
Sous ce rapport,...

Sous cette réserve

À l'exception de ce qui précède,...
Excepté ce qui vient d'être dit,...
Hormis ces quelques points,...
Sauf ce qui vient d'être dit,...
Sauf en ce qui a trait à...,

De toute façon

En tout état de cause,...
En toute hypothèse,...
De toute manière,...
Quoi qu'il en soit,...
En tout cas,...

Contrairement à ce qui précède

À l'opposé de ce qui précède,...
À l'encontre de ce qui vient d'être dit,...

En général

En principe,...
En théorie,...
Théoriquement,...
En règle générale,...
D'une manière générale,...
D'une façon générale,...

D'une part

En premier lieu,...
En tout premier lieu,...
Tout d'abord,...

Non seulement,...

À première vue,...
Au premier abord,...
De prime abord,...

D'autre part

En second lieu,...
Ensuite,...

mais encore,...
mais aussi,...
mais en outre,...

Mais à bien considérer les choses,...
Mais toute réflexion faite,...
Mais à tout prendre,...

Nous avons cru bon d'ajouter ici un choix de formules qui peuvent également être utiles au rédacteur au commencement d'un alinéa ou d'une phrase.

3.5.2 QUELQUES FORMULES UTILES

Pour introduire

Le présent chapitre traitera de...
Le présent chapitre a pour objet de...
L'objet du présent chapitre est de...
Attachons-nous tout d'abord à...
Les considérations qui suivent ont pour but de...

Pour conclure

Dans ces conditions,
Pour ces motifs,
Compte tenu de ces considérations, }   nous estimons que...
nous pensons que...
nous croyons que...
nous sommes d'avis que...
il nous semble que...
il (ap)paraît nécessaire de...
il (ap)paraît essentiel de...
nous proposons...
nous recommandons...
il conviendrait de...
il y aurait lieu de...
il y aurait intérêt à...
il faudrait...
il serait opportun de...

En dernière analyse,   il ressort de...
il résulte de...
il apparaît que...

De toutes ces considérations   il ressort que...

À la suite de ces constatations,   il apparaît que...
il serait opportun de...
il serait nécessaire de...
il serait indispensable de...
il serait utile de...
il serait souhaitable de...
il serait indiqué de...

Pour rappeler un élément important de l'argumentation

Nous avons constaté...
Nous avons observé...
Nous avons remarqué...
Nous avons vu...
Nous avons montré plus haut que...
Nous avons démontré antérieurement que...
Rappelons brièvement que...

Pour présenter un point, un fait, un élément que l'on estime important

Nous devons
Nous estimons devoir
Nous croyons devoir
Il importe de
Il est nécessaire de
    important de
    opportun de
    essentiel de

souligner que...
insister sur le fait que...

observer...
signaler...
rappeler...
ajouter...
affirmer...
confirmer..
préciser...

Pour mentionner un point de détail

Signalons à ce propos que...
Il est intéressant de noter à ce propos que...
Signalons en passant que...
Mentionnons en outre que...

Pour marquer une étape dans l'argumentation

Nous en avons terminé avec le point 1. Il nous reste maintenant à...

Notre première proposition ayant été démontrée, venons-en maintenant à...

Les différentes questions que nous nous étions posées étant ainsi résolues, il nous reste à conclure...

Jusqu'ici, nous nous sommes limité à...; il nous reste maintenant à voir...
                  à rechercher...
                  à développer...
                  à envisager...

D'ores et déjà nous savons que...; il nous reste...
Dès maintenant nous savons que...; il nous faut...
Désormais nous savons que...; il importe maintenant...

Pour exprimer une certitude

Il est incontestable que...
Il (ap)paraît évident que...
Sans aucun doute,...
De toute évidence,...
Sans contredit,...

On ne saurait nier...
On ne peut douter de...
Il faut se rendre à l'évidence:...
Il n'est pas douteux que...
Il est certain que...

Pour atténuer une affirmation

Nous croyons pouvoir affirmer que...
Selon toute vraisemblance,...
On n'oserait affirmer de façon catégorique
  que...
N'avons-nous pas toutes les raisons de croire
  que...?
Nous avons bien de la peine à ne pas croire
  que...

Nous avons bien de la peine à ne pas penser
  que...
Rien ne prouve que cela ne s'est pas produit.
Il nous a fallu admettre que...
Du moins à ce qu'il nous a paru,...
C'est probablement à la suite de...
C'est, croyons-nous, pour cette raison que...
Nous n'oserions prétendre que...

Pour limiter une affirmation faite précédemment

Nous ne disons pas que...
Nous ne soutenons pas que...
Nous n'affirmons pas que...
Sans doute faut-il tenir compte de...
Il ne faudrait pas en conclure que...

Il convient toutefois de bien préciser ce que
  nous entendons par...
Il ne faut toutefois pas en déduire que...
Nous convenons que..., mais...
Nous nous rendons à l'idée que..., mais...

Pour formuler des restrictions, des réserves ou pour limiter la portée d'un avis

Mais il ne saurait être question de...
Il ne faut toutefois pas sous-estimer...
Il importe toutefois de ne pas perdre de vue que...
Nous avons dû nous en remettre à...

Pour commencer une lettre

Comme suite à notre entretien au sujet de...
Pour faire suite à l'annonce parue...
Nous aimerions, par la présente, vous faire part de...
Nous vous informons par la présente que...
La présente a pour objet de...
La présente a pour but de...
La présente fait suite à votre demande...
Vous trouverez sous ce pli, copie de...
Veuillez trouver ci-joint...
Veuillez trouver ci-annexé...
Veuillez trouver ci-inclus...
Ci-joint, nous vous faisons parvenir une copie de...
Ci-inclus, nous vous faisons parvenir une copie de...
Ci-annexé, nous vous faisons parvenir une copie de...
Nous avons le plaisir de vous faire parvenir...
Nous avons le plaisir de vous informer...
Nous avons l'honneur de vous informer...
Nous sommes heureux de vous informer...
Nous sommes heureux de vous inviter...
Nous avons le regret de vous faire savoir...
Nous avons le regret de vous informer...
C'est avec regret que nous vous informons...
Nous aimerions porter à votre attention...
Veuillez avoir l'obligeance de nous faire parvenir...
Nous vous serions reconnaissant de bien vouloir nous faire parvenir...
Conformément à votre demande,...

Pour introduire la conclusion d'une lettre

Espérant le tout à votre entière satisfaction,...
Espérant que vous donnerez une suite affirmative...
Espérant que ces renseignements vous seront utiles,...
Espérant que vous répondrez affirmativement à notre demande,...
Nous espérons que vous voudrez bien accéder à notre demande...
Nous espérons vivement que... et nous vous prions de...
Nous espérons vivement que... et vous remercions de votre obligeance.
Nous espérons une réponse dans le plus bref délai.
Souhaitant vivement que vous acceptiez notre proposition,...
Nous attendons impatiemment votre réponse et nous vous prions...
Dans l'attente d'une réponse favorable de votre part, nous vous prions...
Nous vous serions obligés de bien vouloir nous répondre d'ici le...
Nous vous serions obligés de bien vouloir nous répondre dans un délai de dix jours.
Nous vous serions obligés de vouloir bien nous répondre dans le plus bref délai.
Nous vous serions obligés de vouloir bien nous répondre par retour du courrier.
Nous vous remercions à l'avance et nous vous prions de croire...
Nous vous remercions à l'avance de l'attention que vous accorderez à notre demande et nous
vous prions d'agréer...
En terminant, nous aimerions vous remercier de...
Nous vous remercions de l'intérêt que vous portez à...
Avec tous nos remerciements, veuillez...
Avec nos remerciements anticipés, veuillez...
Nous vous saurions gré de...
Regrettant de ne pouvoir donner suite...
Nous regrettons sincèrement de...

Remarque 1: Une lettre ne doit jamais se terminer par une formule au participe. Celle-ci doit toujours être suivie d'une proposition principale à un mode personnel.

▶ Espérant le tout à votre entière satisfaction, nous vous prions d'agréer...

Remarque 2: Lorsque la formule finale commence par un participe, le sujet logique de celui-ci doit être le même que le sujet grammatical de la proposition principale.

▶ Espérant une réponse immédiate, nous vous prions...

et non   Espérant une réponse immédiate, veuillez agréer...

3.6 Ponctuation

La ponctuation est constituée par un ensemble de signes conventionnels dont le but est d'indiquer clairement les différentes divisions d'un texte. On lui confère une fonction grammaticale.ou syntaxique, parce qu'elle sert à indiquer les rapports logiques entre des éléments ou des phrases. Elle joue donc un rôle important dans la bonne compréhension d'un texte.

La ponctuation a également une fonction stylistique en ce sens qu'elle peut indiquer certains sentiments ou nuances affectives dans l'énoncé, montrer certaines intentions du rédacteur ou mettre en relief certains termes ou éléments du texte.

La ponctuation a donc pour but de préciser le sens d'un mot ou d'un ensemble de mots; utilisée de façon correcte, elle permet d'éviter tout contresens ou équivoque. Elle montre au contraire au lecteur la rigueur du raisonnement de l'auteur et son souci de clarté et de précision.

La ponctuation est avant tout une question de mesure : autant il faut s'abstenir de trop ponctuer (ce qui morcelle le texte et agace le lecteur), autant il faut éviter une ponctuation déficiente qui nuit à l'intelligence du texte.

Dans les pages qui suivent, nous présentons les différents signes de ponctuation et leurs fonctions spécifiques, pour montrer comment les utiliser de la façon la plus efficace possible.

N.B. Dans ce chapitre, nous n'avons développé que les questions de nature à intéresser les rédacteurs de communications techniques, scientifiques et administratives.

3.6.1 SIGNES DE PONCTUATION FORTS

a) **Point**

Le rôle du point est de marquer la fin d'un énoncé que le rédacteur considère comme complet et qui constitue une phrase.

Cas particuliers

On utilise également un point:

— après un mot abrégé, si celui-ci ne comporte pas la dernière lettre du mot:

▶ boul. (boulevard)

— entre chaque lettre d'un sigle:

▶ Telle est l'opinion de l'O.I.Q.

N.B. Si le point final d'un sigle ou d'une abréviation termine une phrase, il tient lieu de point de fin de phrase.

— dans une référence bibliographique, après les nom et prénom de l'auteur, ainsi qu'à la fin de la référence.

▶ CHÂTILLON, Guy. *Statistique en sciences humaines*, Trois-Rivières, Les Éditions SMG, 5e édition, 481 p.

On ne met pas de point:

— après un titre ou un sous-titre;
— après des points de suspension;
— après un nom propre, une raison sociale, une signature, dans un en-tête de lettre, sur une carte de visite ou sur une enseigne;
— après les mots énumérés en colonne, dans les tables, les index, etc.;
— après les symboles, unités de mesure, etc.:

▶ 8 km
16 g

— après les abréviations qui comportent la dernière lettre du mot abrégé:

▶ n°
Mlle

b) Point-virgule

En principe, le point-virgule remplace le point lorsque les deux phrases qu'il sépare sont étroitement unies par le sens:

▶ Nous devons prochainement rencontrer le sous-ministre; nous en profiterons pour lui parler du projet relatif à la construction du barrage.

Cette expérience s'est avérée extrêmement fructueuse; la première au contraire ne nous avait apporté aucun résultat.

Ce rapport doit être rédigé sans délai; une décision importante doit être prise compte tenu de ses propositions.

Avec ce que nous savons, nous pourrions faire un livre; avec ce que nous ignorons, une bibliothèque.

Cas particuliers

— Le point-virgule s'emploie pour séparer les divers membres d'une énumération, que ceux-ci s'enchaînent dans un même alinéa ou qu'ils forment des alinéas séparés, et spécialement lorsqu'ils comportent déjà des virgules:

▶ Parmi les différents monuments visités, mentionnons:
1) l'Hôtel de ville, datant du XIXe s.;
2) le Palais de justice, nouvellement rénové;
3) le Monastère des Ursulines, déclaré monument historique.

▶ Nous avons apporté les documents suivants: le compte rendu de la réunion du 17 octobre 19..; le communiqué de presse publié le 18 octobre 19..; le rapport déposé devant le Conseil d'administration; la lettre du ministre.

c) Deux-points

Le deux-points indique une pause de courte durée. On l'utilisera:

— pour indiquer, après une courte introduction du sujet: un exemple, une explication, une énumération, une conclusion, etc.:

▶ Ce livre comporte trois parties: l'élaboration, la rédaction et la présentation du rapport technique.

— pour introduire une citation ou un discours direct (dans ce cas, il précède les guillemets ouvrants de la citation ou du dialogue):

▶ Mme Leblanc, dans son essai, déclare: «Il est toujours préférable d'écrire des phrases courtes.»

— après les locutions «par exemple», «comme suit», «à savoir», «suivant», etc., à condition que le membre de phrase qui suit soit d'une certaine étendue:

▶ Il faut tenir compte de certains critères de lisibilité, à savoir: un vocabulaire simple et précis, des phrases courtes et bien ponctuées, une présentation soignée.

d) Points de suspension

Les points de suspension sont toujours au nombre de trois. Ils indiquent un arrêt, une coupure dans la phrase, soit pour indiquer que la phrase est inachevée, soit pour marquer une certaine affectivité.

On utilisera les points de suspension:

— pour indiquer que la pensée n'est pas complètement exprimée:

▶ Que vous faut-il de plus? Livres, articles, revues...?

N.B. On ne met jamais de points de suspension après «etc.»

— pour exprimer la critique, la confusion, la discrétion, etc.:

▶ Nous ne voulons pas nous étendre sur les conséquences qu'aurait entraînées l'application de la décision prise par notre collègue...

— pour attirer l'attention sur ce qui suit, notamment lorsqu'il s'agit d'un élément tout à fait inattendu:

▶ On s'attendait à trouver du diamant, on a trouvé... quelques cailloux sans aucune valeur.

— pour annoncer une hésitation, une rectification de la pensée du rédacteur:

▶ Il nous est totalement impossible de poursuivre nos recherches,... à moins qu'on ne nous fournisse les crédits nécessaires.

Cas particulier

Pour omettre une partie d'un texte cité, on place des points de suspension entre deux crochets.

e) **Point d'interrogation**

Le point d'interrogation termine une phrase à caractère interrogatif.

Il s'emploie:

— pour ponctuer une question:

▶ Et si nous écrivions ce rapport ensemble?

— après plusieurs propositions interrogatives coordonnées ou juxtaposées (la ponctuation se mettra alors à la fin de la phrase):

▶ Faut-il faire une enquête, faut-il interroger des milliers de personnes?

N.B. On ponctuera toutefois après chaque proposition si chacune d'elle exige une réponse distincte:

▶ Comment cela s'est-il produit? Quand le phénomène a-t-il apparu? Quelle en est la cause?

On ne met pas de point d'interrogation dans le cas d'une **interrogation indirecte**, c'est-à-dire lorsque la question se présente sous forme de complément d'un verbe exprimant la demande, l'ignorance, la connaissance:

▶ J'aimerais savoir pourquoi elle n'a pas voulu assister à la réunion.

Je vous demande quelle est votre opinion sur le sujet.

Cas particulier

Lorsque l'on doute du caractère véridique d'une affirmation, d'une date, d'un nombre, etc., ou que quelque difficulté surgit dans la bonne compréhension d'un texte, on peut indiquer un point d'interrogation entre parenthèses. On peut le faire également pour représenter une hypothèse:

▶ Plus de 4000 (?) cartons d'invitation auraient été envoyés.

f) **Point d'exclamation**

Le point d'exclamation exprime toujours un sentiment, une émotion.

On utilise le point d'exclamation:

— à la fin d'une phrase, d'une proposition, etc. pour exprimer un sentiment intense, un ordre catégorique, un appel, une défense, etc., de même qu'après une interjection:

▶ Je suis absolument sceptique devant ces données!

Cas particulier

Lorsque, face à un passage du texte, l'auteur veut exprimer un sentiment de surprise, d'étonnement ou d'incrédulité, il peut mettre un point d'exclamation entre parenthèses:

▶ Il dit avoir consacré deux cents heures (!) à la rédaction de ce rapport.

N.B. Le point d'exclamation ayant toujours une valeur affective, on n'aura presque jamais l'occasion de l'utiliser dans les écrits techniques ou administratifs.

3.6.2 VIRGULE

La virgule est sans doute, parmi les différents signes de ponctuation, le plus souvent utilisé, et aussi le plus délicat à employer.

Emploi de la virgule à l'intérieur d'une proposition

— Dans une énumération, on sépare par des virgules les éléments de fonction identique (sujets, verbes, attributs, compléments, etc.). On ne met toutefois pas de virgule entre les deux termes si on les sépare par l'une des conjonctions de coordination «et» ou «ou». Lorsque l'énumération porte sur des sujets, on ne met pas de virgule entre le dernier terme et le verbe qui suit:

▶ L'étain est un métal usuel, blanc, léger, très malléable.
Le fer, l'argent, l'or et l'étain sont des métaux.

— L'apposition se met entre deux virgules:

▶ Je vous dis, moi, qu'il était content.
Mme Leblanc, directrice de l'usine, prit la parole.

— On met une virgule après les compléments circonstanciels de temps, de but, de manière, de lieu, etc. qui se trouvent en tête d'une phrase, sauf lorsqu'ils sont très courts:

▶ Dans le projet de loi n° 14, il est recommandé...
Ainsi notre première proposition se trouve démontrée.

— On utilise toujours la virgule devant l'abréviation «etc.»:

▶ Cette note nous informe des exigences de la compagnie concernant les heures de travail, les congés, etc.

— Placées au début de la phrase, les expressions «d'une part», «d'autre part», «par exemple», «en effet», «sans doute», «en l'occurrence» et d'autres du même genre sont en principe suivies de la virgule. Dans le corps d'une phrase, ces mêmes expressions sont généralement placées entre deux virgules:

▶ D'une part, nous voulons étendre notre marché; d'autre part, nous ne pouvons agrandir notre usine.

Il nous est impossible, en effet, de recueillir les capitaux nécessaires.

— Lorsque le complément circonstanciel est en tête de proposition, on ne le fait pas suivre de la virgule s'il est immédiatement suivi d'un verbe et de son sujet en inversion.

▶ *Comparer:*

En 1982 arrivèrent de nouveaux associés.
et En 1982, le Conseil d'administration décida...

N.B. On ne met pas de virgule après le complément d'objet indirect ou déterminatif placé en tête de proposition:

▶ À son égard j'ai fait preuve de beaucoup de patience.

Emploi de la virgule avant ou après les conjonctions suivantes:

Mais

On place une virgule devant «mais» lorsque ce mot sépare deux propositions, mais non lorsqu'il sépare deux courts segments de même fonction à l'intérieur d'une proposition:

▶ Je suis arrivée en retard, mais j'ai cependant pu prendre part à la discussion.
Ce métal est mou mais non ductile.

En principe, on ne met pas de virgule après «mais», sauf dans les cas où la proposition qu'il introduit commence par un complément en inversion:

▶ J'espérais avoir terminé pour aujourd'hui, mais, étant donné cette difficulté, je suis obligée...

Et, ou, ni

En principe, on ne met pas de virgule entre les segments coordonnés par «et», «ou», «ou bien», «ni»:

▶ Je vous rends l'équipement et les comptes.
Je vous rends et l'équipement et les comptes.
Il ne m'a rendu ni l'équipement ni les comptes.

Toutefois, on met une virgule avant «et», «ou», «ou bien», «ni»:

— si la conjonction apparaît plus de deux fois;
— si la conjonction introduit une incise ou une remarque accessoire;
— si la conjonction introduit une idée de conséquence ou d'opposition;
— si la conjonction introduit un renchérissement sur ce qui vient d'être dit:

▶ Je vous rends et l'équipement, et les comptes, et mon rapport final.
Si l'on prend le fer, ou si l'on veut, un autre métal du même type...

Tous ces résultats, et nous l'avons signalé plus haut, devraient être revus à la lumière de...

Nous avons refait nos calculs selon la deuxième méthode, et nous nous sommes aperçus que...

Je voudrais que vous m'apportiez vos commentaires, ou mieux encore...

Il est possible, et même presque certain que...

Il nous faut agir au plus vite, ou bien nous serons supplantés par nos concurrents.

On peut toujours mettre une virgule devant «et», «ni», «ou», «ou bien» unissant deux propositions lorsque la seconde n'a pas le même sujet que la première.

N.B. On bannira l'expression «et/ou», qui n'est pas conforme au bon usage. Elle peut parfois être remplacée par la simple conjonction «ou». Dans les autres cas, on développera explicitement les différentes hypothèses:

▶ Si l'on ajoute au mélange une certaine quantité de calcium, de potassium ou des deux,...

et non

Si l'on ajoute au mélange une certaine quantité de calcium et/ou de potassium,...

Or

On ne met pas de virgule après «or», sauf si ce mot est immédiatement suivi d'un complément en inversion ou d'une incise.

▶ *Comparer:*

Or nos premiers résultats contredisent cette hypothèse.

et

Or, avant de commencer le travail, nous nous sommes aperçue que...

Donc, par conséquent, certes, enfin, cependant, néanmoins, pourtant, ainsi, aussi

Si ces conjonctions sont placées en tête de proposition, elles sont en principe suivies de la virgule:

▶ Par conséquent, nous sommes obligés de rejeter notre première hypothèse.
Certes, j'ai été convaincue par ces arguments...
Néanmoins, il faut considérer...

Si elles sont placées dans le corps de la phrase, en général, elles ne sont ni précédées, ni suivies de la virgule:

▶ Nous sommes par conséquent obligés de rejeter notre première hypothèse.
J'ai certes été convaincue par ces arguments...
Il faut néanmoins considérer...

N.B. On ne met pas de virgule après «aussi» lorsque cette conjonction précède une inversion.

▶ *Comparer:*

Je n'ai pu rencontrer Mme Laflamme ; aussi ai-je décidé de...

et

Je n'ai pu rencontrer Mme Laflamme ; aussi, j'ai décidé de...

C'est pourquoi

Cette locution est toujours placée en tête de proposition et n'est en général pas suivie de la virgule:

▶ C'est pourquoi nous devons reconsidérer les solutions proposées.

Car

«Car» doit toujours commencer une proposition dont le verbe est exprimé. S'il ne figure pas au début de la phrase, ce mot est obligatoirement précédé d'une virgule:

▶ Je n'ai pas encore commencé ce rapport, car il me manque quelques données importantes.

Sinon

On met une virgule avant «sinon» lorsqu'il introduit une proposition complète:

▶ Nous avons dû procéder de la sorte, sinon nos résultats n'auraient pas été concluants.

Lorsque «sinon» réunit deux brefs éléments de même fonction, on peut omettre la virgule:

▶ Cette tâche est réalisable sinon facile.

Autant

Lorsqu'une comparaison est présentée sous la forme «autant... autant», on met une virgule avant le deuxième «autant»:

▶ Autant nos premiers résultats étaient encourageants, autant ceux-ci sont décevants.

On emploie la virgule dans un groupe de propositions

— Pour isoler des propositions de même nature qui sont juxtaposées:

▶ J'ai recueilli les échantillons, je les ai analysés, j'ai calculé les résultats...

— Pour isoler une proposition subordonnée placée en inversion avant la proposition principale:

▶ Lorsque je serai de retour, je vous aiderai à terminer ce travail.

— Pour isoler des propositions coordonnées par des conjonctions autres que «et», «ou»:

▶ Je dois terminer ce travail immédiatement, car la décision doit intervenir cette semaine.

— Pour isoler deux propositions qui s'opposent ou qui n'ont pas le même sujet:

▶ Je veux y aller, et vous m'en empêchez.

— Pour isoler une proposition relative explicative (voir proposition relative, p. 136):

▶ Le premier échantillon, qui avait été prélevé en hiver, présentait de nettes différences par rapport à celui prélevé en été.

N.B. On ne met pas de virgule dans le cas des propositions relatives déterminatives:

▶ L'échantillon qui avait été prélevé en hiver présentait...

— Pour isoler une proposition intercalée, incise:

▶ Je me souviens, je dois l'avouer, de votre perspicacité.

— Pour isoler un gérondif placé avant la proposition principale ou intercalé entre les éléments essentiels d'une proposition:

▶ En terminant, je désire vous remercier de votre attention.
Je désire, en terminant, vous remercier de votre attention.

— Pour isoler les propositions subordonnées circonstancielles introduites par «puisque», «bien que», «quoique», «alors que», à moins qu'il ne s'agisse de propositions très brèves ou elliptiques.

▶ *Comparer:*

Nos premiers résultats sont excellents, quoique les moyens mis à notre disposition aient été restreints.

et

Il est généreux quoique pauvre.

Les conjonctions «afin que», «parce que» et «pour que» ne sont pas précédées de la virgule lorsque la phrase a principalement pour objet d'exprimer le but ou la cause; par contre, on mettra une virgule si le message transmis au lecteur porte aussi bien sur le contenu de la principale que sur le but ou la cause:

▶ Nos résultats sont sujets à caution parce que le matériel mis à notre disposition était déficient.
(Le lecteur savait déjà que nos résultats n'étaient pas concluants).

Nos résultats sont sujets à caution, parce que le matériel mis à notre disposition était déficient.
(On informe le lecteur: primo, que les résultats ne sont pas concluants, et secundo, que la cause en réside dans l'inefficacité du matériel. Dans ce cas, «parce que» sera avantageusement remplacé par «car».

N.B. On ne met pas de virgule devant une subordonnée complétive:

▶ Je dois avouer que votre rapport m'a fortement intéressé.

Cas particuliers

On emploie la virgule

— Pour isoler les formules d'appel et de salutation:

▶ Monsieur,
Veuillez agréer, Madame, l'expression de mes meilleurs sentiments.

— Pour séparer le lieu et la date:

▶ Sherbrooke, le 8 mai 19..

On ne met jamais de virgule entre le jour de la semaine et le quantième du mois:

▶ Le mercredi 8 mai 19..
Ce mercredi 8 mai 19..

— Pour séparer les éléments d'une adresse:

▶ 40, rue Arcade, app. 16

— Pour séparer les éléments d'une référence bibliographique (sauf après l'identification de l'auteur, qui est suivie d'un point):

▶ BENOÎT, Marcel. *Éléments de physique*, Montréal, Beauchemin, 1963,
416 p.

3.6.3 SIGNES DE PONCTUATION DOUBLES

a) **Parenthèses**

Les parenthèses sont des signes graphiques qui sont employés par paires et qui
présentent deux formes: la forme ouvrante et la forme fermante.

On emploie les parenthèses pour isoler une réflexion ou une précision accessoires
au sens général de la phrase:

▶ Participaient à la réunion vingt-cinq personnes (y compris les membres
du Conseil d'administration).

Si, à l'intérieur de la parenthèse, se trouvent une ou plusieurs phrases complètes, il y a majuscule initiale et ponctuation finale avant la parenthèse fermante:

▶ Ne participaient à la réunion qu'une vingtaine de personnes. (Tous les Montréalais étaient absents.)

N.B. Il n'y a jamais de virgule ou de point-virgule devant la parenthèse ouvrante. Par contre, la parenthèse fermante est suivie du signe de ponctuation que l'on mettrait si l'on supprimait tout le segment entre parenthèses.

b) **Guillemets**

Tout comme les parenthèses, les guillemets s'emploient par paires: guillemets ouvrants et guillemets fermants.

On mettra entre guillemets:

1. les mots étrangers, néologismes, régionalismes, termes familiers, termes employés dans un sens particulier, etc.;
2. les citations de mots, de locutions et de phrases complètes;
3. les raisons sociales;
4. les termes ou locutions que le rédacteur veut mettre en valeur;
5. les titres d'articles de journaux ou de revues.

N.B. Dans les 1er, 3e et 4e cas énumérés ci-dessus, les guillemets peuvent être remplacés par le soulignement (qui correspond aux italiques du texte imprimé).

Dans le cas d'une citation d'une phrase complète, il y a majuscule initiale et point final à l'intérieur des guillemets. Si les guillemets ouvrants surviennent en cours de texte, la ponctuation se place après les guillemets fermants:

▶ Voici textuellement ce qu'elle a déclaré: «S'il reste, je démissionne.»
Elle a déclaré qu'elle démissionnerait «si M. X. n'était pas congédié».

Enfin, une incise brève qui n'appartient pas à la citation n'exige pas la fermeture et la réouverture des guillemets:

▶ «Ce soir, dit-il, je serai à Montréal.»

c) **Tirets**

Les tirets ont la même fonction que les parenthèses. Toutefois, alors qu'une réflexion entre parenthèses joue un rôle accessoire, les tirets, au contraire, ont pour effet de la mettre en valeur afin d'attirer l'attention du lecteur.

On emploie donc les tirets pour isoler et faire ressortir une remarque, un argument, une conclusion, etc., plus que ne le feraient des virgules:

▶ Le blé — cet élément de base de notre alimentation — est aussi pour notre pays une source appréciable de devises étrangères.

N.B. On ne met pas un second tiret avant un point final.

▶ Elle nous a parlé du blé—cet élément de base de notre alimentation.

d) **Crochets**

— On emploie les crochets pour isoler des précisions, des indications à côté ou à l'intérieur d'un texte déjà entre parenthèses:

▶ Ne participaient à la réunion qu'une vingtaine de personnes. (Tous les Montréalais [y compris les membres habitant Laval et la Rive Sud] étaient absents.)

— Pour omettre une partie d'un texte cité, on indique des points de suspension entre crochets:

▶ «Ces chiffres [...] prouvent que la société est parfaitement viable.»

— On utilise également les crochets pour avertir le lecteur d'une addition au texte original: soit pour signaler une erreur de l'auteur [sic], soit pour donner la prononciation figurée d'un mot [alō], soit pour expliciter un pronom personnel à l'intérieur d'une citation, («Elle [Mme Roy]...»), soit pour indiquer, dans une référence bibliographique, un auteur qui publie sous un pseudonyme [pseud.].

3.7 Majuscules et minuscules

L'un des rôles essentiels de la majuscule est d'accroître la clarté et l'intelligibilité d'un texte. Dans ce rôle, elle sert de point de démarcation dans le discours.

Compte tenu de cette **fonction démarcative**, on met une majuscule initiale:

— au premier mot de tous les titres et sous-titres (on peut parfois écrire entièrement en capitales les titres importants);

— au premier mot d'une phrase, et notamment d'une phrase qui suit un point, un point d'interrogation, un point d'exclamation ou des points de suspension;

— après les mentions «N.B.» et «P.-S.», ainsi qu'au début d'une citation constituant une phrase complète, d'une référence ou d'une note en bas de page;

— au premier mot d'une énumération présentée sous forme d'alinéas successifs (l'utilisation des minuscules initiales est également acceptée);

— au premier mot du texte à l'intérieur d'une parenthèse, à condition qu'il s'agisse d'une phrase complète et indépendante;

— au premier mot d'une abréviation lorsque l'usage ou le code grammatical l'impose;

— au premier mot des énumérations dont chaque terme commence par l'une des locutions «attendu que», «vu que», «considérant que», etc.

La majuscule a d'autre part une **fonction distinctive**. Elle sert alors à marquer le caractère unique, individualisé, des personnes ou des choses désignées.

L'utilisation de la majuscule, dans ce cas, pose constamment de nombreux problèmes. Son emploi est plus ou moins fixé par le bon usage et par un ensemble de règles conventionnelles. Nous tenterons, dans les pages qui suivent, de présenter aux rédacteurs quelques principes qui leur permettront d'utiliser la majuscule d'une manière correcte, efficace et uniforme tout au long du rapport.

Nous traiterons ici des noms propres et de certains noms communs qui, en raison de leur situation, deviennent pratiquement des noms propres.

3.7.1 NOMS PROPRES

On met une majuscule initiale à tous les noms propres.

— les noms de **personnes**:

▶ Elisabeth Ire
Louise Ledoux
Bourbaki

N.B. Les particules «du» et «des» incluses entre le prénom et le nom prennent également la majuscule, mais non la particule «de»:

▶ Maxime Du Camp
Louis de Broglie

— Les **noms de races**, **de nations**, **de peuples**, **d'ethnies**, **de groupes d'habitants**:

▶ les Canadiens français
les Sherbrookoises

Lorsque ces mots sont employés comme adjectifs, ils s'écrivent toutefois avec une minuscule:

▶ des meubles québécois
un produit canadien

Il est à noter que les **noms de langues** s'écrivent avec une minuscule initiale:

▶ enseigner le français

— Les **noms des fêtes nationales et religieuses:**

▶ le Nouvel An
la fête du Travail
Pâques
la Saint-Jean-Baptiste
l'Action de grâces

L'usage a également consacré la majuscule pour les **dates**, pour les **guerres** et pour certains **lieux** ou **événements historiques**:

▶ la Première Guerre mondiale
les Plaines d'Abraham

Toutefois, les mots que l'on utilise pour déterminer les **âges**, les **ères**, les **époques**, etc. prennent généralement une minuscule initiale:

▶ l'ère chrétienne
l'époque révolutionnaire

3.7.2 NOMS COMMUNS

Certains noms communs ou adjectifs peuvent parfois être assimilés à des noms propres lorsqu'ils sont employés dans un sens absolu ou lorsqu'ils revêtent une signification particulière. *La majuscule initiale sera alors mise au mot (nom commun ou adjectif) sur lequel porte le caractère unique ou la spécificité. Il est de plus à noter que l'adjectif qui précède ce mot prend généralement la majuscule initiale:*

> ▶ le Marché commun
> le Code civil
> le Grand Prix de Montréal

— On met également une majuscule initiale aux **titres des journaux et des périodiques:**

> ▶ *Le Nouvelliste*
> *Le Nouvel Observateur*

Lorsque ces titres sont utilisés dans le corps d'une phrase, l'article initial reprend souvent son statut ordinaire et s'écrit avec la minuscule.

> ▶ *Comparer:*

La nouvelle est rapportée par le journal *Le Devoir.*

et

La nouvelle est rapportée par le *Devoir.*

— Le mot **État** prend toujours une initiale majuscule lorsqu'il désigne le gouvernement d'un pays, l'administration qui est à la tête d'un pays, d'une nation:

> ▶ le chef de l'État américain
> un coup d'État

Dans les autres cas, «état» prend la minuscule:

> ▶ l'état-major
> l'état civil
> l'état de siège

— Le mot **Saint** s'écrit avec une initiale majuscule lorsque, joint par un trait d'union au nom d'un personnage, il désigne une fête, une date, un événement historique, un lieu géographique, un nom de famille:

▶ la Sainte-Catherine
rue Saint-Jacques
l'église Saint-Pierre
Monsieur Saint-Pierre

Dans les autres cas, il s'écrit avec une minuscule.

— Le mot **église** s'écrit avec une minuscule lorsqu'il désigne un édifice; il prend la majuscule initiale lorsqu'il désigne la doctrine spirituelle et morale, la société religieuse fondée par le Christ.

▶ *Comparer:*

et le clocher de l'église
le pape est le chef de l'Église
les décisions de l'Église

— Le mot **administration** prend une minuscule initiale lorsqu'il est utilisé dans un sens général, comme un nom commun; il prend la majuscule initiale lorsqu'il désigne un organisme bien précis ou encore les personnes et les services publics liés à l'administration d'un pays.

▶ *Comparer:*

l'administration de l'Université est une tâche difficile.

et

l'Administration de l'Université a décidé...

— Le mot **loi** prend une minuscule initiale dans tous les cas où l'on ne cite pas le titre exact de la loi.

▶ *Comparer:*

les quelque deux cents lois adoptées au Québec depuis...
le projet de loi n° 14

et

la Loi sur l'aménagement et l'urbanisme (titre exact de la loi)

— Le mot **hôtel de ville** prend une initiale minuscule lorsqu'il désigne le bâtiment; s'il désigne l'administration, il prend deux majuscules.

▶ *Comparer:*

le toit de l'hôtel de ville

et

les décisions de l'Hôtel de Ville

— Les mots **province** et **gouvernement** prennent en principe la minuscule. C'est notamment le cas lorsqu'ils sont suivis d'un complément ou d'un adjectif qui les détermine:

▶ la province de Terre-Neuve
le gouvernement du Canada

Il en va de même en ce qui concerne les termes utilisés pour caractériser les **régiments** et les **corps d'armée**:

▶ l'état-major
le deuxième régiment des blindés

N.B. Contrairement à l'usage anglais, les **noms de jours et de mois** s'écrivent toujours avec la minuscule initiale:

▶ le mercredi 30 août 19..

3.7.3 NOMS GÉOGRAPHIQUES

— Les **noms géographiques** attribués en propre à un **continent**, à un **pays**, à une **région**, à une **ville**, etc. prennent toujours la majuscule initiale:

▶ l'Amérique
le Canada
Trois-Rivières

— Les noms qui désignent les **océans**, les **fleuves**, les **mers**, les **lacs**, les **montagnes**, les **rues**, les **boulevards**, etc. sont le plus souvent formés de deux éléments: un générique et un spécifique (élément distinctif). L'élément générique prend la minuscule initiale et l'élément spécifique, l'initiale majuscule:

▶ la mer Rouge
le mont Mégantic
la rue des Peupliers
250, avenue Milot

Lorsque le **toponyme** (nom de lieu) est un nom composé, il est d'usage de mettre des majuscules à tous les mots, à l'exception des articles, des prépositions et des conjonctions:

▶ Notre-Dame-de-la-Victoire

De plus, l'article qui précède le toponyme ne prend la majuscule que dans le cas où il fait partie intégrante du toponyme:

▶ La Tuque

— Les noms de **vents** s'écrivent avec une minuscule initiale:

▶ le mistral

— les noms des **points cardinaux** rattachés aux noms d'un pays, d'une région, d'une ville ou d'une voie de circulation prennent la majuscule initiale:

▶ L'Amérique du Sud
Montréal-Nord
1550, boulevard Charest Ouest

S'ils sont employés dans un sens général pour désigner l'orientation, ils s'écrivent avec des minuscules:

▶ Il faut aller à l'est et non à l'ouest.

3.7.4 DOMAINE DES SCIENCES ET DES ARTS

Les termes correspondant à l'objet propre de la discipline considérée prennent souvent la majuscule. Ainsi, par exemple:

— **en géologie**, le nom des roches, des terrains, des âges géologiques, etc.:

▶ le Quaternaire

— **en astronomie**, le nom des astres et des constellations:

▶ la Voie lactée
la Terre
le Soleil

— **en botanique** et **en zoologie**, les noms des grandes divisions des êtres vivants et même parfois celui des espèces:

▶ les Mammifères
le Tigre

3.7.5 NOMS DE SOCIÉTÉS, D'ORGANISMES PUBLICS ET PRIVÉS ET D'ENTITÉS ADMINISTRATIVES

— Lorsque l'on désire souligner le caractère unique d'un **organisme**, d'une **entreprise**, d'une **association**, d'une **institution**, d'une **manifestation commerciale ou artistique**, etc., on met la majuscule initiale au premier terme de ces dénominations de groupements :

> ▶ la Compagnie d'assurance de l'Estrie
> l'Association générale des entrepreneurs du Québec
> la Chambre de commerce de Montréal
> la Banque populaire provinciale d'économie
> l'Exposition régionale de l'agriculture
> le Conservatoire de musique
> la Commission d'assurance-chômage
> le Salon des photographes contemporains

— Le nom des **entités administratives** (direction, service, section, etc.) de même que les **dénominations universitaires** (faculté, département, école, institut) prendront l'initiale majuscule lorsque l'on désire souligner leur caractère unique à l'intérieur de l'administration ou de l'institution :

> ▶ la Direction de l'informatique
> la Faculté de droit
> le Département de français

Employés dans un sens général, représentant tout un ensemble d'entités semblables, ils prendront toutefois la minuscule initiale :

> ▶ Cet organisme se compose de six directions.
> Toutes les facultés ont accepté ce programme.

Il en va de même des termes **conseil**, **assemblée**, **comité**, **commission**, **cabinet**, **mairie**, **office**, **bureau**, **cour**, etc. Ceux-ci prennent la minuscule lorsqu'ils sont employés dans un sens général, et la majuscule initiale lorsqu'ils représentent une entité bien définie possédant une indépendance relative. Dans ce cas, les critères de distinction et d'unicité nous servent de guide dans l'emploi de la majuscule.

Il existe une exception: le terme **ministère**. L'usage observé au Québec est de mettre une minuscule au terme «ministère» et une majuscule initiale à la désignation du domaine que gère le ministère:

▶ le ministère de la Justice

Cependant, si l'on fait l'ellipse du déterminatif, par exemple «de la Justice», le terme «ministère» prend généralement la majuscule initiale pour indiquer qu'il désigne alors l'institution ou l'organisme dans son individualité:

▶ le Ministère (sous-entendu «de la Justice») souhaite...

Dans le cas des **établissements universitaires**, on écrit **Université** avec une majuscule initiale:

▶ l'Université de Montréal
l'Université Laurentienne

Il en va de même dans le cas des **écoles**, **collèges**, **instituts**, etc. lorsque l'on fait référence aux noms officiels des établissements:

▶ l'École polyvalente Le Phare
le Collège Pasteur

Toutefois, si le rédacteur considère le générique comme un nom commun, il lui laisse la minuscule initiale.

▶ *Comparer:*

Les heures d'ouverture de la Bibliothèque de Granby viennent d'être modifiées. (On fait ici référence au nom officiel.)

et

La bibliothèque de Granby est ouverte de 9 h à 18 h, alors que celle de
Sherbrooke est ouverte de 8 h 30 à 22 h. (On considère ici la bibliothèque
plutôt comme un nom commun, qui est en l'occurrence remplacé ensuite
par le pronom «celle».)

3.7.6 FIRMES ET RAISONS SOCIALES

En principe, on met une majuscule initiale au premier mot de l'élément générique et
au premier mot de l'élément spécifique de la raison sociale. Il peut toutefois arriver que
l'on écrive toute la raison sociale en capitales:

▶ Laboratoire d'essais Paul Lessard inc.
Restaurant À la bonne fourchette inc.
GROUPE-CONSEIL S.O. INC.

3.7.7 MARQUES DE COMMERCE

Afin de se conformer aux pratiques commerciales et à la législation, il est recommandé de maintenir la majuscule initiale au nom propre d'une marque de commerce:

▶ une Citroën

Toutefois, il est à noter que certaines marques de commerce sont passées dans le
langage courant comme noms communs; dans ce cas, ils prennent la minuscule:

▶ du nylon

3.7.8 FONCTIONS, TITRES ET GRADES

En règle générale, tous les termes désignant les titulaires et les fonctionnaires sont des noms communs et s'écrivent par conséquent avec une initiale minuscule:

▶ une ministre
un caporal
une directrice
un agent d'information
la vice-présidente à l'administration, Pierrette Roy
Mme la juge Pierrette Biron

Lorsque, dans le corps d'un texte, le nom de la fonction est employé tout seul pour désigner une personne bien individualisée, l'usage est hésitant. On pourra donc écrire:

▶ Le Ministre a déclaré hier...

ou

Le ministre a déclaré hier...

On met des initiales majuscules aux titres honorifiques tels que:

▶ Sa Majesté
Son Éminence
Sa Sainteté, etc.

De même, on met une initiale majuscule lorsque l'on s'adresse aux personnes elles-mêmes dans les appels et dans les formules de politesse:

▶ Madame la Directrice,
Veuillez agréer, Monsieur le Député,...

Au bas d'une lettre enfin, les titres ou fonctions précédant la signature s'écrivent généralement en employant l'initiale majuscule pour l'article, mais la minuscule pour le titre ou la fonction:

▶ Le directeur de l'information,
  Pierre Simard

N.B. Les titres de civilité prennent la majuscule lorsqu'ils sont abrégés:

▶ M.
  Mme
  MM.
  Mlle

3.7.9 ACCENT SUR LES MAJUSCULES

Les majuscules prennent les accents, le tréma et la cédille lorsque les minuscules correspondantes en comportent:

▶ ARMÉE DU SALUT

Les majuscules apparaissant dans les abréviations prennent également l'accent:

▶ Î.-du-P.-É. (Île-du-Prince-Édouard)

Toutefois, les sigles et les acronymes ne prennent jamais d'accent:

▶ S.E.B.J. (Société d'énergie de la Baie James)

N.B. On tolère que les majuscules ne soient pas surmontées d'accents lorsqu'on utilise une machine à écrire qui n'est pas pourvue de ces signes diacritiques.

3.8 Écriture des nombres

Lorsqu'il doit écrire des nombres, le rédacteur est souvent aux prises avec le problème de savoir si ceux-ci doivent être présentés en chiffres ou en toutes lettres. La solution consiste à faciliter dans toute la mesure du possible la lecture et la compréhension du texte.

Il existe une différence marquée dans l'écriture des nombres selon qu'il s'agit de travaux scientifiques et statistiques, où les nombres s'écrivent le plus souvent en chiffres, ou d'ouvrages littéraires et de documents juridiques, où les nombres s'écrivent généralement en toutes lettres.

Dans la rédaction de rapports techniques, les nombres sont habituellement écrits en chiffres. Néanmoins, on écrira en toutes lettres les chiffres ronds et les nombres inférieurs à vingt lorsqu'ils ne se rapportent pas directement aux données mathématiques, techniques et scientifiques particulièrement traitées dans le rapport:

▶ Au bout de huit jours, nous avons constaté que sur les 45 rats, 13 seulement avaient survécu.

N.B. Lorsqu'on écrit un nombre en toutes lettres, il faut éviter (sauf dans les documents de portée juridique) d'écrire ensuite entre parenthèses le nombre en chiffres arabes.

Nous allons passer en revue quelques-unes des règles qui régissent l'écriture des nombres.

3.8.1 CHIFFRES ARABES

On utilise les chiffres arabes pour indiquer:

— Les nombres des différentes mesures métriques:

▶ 150 km
6,5 g
10 cm × 14 cm × 4 cm

— Les degrés de température, les mesures d'angle ou d'arc:

▶ 26° C
11° 16′ 14″ de latitude N.

— Les données statistiques, les dénombrements, les pourcentages et les taux d'intérêt:

▶ L'an dernier, 3286 personnes...
18% des personnes consultées...
16,8 p. 100 d'intérêt

N.B. L'expression 0,6 % se lit «zéro virgule six pour cent» ou «six dixièmes pour cent» *et non* «six dixièmes de un pour cent» *ni surtout* «point six pour cent».

— Les numéros d'articles de lois, de codes, etc.:

▶ les articles 56 et 60 du Code civil
la loi 22

— Les sommes d'argent:

▶ 100 $
104,50 $

Si la somme ne comporte pas de décimales, on n'écrit que la partie entière, sauf évidemment si elle figure dans une colonne concurremment avec d'autres sommes qui, elles, comportent des décimales. De plus, le symbole «$» doit figurer après le nombre, dont il est séparé par un espace.

N.B. Dans tout document qui a une portée juridique, il est d'usage d'écrire les sommes d'argent en toutes lettres, en indiquant entre parenthèses le montant en chiffres (ou l'inverse):

▶ la somme de cinquante dollars (50 $)...

— Les heures:

▶ De 9 h à 16 h

Les nombres indiquant la division du temps s'écrivent généralement en chiffres suivis des symboles «h» (heure) «min» (minute), «s» (seconde). Lorsque l'expression se termine par des minutes, on n'est pas obligé d'utiliser l'abréviation «min»:

▶ Le lancement a eu lieu à 20 h 30.

mais

Le lancement a eu lieu à 20 h 30 min 16 s.

N.B. Lorsqu'on présente les données horaires sous forme de tableau, on utilise, conformément au système international d'unités (SI), le deux-points pour séparer les heures des minutes et les minutes des secondes:

▶ 16:30:26 (16 heures 30 minutes 26 secondes)

— La durée:

▶ La course a duré 1 h 14 min 11 s.

Pour indiquer la durée, on utilise des chiffres accompagnés des symboles «h» (heure) «min» (minute) «s» (seconde) aussi bien dans le système alphanumérique que dans le SI.

N.B. On peut aussi, dans les cas où il n'y a pas de subdivisions très poussées, écrire les nombres en toutes lettres:

▶ Notre expérience a commencé avec deux heures et demie de retard.

— La date:

Dans la correspondance commerciale et la rédaction de rapports, on utilise une présentation alphanumérique de la date:

▶ Sherbrooke, le 22 avril 19..

On écrit toujours les quatre chiffres du millésime, sauf dans certaines expressions consacrées relatives à des dates historiques ou lorsqu'on se réfère à des décennies:

> ▶ la guerre 14-18
> les années 60

Lorsque l'on doit économiser l'espace, notamment dans les tableaux, les notes, les formulaires, etc., la présentation entièrement numérique de la date (SI) est constituée de huit chiffres représentant: les quatre premiers, l'année; les deux suivants, le mois; les deux derniers, le quantième:

> ▶ 1983 02 16 ou 1983-02-16 ou 19830216

Lorsqu'aucune confusion n'est à craindre, il est permis de n'utiliser que deux chiffres pour désigner l'année:

> ▶ 83 02 16 ou 83-02-16 ou 830216

De plus, lorsque l'on veut identifier une période s'étendant sur deux années consécutives, complètes ou partielles, on utilise le trait d'union et non la barre oblique:

> ▶ 1982-1983
>
> et non
> 1982/83

N.B. Dans les documents ayant une portée juridique ainsi que dans certaines invitations officielles, l'indication de la date est souvent écrite en toutes lettres:

> ▶ Le douze janvier mil neuf cent quatre-vingt-trois

— Les données numériques des adresses:

Les numéros de maisons, d'appartements, de cases postales, de rues, d'avenues, de codes postaux:

▶ 150, 3ᵉ Avenue, app. 101
J1X 1X8

3.8.2 FRACTIONS ET DÉCIMALES

Pour séparer la partie entière de la partie décimale d'un nombre, on utilise la virgule. Si la valeur absolue est inférieure à un, la virgule doit être précédée d'un zéro:

▶ 57,7 km
un taux d'alcool supérieur à 0,08%

De plus, pour marquer la séparation des nombres en tranches de trois chiffres, on ne doit utiliser ni point ni virgule. Cette séparation doit être marquée par un espace. On sépare de cette manière les nombres en tranches de trois chiffres, tant pour la partie entière que pour la partie fractionnaire. Cette séparation n'est pas nécessaire si le nombre ne comprend pas plus de quatre chiffres à gauche ou à droite de la virgule, sauf s'il est présenté dans des colonnes de chiffres. De plus, dans les millésimes, on ne fait jamais la séparation entre les milliers et les centaines:

▶ ...6680 personnes...
641 360,446 601
En 1985...

3.8.3 CHIFFRES ROMAINS

Les chiffres romains sont utilisés pour:

— les pages préliminaires d'un ouvrage (cet usage n'est pas toujours suivi);

— les siècles:

▶ XXᵉ siècle
(La numérotation des siècles peut également se faire en toutes lettres.)

— les nombres qui marquent le rang d'un roi, d'un pape, d'une dynastie, etc.:

    ▶ Henri IV

— le rang de certains événements historiques:

    ▶ Les XXIIes olympiades

— les numéros de tomes et de chapitres:

    ▶ tome V
      chapitre II

N.B. Dans le cas du premier chapitre, on peut écrire «Chapitre I» ou «Chapitre premier». D'autre part, on écrit en toutes lettres «Première partie», «Deuxième partie», etc.

Il faut éviter:

— De commencer une phrase par un nombre écrit en chiffres: il faut toujours l'écrire en toutes lettres, ou modifier la structure de la phrase:

    ▶ Vingt-huit étudiants...
      Il y a 28 étudiants...

et non

      28 étudiants...

— D'écrire en chiffres les nombres qui comportent de nombreux zéros; il est alors préférable ou bien d'utiliser les termes millions, milliards, etc., en toutes lettres, ou bien de recourir à l'expression mathématique de la multiplication par dix affecté de l'exposant approprié:

    ▶ 100 millions *et non* 100 000 000
      8.10^9 *et non* 8 000 000 000

— D'écrire successivement en chiffres deux nombres se rapportant à des réalités différentes:

▶ Durant les années 60, il y eut 400 ouvriers...

et non

Durant les années 60, 400 ouvriers...

3.9 Abréviations, sigles et symboles

L'abréviation est le retranchement d'un certain nombre de lettres dans un mot. À notre époque, l'utilisation des abréviations est très fréquente. On vise ainsi à gagner du temps et de l'espace. Néanmoins, il faut se rappeler que, même si le rapporteur économise temps et espace, le lecteur, lui, est souvent aux prises avec des problèmes relatifs à la clarté et à l'intelligibilité du texte. On tentera donc de limiter au minimum l'utilisation d'abréviations dans le texte du rapport, et on réservera celles-ci aux notes, aux commentaires, aux indications de sources, aux index, aux annuaires et aux tableaux.

3.9.1 TECHNIQUE DE L'ABRÉVIATION

L'abréviation des mots peut se faire de différentes façons.

Le procédé le plus général consiste à retrancher, toujours après une consonne et avant une voyelle, les dernières lettres du mot. Autant que possible, il faut faire en sorte de ne pas altérer le radical du mot afin qu'il soit aisé de reconnaître le mot abrégé. Ce procédé est utilisé dans tous les cas où il n'y a pas d'abréviations conventionnelles:

▶ abrév. (abréviation)
prép. (préposition)
janv. (janvier)

L'abréviation d'un mot par la suppression d'une seule lettre doit être évitée. Par contre, l'abréviation par la suppression de deux lettres est tolérée lorsque le mot est court:

▶ p. *et non* pag. civ. (civil)
t. *et non* tom. part. (partie)

Enfin lorsqu'il faut absolument abréger un mot, on abrège un substantif de préférence à un adjectif.

L'abréviation peut également se faire:

— par le retranchement de certaines lettres intérieures; les lettres finales qui sont maintenues sont le plus souvent écrites en lettres supérieures:

▶ Mlle
Mme

— en ne laissant subsister que la lettre initiale du mot:

▶ M.

— par la combinaison de chiffres et de lettres, ces dernières le plus souvent écrites en lettres supérieures:

▶ 1er, 1re, 2^{e}
Le XXe siècle

— par l'utilisation de certains signes conventionnels:

▶ 1° (primo)
o/ (à l'ordre de)

— en ne conservant qu'un certain nombre de consonnes; ces abréviations sont considérées comme figées:

▶ qqn (quelqu'un)
qqch. (quelque chose)
qqf. (quelquefois)

3.9.2 POINT ABRÉVIATIF

On met un point abréviatif chaque fois que le mot abrégé ne comporte pas la dernière lettre du mot:

▶ abrév. (abréviation)

Inversement, lorsque la dernière lettre du mot abrégé est comprise dans l'abréviation, on ne met pas de point abréviatif:

▶ n^o
Mme

En principe, on ne termine pas une phrase par une abréviation, à l'exception de «etc.» et de «et suiv.»

N.B. Il faut se méfier de l'usage anglais qui met un point abréviatif après toutes les abréviations. Ainsi, ce qui s'abrège par «Dr.» en anglais s'abrège par «D^r» en français.

3.9.3 PLURIEL DES ABRÉVIATIONS

En règle générale, les abréviations ne prennent pas la marque du pluriel. Certaines exceptions, toutefois, sont à noter. Voici les plus fréquentes:

▶ MM. (messieurs)   M^{es} (maîtres)
Mmes (mesdames)   1ers premiers)
Mlles (mesdemoiselles) 1res (premières)
n^{os} (numéros)   2es (deuxièmes)
mss (manuscrits)   S^{ts} (saints)

3.9.4 CAS PARTICULIERS

Abréviation des titres (de civilité, honorifiques, religieux, etc.)

Ces titres ne s'abrègent que s'ils sont suivis du nom de la personne, d'une qualité ou d'un autre titre, et lorsque l'on parle de ces personnes (non lorsqu'on s'adresse à elles):

▶ J'ai beaucoup apprécié le discours de M. Leroy.
Mᵐᵉ la ministre
S.E. le cardinal Roy

mais

Je vous prie d'agréer, Madame la Ministre, ...

Abréviation des prénoms

L'abréviation des prénoms se fait par l'initiale majuscule suivie d'un point abréviatif:

▶ B. (Bernadette)
G. (Gérard)

Si le prénom commence par un groupe de deux lettres à valeur unique, il est recommandé de reproduire ces deux lettres:

▶ Ch. (Charlotte)
Ph. (Philippe)

Dans le cas d'un prénom composé, on abrège les deux prénoms par l'initiale majuscule et on conserve le trait d'union:

▶ J.-P. (Jean-Pierre)

Abréviation des numéraux ordinaux

L'abréviation des nombres ordinaux se fait de la manière suivante:

▶ 1ᵉʳ (premier) 1ᵉʳˢ (premiers)
1ʳᵉ (première) 1ʳᵉˢ (premières)
2ᵉ (deuxième) 2ᵉˢ (deuxièmes)
3ᵉ et ainsi de suite

Abréviation des toponymes et odonymes

En règle générale, l'élément générique et l'élément spécifique d'un toponyme ou d'un odonyme ne s'abrègent pas:

▶ la ville de Notre-Dame-du-Lac
et non
la ville de N.-D.-du lac

De plus, les nombres qui font partie des toponymes administratifs doivent être écrits en toutes lettres:

▶ Trois-Rivières
et non
3-Rivières

En ce qui concerne l'adjectif «Saint», il est préférable de ne pas l'abréger, qu'il soit lié ou non à un nom de ville, de lieu géographique ou de voie publique. A fortiori, il est tout à fait déplacé d'abréger le mot «Saint» dans un nom de famille.

Abréviation du mot «compagnie»

Le mot «compagnie» ne peut être abrégé que dans l'expression «et Cⁱᵉ» ou «& Cⁱᵉ». Il ne s'abrège jamais lorsqu'il figure dans la partie générique de la raison sociale:

▶ Établissements Jean Roy et Cⁱᵉ inc.
Compagnie générale de financement S.Q. inc.
et non
Cⁱᵉ générale de financement S.Q. inc.

Abréviation des titres et grades universitaires

L'abréviation des titres et grades universitaires se fait de la manière suivante.

— En ce qui concerne les mots «certificat», «baccalauréat», «licence», «maîtrise» et «doctorat», on utilise la première lettre du mot, que l'on écrit en majuscule suivie du point abréviatif:

▶ C. (certificat)   M. (maîtrise)
   B. (baccalauréat) D. (doctorat)

Le mot diplôme s'abrège «Dipl.», sauf dans quelques abréviations figées, telles que:«D.E.S.», etc.

— Les termes désignant la discipline ou la spécialité suivent, en principe, les règles de l'abréviation conventionnelle: on supprime les dernières lettres, on met le point abréviatif et l'on écrit la première lettre avec une majuscule. Il faut toutefois noter que l'usage a conservé quelques vieilles abréviations latines qui ne correspondent pas à la dénomination française actuelle. C'est le cas de: «LL. D.», «LL. M.», «LL. L.», «Ph. D.». La même situation se produit pour l'abréviation «M.B.A.», qui nous vient de l'anglais. Voici la liste des abréviations les plus courantes.

LISTE DES ABRÉVIATIONS DES TITRES
ET GRADES UNIVERSITAIRES

B. A.	Baccalauréat ès arts	D. Sc. Éd.	Doctorat en sciences de l'éducation
B. Mus.	Baccalauréat en musique	D. Sc. Soc.	Doctorat en sciences sociales
B. Sc.	Baccalauréat ès sciences	D. Th.	Doctorat en théologie
B. Sc. A.	Baccalauréat ès sciences appliquées	LL. D.	Doctorat en droit
D. d'U.	Doctorat d'université	LL. M.	Maîtrise en droit
D.E.S.	Diplôme d'études supérieures	LL. L.	Licence en droit
D. ès L.	Doctorat ès lettres	L. Not.	Licence en notariat
D. Mus.	Doctorat en musique	M. A.	Maîtrise ès arts
D. M. V.	Doctorat en médecine vétérinaire	M. Arch.	Maîtrise en architecture
D. Ph.	Doctorat en philosophie	M. B. A.	Maîtrise en administration des affaires
D. Ps.	Doctorat en psychologie	M. D.	Doctorat en médecine
D. Sc.	Doctorat ès sciences	M. Éd.	Maîtrise en éducation
D. Sc. A.	Doctorat ès sciences appliquées	M. Urb.	Maîtrise en urbanisme

M. Mus.	Maîtrise en musique	M. Sc. Éd.	Maîtrise en sciences de l'éducation
M. Nurs.	Maîtrise en nursing	M. Sc. Rel.	Maîtrise en sciences religieuses
M. Ph.	Maîtrise en philosophie	M. Sc. Soc.	Maîtrise en sciences sociales
M. Ps.	Maîtrise en psychologie	M. Serv. Soc.	Maîtrise en service social
M. Sc.	Maîtrise ès sciences	M. Th.	Maîtrise en théologie
M. Sc. A.	Maîtrise en sciences appliquées	Ph. D.	Philosophiæ Doctor (se dit généralement «Ph.D.»)

N.B. **On ne doit pas abréger:**

— lorsque l'on écrit le nom propre d'une personne;
— lorsque l'on s'adresse à une personne;
— lorsque l'on écrit une suscription, un appel ou une salutation.

3.9.5 SIGLES

Un sigle est une abréviation constituée d'une suite de lettres initiales de différents mots. En principe, ces lettres s'écrivent en majuscules et sont suivies chacune d'un point abréviatif:

▶ C.U.M. (Communauté urbaine de Montréal)

On peut noter deux types de sigles: ceux qui se prononcent alphabétiquement (C.E.C.M.), et ceux qui peuvent se prononcer comme un mot (ONU, AFNOR., etc.). On appelle ces derniers des acronymes.

Le plus souvent, les acronymes sont écrits en lettres majuscules, mais ne prennent pas de point abréviatif entre chacune des lettres (OTAN). Il en va de même pour les sigles dont l'usage est très répandu (FTQ).

À la limite, un sigle peut être perçu comme un mot véritable (radar), et peut même avoir des dérivés (cégépien).

L'article placé devant le sigle s'accorde en genre et en nombre avec le mot symbolisé par la première lettre du sigle et s'élide devant une voyelle:

▶ la CECM
le CEGEP
l'ONU

N.B. Lorsque le sigle est très répandu, on rencontre également l'utilisation de lettres minuscules après une initiale majuscule (Onu). Cet usage n'est toutefois pas recommandable.

L'utilisation du sigle ne cesse de croître. Tout organisme tient à avoir son sigle et à le faire reconnaître. Cette prolifération nuit très souvent à la clarté et à l'intelligibilité du texte. Aussi, importe-t-il de mettre entre parenthèses la signification de tout sigle la première fois que celui-ci est utilisé, sauf s'il est, de toute évidence, connu de tous. De plus, si le texte comporte un assez grand nombre de sigles différents, il est recommandé d'en dresser, au début de l'ouvrage, une liste avec leur signification. Cette liste se place après celle des tableaux.

3.9.6 SYMBOLES

Un symbole est un signe conventionnel composé d'une lettre (parfois d'une lettre grecque) ou d'un groupe de lettres, d'un chiffre, d'un pictogramme, etc.:

▶ H_2O

Dans le domaine des sciences, on utilise des symboles pour désigner les unités de mesure. Chaque discipline scientifique utilise en outre un certain nombre de symboles qui lui sont propres (symboles chimiques, symboles mathématiques, etc.).

Les symboles d'unités sont toujours employés après un nombre entier ou fractionnaire écrit en chiffres. On doit toujours laisser un espace entre la valeur numérique et le symbole de l'unité:

▶ 50 km
8,5 g

N.B. Les symboles se distinguent des abréviations en ce qu'ils ne prennent jamais de point abréviatif ni la marque du pluriel.

3.9.7 ABRÉVIATIONS ET SIGLES USUELS

A

ac.	acompte
A.C.D.I.	Agence canadienne de développement international
adr.	adresse
Aff. étr.	Affaires étrangères
A.I.T.A.	Association internationale des transports aériens
Alb.	Alberta
app.	appartement
apr. J.-C.	après Jésus-Christ
A/R	avis de réception
arch.	archives
Arch. nat. ou A.N.	Archives nationales
art.	article
a/s de	aux (bons) soins de
av.	avenue
av. J.-C.	avant Jésus-Christ

B

bibl.	bibliothèque
Bibl. nat. ou B.N.	Bibliothèque nationale
bibliogr.	bibliographie
biol.	biologie
B.I.R.D.	Banque internationale pour la reconstruction et le développement
B.I.T.	Bureau international du travail
boul. ou bd	boulevard
B.P.	boîte postale
bull.	bulletin

C

©	tous droits réservés (copyright)
c.-à-d.	c'est-à-dire
cap.	capitale
C.-B.	Colombie-Britannique
c.c.	copie conforme
C/c	compte courant
C.civ.	Code civil
C.D.	Corps diplomatique
C.E.E.	Communauté économique européenne
C.E.Q.	Centrale de l'enseignement du Québec
cf.	confer (reportez-vous à)
ch.	chemin
chap.	chapitre
C.H.U.	Centre hospitalier universitaire
Cie	compagnie
C.N.R.S.	Centre national de la recherche scientifique
c/o	compte ouvert
col.	colonne
coll.	collection
corresp.	correspondance
C.P.	case postale
C. pénal	Code pénal
C. proc. civ.	Code de procédure civile
C.R.	contre remboursement
c.r.	compte rendu
C.S.N.	Confédération des syndicats nationaux
Ct	crédit
cté	comté

D

dép.	département
dest.	destinataire
2e, 2^{es}	deuxième, deuxièmes
dir.	directeur, direction
div.	dividende
doc.	document
D^r	docteur

E

E.	est
éd.	édition
édit.	éditeur
E.N.A.P.	École nationale d'administration publique
encycl.	encyclopédie
enr.	enregistrée (entreprise) [dans une raison sociale]
env.	environ
É^{ts}	établissements
et al.	*et alii* (et autres)
etc.	et cetera
É.-U. *ou* U.S.A.	États-Unis d'Amérique
ex.	exemple
exc.	exception
excl.	exclu, exclusivement
exempl.	exemplaire
exp.	expéditeur

F

F.A.B. *ou* FAB *ou* f. à b.	franco à bord
fasc.	fascicule
fém.	féminin
fig.	figure
F.G.	frais généraux
F.M.I.	Fonds monétaire international
fol.	folio
F.S.	faire suivre
F.T.Q.	Fédération des travailleurs du Québec

G

G.-B.	Grande-Bretagne
géogr.	géographie
géol.	géologie
G.L.	grand livre

H

hab.	habitant
H.E.C.	Hautes études commerciales
h.t.	hors texte
hyp.	hypothèque

I

ibid.	*ibidem* (là même, au même endroit)
id.	*idem* (le même, la même chose)
ill.	illustration
inc.	incorporée (compagnie) [dans une raison sociale]
incl.	inclus, inclusivement
int.	intérêt
intr.	introduction
inv.	inventaire
Î.-P.-É.	Île-du-Prince-Édouard
ital.	italique

L

lat.	latitude
LC *ou* l/c	lettre de crédit
lib.	libéré
liq.	liquidation
loc. cit.	*loco citato* (passage cité)
long.	longitude
L.T.A.	Lettre de transport aérien
ltée	limitée (compagnie) [dans une raison sociale]

M

M., MM.	monsieur, messieurs
m.	mois
M.A.	modulation d'amplitude
Man.	Manitoba
math.	mathématique
max.	maximum
M^e, M^{es}	maître, maîtres (avocat, notaire)
mens.	mensuel, mensuellement
M.F.	moyenne fréquence, modulation de fréquence

Mgr	monseigneur
min.	minimum
Mlle, Mlles	mademoiselle
	mesdemoiselles
Mme, Mmes	madame, mesdames
M.P.	moyenne pression
ms, mss	manuscrit, manuscrits
mtée	montée

N

N.	nord
N.B.	*nota bene* (notez bien)
N.-B.	Nouveau-Brunswick
N.-D.	Notre-Dame
N.D.A.	note de l'auteur
N.D.É.	note de l'éditeur
N.D.L.R.	note de la rédaction
N.D.T.	note du traducteur
N.-É.	Nouvelle-Écosse
N^o ou n^o	numéro
N^{os} ou n^{os}	numéros

O

O.	ouest
o/	à l'ordre de
O.C.D.E.	Organisation de coopération et de développement économique
O.E.C.E.	Organisation européenne de coopération économique
O.I.C.	Organisation internationale du commerce
O.I.T.	Organisation internationale du travail
O.M.S.	Organisation mondiale de la santé
O.N.F.	Office national du film
Ont.	Ontario
O.N.U.	Organisation des Nations Unies
op. cit.	*opere citato* (dans l'ouvrage déjà mentionné)
O.T.A.N.	Organisation du traité de l'Atlantique Nord

P

p.	page, pages
paragr. *ou* §	paragraphe
part.	partie

p/c	pour compte
p.cent, p. 100, %, p.c.	pour cent
P.-D.G.	président-directeur général
p. ex.	par exemple
p.i.	par intérim
p.j.	pièce jointe
P.M.E.	petites et moyennes entreprises
p.o.	par ordre
p.p.	par procuration
1er, 1ers	premier, premiers
1°	primo (premièrement)
1re, 1res	première, premières
prov.	province
P.-S.	post-scriptum
P.-V.	procès-verbal

Q

QC	Québec
qch.	quelque chose
qq.	quelque
qqf.	quelquefois
qqn	quelqu'un
quest. *ou* Q.	question

R

R	recommandé
réf.	référence
r^o	recto
R.P.	révérend père
R.R.	route rurale
R.S.V.P.	Répondez, s'il vous plaît
rte	route

S

S.	sud
S.A.	société anonyme
S.A.	Son Altesse
S.A.R.	Son Altesse Royale
S.A.R.L.	Société à responsabilité limitée
Sask.	Saskatchewan
s.d.	sans date
S.E.	Son Excellence (ambassadeur ou évêque)
sect.	section

S. Ém.	Son Éminence (cardinal)
S.G.F.	Société générale de financement
s.l.	sans lieu (d'édition)
S.M.	Sa Majesté
sq.	*sequiturque* (et suivant)
sqq.	*sequuunturque* (et suivants)
S.S.	Sa Sainteté
St, Sts	saint, saints
Ste, Stes	sainte, saintes
Sté	société
suppl.	supplément
S.V.P. ou s.v.p.	s'il vous plaît

T

| t. | tome |
| tél. | téléphone |

T.-N.	Terre-Neuve
T.-N.-O.	Territoires-du-Nord-Ouest
tr.	traité
trad.	traduction
trim.	trimestre
T.S.V.P.	tournez, s'il vous plaît

U

U.I.T.	Union internationale des télécommunications
U.H.F.	Ultra haute fréquence
UNESCO ou Unesco	Organisation des Nations Unies pour l'éducation, la science et la culture
U.P.U.	Union postale universelle

V

V. ou v.	voir
vo	verso
vol.	volume

3.9.8 SYMBOLES DES UNITÉS DE MESURE (SI)[1]

UNITÉS DE BASE

m	mètre (unité de longueur)
kg	kilogramme (unité de masse)
s	seconde (unité de temps)
A	ampère (unité d'intensité de courant électrique)
K	kelvin (unité de température)
cd	candela (unité d'intensité lumineuse)
mol	mole (unité de quantité de matière)

UNITÉS GÉOMÉTRIQUES

Longueur

Tm	téramètre
Mm	mégamètre
km	kilomètre
hm	hectomètre
dam	décamètre
m	mètre
dm	décimètre
cm	centimètre
mm	millimètre
μm	micromètre
nm	nanomètre
pm	picomètre

1. Les symboles ont été tirés pour la plupart de la norme BNQ 9990-911, 1980-01-07 «Système international d'unités (SI), Principes d'écriture des unités et des symboles».

Aire

km²	kilomètre carré (= 1 000 000 m²)
hm²	hectomètre carré (= 10 000 m²)
dam²	décamètre carré (= 100 m²)
m²	mètre carré
dm²	décimètre carré
cm²	centimètre carré
mm²	millimètre carré
ca	centiare (= 1 m²)
a	are (= 100 m²)
ha	hectare (= 10 000 m²)

Volume

km³	kilomètre cube
m³	mètre cube
dm³	décimètre cube
cm³	centimètre cube
mm³	millimètre cube
hl ou hL	hectolitre (= 0,1 m³)
dal ou daL	décalitre
l ou L	litre (= 1 dm³)
dl ou dL	décilitre
cl ou cL	centilitre
ml ou mL	millilitre (= 1 cm³)
st	stère (= 1 m³ de bois)

Angle plan

rad	radian
gr	grade
r	tour
°	degré
'	minute
"	seconde

Angle solide

sr	stéradian

UNITÉS DE TEMPS

h	heure
min	minute
s	seconde
ms	milliseconde
μs	microseconde
ns	nanoseconde
ps	picoseconde

a	année
d	jour

UNITÉS DE MASSE

Masse

t	tonne (= 1000 kg)
q	quintal (= 100 kg)
kg	kilogramme
hg	hectogramme
dag	décagramme
g	gramme
dg	décigramme
cg	centigramme
mg	milligramme
μg	microgramme

Masse volumique

kg/m³	kilogramme par mètre cube

UNITÉS MÉCANIQUES

Vitesse

m/s	mètre par seconde
km/h	kilomètre par heure

Accélération

m/s²	mètre par seconde par seconde

Vitesse angulaire

rad/s	radian par seconde
r/s	tour par seconde
r/min	tour par minute

Fréquence

MHz	mégahertz
kHz	kilohertz
Hz	hertz

Force

N	newton

Moment d'une force

N.m — mètre-newton ou newton-mètre

Énergie, travail, quantité de chaleur

MJ — mégajoule
kJ — kilojoule
J — joule

Puissance

MW — mégawatt
kW — kilowatt
W — watt
mW — milliwatt
μW — microwatt
VA — voltampère (puissances apparentes)
kVA — kilovoltampère (puissances apparentes)
var — var (puissances réactives)

Contrainte, pression

MPa — mégapascal
Pa — pascal

UNITÉS ÉLECTRIQUES ET MAGNÉTIQUES

Intensité de courant électrique

kA — kiloampère
A — ampère
mA — milliampère
μA — microampère

Quantité d'électricité

C — coulomb

Différence de potentiel (ou tension)

Force électromotrice

MV — mégavolt
kV — kilovolt
V — volt
mV — millivolt
μV — microvolt

Résistance et conductance électriques

TΩ — téraohm
MΩ — mégohm
Ω — ohm
$\mu\Omega$ — microhm
S — siemens

Capacité électrique

F — farad
μF — microfarad
nF — nanofarad
pF — picofarad

Inductance électrique

H — henry
mH — millihenry
μH — microhenry

Flux magnétique

Wb — weber

Induction magnétique

T — tesla

Force magnétomotrice

A — ampère

Intensité de champ magnétique

A/m — ampère par mètre

UNITÉS CALORIFIQUES

Température thermodynamique

K   kelvin
°C   degré Celsius

UNITÉS OPTIQUES

Intensité lumineuse

cd   candela

Luminance

cd/m² candela par mètre carré
cd/cm² candela par centimètre carré
sb   stilb

Flux lumineux

lm   lumen

Éclairement

lx   lux
ph   phot

Vergence des systèmes optiques

δ   dioptrie

UNITÉS DE QUANTITÉ DE MATIÈRE

Quantité de matière

kmol kilomole
mol   mole
mmol millimole
μmol micromole

Concentration

mol/m³ mole par mètre cube

UNITÉS DE RADIOLOGIE

Activité radionucléaire

Bq   becquerel
Ci   curie

Quantité de rayonnement X ou Y

C/kg coulomb par kilogramme
R   roentgen

Dose absorbée de rayonnement ionisant

Gy   gray
mGy milligray
rad   rad

Équivalent de dose

Sv   sievert
rem rem

UNITÉS D'INTENSITÉ DU SON

B   bel
dB   décibel

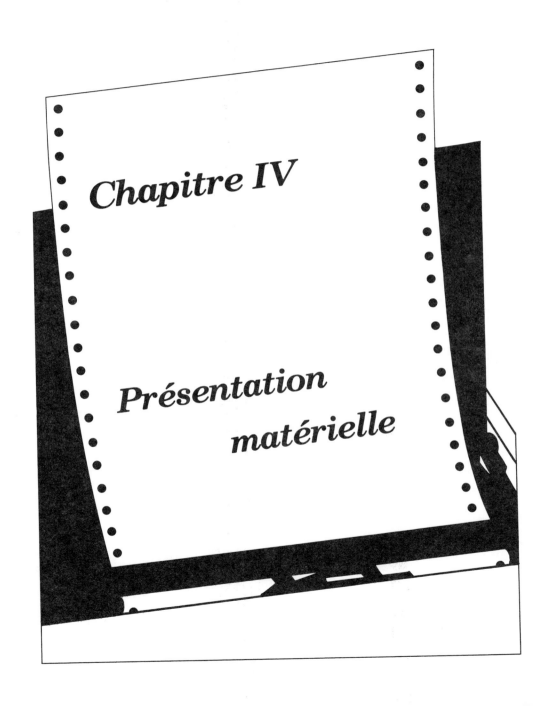

Chapitre IV

Présentation
matérielle

4.0 PRÉSENTATION MATÉRIELLE

Dans les deux chapitres qui précèdent, nous avons tenté de montrer comment un rapport se structure et nous avons insisté sur les qualités linguistiques qu'il doit présenter. Un rapport ne s'improvise donc pas: il part d'un plan précis et détaillé et il est soumis à une certaine technique en ce qui concerne son organisation et sa rédaction.

Il en va de même pour sa présentation matérielle: pas plus que le fond, la forme ne doit être négligée. Le présent chapitre est consacré à certaines directives qui visent à assurer au rapport une apparence générale impeccable à tous points de vue.

Le rédacteur est souvent porté à minimiser l'importance des détails qui donnent du fini à son travail. C'est qu'en effet, le spécialiste qui a réussi à dominer parfaitement un sujet et à exprimer ses idées de façon claire et bien charpentée, éprouve souvent quelque difficulté à comprendre que son travail puisse être mal reçu pour l'unique raison que la présentation matérielle en est un peu déficiente. Et comme la dernière toilette du texte exige beaucoup de discipline et d'attention, il aura facilement tendance à s'en désintéresser plus ou moins.

Il a tort : une mauvaise présentation du texte diminue toujours la portée du message qu'il véhicule et elle indispose le lecteur.

Par présentation matérielle, nous entendons la façon dont le texte est disposé au fil des pages. Les détails de présentation se rapportent à la qualité et au format du papier, aux marges et aux interlignes, à la pagination, aux notes et références en bas de page, etc. La manière parfaitement uniforme dont on règle ces détails facilite beaucoup la lecture du rapport et lui donne une apparence harmonieuse qui prédispose favorablement le lecteur.

D'une part, le rédacteur doit permettre au lecteur de suivre d'une façon ordonnée le cheminement de sa pensée. C'est pourquoi, il apportera une attention particulière à la structuration du rapport en le divisant en parties et en chapitres. De plus, à l'intérieur des chapitres, pour passer d'une idée à une autre, il utilisera à bon escient paragraphes et alinéas.

D'autre part, les détails de présentation ont aussi pour but d'aérer le texte, de le rendre agréable à lire et de rendre le lecteur le plus réceptif possible. Des marges et des interlignes bien distribués seront ainsi aménagés, afin de permettre au lecteur une vision claire des différents points développés, tout en lui ménageant l'espace voulu pour ses propres annotations.

Il importe en outre d'accrocher l'esprit du lecteur en mettant en évidence les éléments essentiels traités dans le rapport. C'est ainsi que les intitulés (classification des titres et des sous-titres, soulignement, etc.) permettront de mettre en relief dans le texte ces points importants.

Notons à ce propos que rien ne décourage autant le lecteur que la vue d'une page totalement dépourvue de retours à la ligne. La longueur des alinéas ne devrait donc jamais dépasser 20 à 25 lignes.

Ce sont ces détails de présentation qui donneront au rapport l'aspect d'un travail parfaitement mis au point. De même que nous avons préparé et vérifié minutieusement le contenu du rapport, il importe maintenant que la toilette du texte soit faite avec soin. Le lecteur appréciera le caractère impeccable du travail et sera porté à penser qu'à une présentation aussi soignée ne peut correspondre qu'une parfaite qualité dans le contenu. L'inverse est également vrai: toute négligence dans les détails de présentation amène facilement le lecteur à penser que l'auteur n'a pas mis plus de soin au fond qu'à la forme de son travail. La médiocrité est toujours remarquée et sévèrement critiquée.

N.B. Il est clair que tout ce qui suit s'applique non seulement au rapport, mais également *mutatis mutandis* à toute forme de communication technique.

4.1 Dactylographie du texte

Après avoir été soigneusement révisé (voir en annexe la procédure de révision de rapport), le texte est dactylographié, au recto seulement, sur des feuilles de papier blanc de bonne qualité de format 21,5 cm × 28 cm (8$\frac{1}{2}$ po sur 11 po). On utilise généralement un ruban noir ou une encre bleue ou noire. L'emploi de papier très fin (papier pelure) est à déconseiller.

Si des corrections doivent être apportées au texte dactylographié, celles-ci doivent être faites avec beaucoup de minutie et de discrétion.

Si l'une ou l'autre partie du rapport, de par sa nature technique, ne peut être dactylographiée (p.ex. carte, graphique, figure), le rédacteur doit tenter de réduire au minimum la discordance entre les caractères du texte et ceux qui sont écrits à la main. Si l'on ne dispose pas de moyens techniques de lettrage (Letraset, Le Roy, etc.), il est recommandé d'imiter, en traçant les lettres, les caractères typographiques de la machine à écrire.

4.2 Couverture

À moins qu'il ne soit très court, tout rapport doit être protégé par une couverture ou reliure et des feuilles de garde. Il existe sur le marché différents types de couvertures; celles-ci doivent être choisies avec sobriété et bon goût. La reliure ne doit pas cacher les commencements de ligne, ni empêcher le lecteur d'annoter le texte. Il importe donc, lors de la dactylographie du texte, de ménager une marge de gauche suffisante.

La page-couverture comprend généralement les mêmes éléments que la page-titre (voir pages préliminaires).

4.3 Longueur

La longueur d'un rapport est évidemment très variable. Elle dépend de sa nature et des exigences formulées par l'autorité qui l'a demandé. Il faut toutefois se rappeler qu'il est beaucoup plus difficile de faire court. Cela exige de la part du rapporteur une maîtrise parfaite de son sujet, un bon esprit de synthèse, un sens de la mesure et de sérieuses qualités de rédacteur. Sans toutefois nuire à la clarté du texte, le rapporteur a intérêt à être concis. Cette qualité est toujours appréciée du lecteur et le met dans un état d'esprit favorable envers l'ensemble du rapport.

4.4 Marges, interlignes et alinéas

Les marges et les interlignes ont pour but d'aérer le texte et d'en rendre la lecture facile et agréable. Un rapport est un exposé que l'on soumet à l'approbation ou à la critique d'un ou de plusieurs lecteurs. Il faut donc leur offrir, par courtoisie, la possibilité de réagir sur le texte et de noter, au fil des lignes et des pages, leurs idées, leurs remarques et leurs commentaires. Un texte compact peut indisposer le lecteur, alors qu'un texte bien aéré est plus invitant : il laisse supposer au lecteur qu'il fait partie de la discussion, qu'il peut donner son avis en annotant le texte.

4.4.1 MARGES

Les marges doivent être calculées de sorte que le texte soit centré de façon uniforme sur toutes les pages du rapport.

Les quatre marges sont les suivantes:

— **marge supérieure**, généralement de 6,5 cm (2 ½ po) au début de chaque partie et de chaque chapitre, et de 2,5 cm (1 po) pour les autres pages;

— **marge inférieure**, de 2,5 cm (1 po) pour toutes les pages, y compris celles qui contiennent des notes ou des références infrapaginales;

— **marge de droite**, de 2,5 cm (1 po) pour toutes les pages;

— **marge de gauche**, de 3,5 cm (1$\frac{1}{2}$ po) pour toutes les pages, afin de permettre une lecture facile des commencements de lignes lorsque le texte est broché ou relié.

4.4.2 INTERLIGNES

L'interligne double est employé pour tout texte suivi: avant-propos, introduction, corps du texte, conclusion.

L'interligne simple est employé pour:

— les citations mises en retrait;
— les notes et les références au bas des pages;
— les tableaux;
— les titres de plus d'une ligne;
— la bibliographie;
— les titres énumérés dans les listes, dans les tables et dans l'index.

L'interligne triple est employé après un titre de chapitre, ainsi qu'avant et après un titre de section ou de paragraphe.

L'interligne quadruple est employé entre la mention «Chapitre...» ou «Partie...» et le titre du chapitre ou de la partie.

Signalons enfin que chaque chapitre doit commencer sur une nouvelle page et que l'on ne doit jamais commencer un alinéa ou un paragraphe à la dernière ligne d'une page.

N.B. Toutes ces précisions ne sont données qu'à titre indicatif et sont susceptibles de varier selon les exigences du sujet traité.

4.4.3 ALINÉAS

On utilise les alinéas soit dans le texte, lorsque l'on passe d'une idée à une autre, soit lorsque l'on présente une longue citation, soit encore lorsque l'on doit inscrire au bas des pages une note ou une référence bibliographique. La première ligne d'un alinéa commence généralement en retrait à environ huit espaces à droite de la marge de gauche.

4.5 Espacement

Dans un texte dactylographié, on laisse deux espaces après le point, le point d'exclamation, le point d'interrogation, mais seulement un espace après la virgule et le point-virgule. On met un espace avant et après le deux-points.

Lorsque l'on introduit des parenthèses ou des crochets, on laisse un seul espace avant d'ouvrir et après avoir fermé la parenthèse ou le crochet. Toutefois, le signe de ponctuation qui suit immédiatement la parenthèse ou le crochet fermant se place après celui-ci sans espacement.

Dans une énumération, on laisse deux espaces après la parenthèse fermante ou le point qui suivent le chiffre ou la lettre introduisant chaque article.

On ne met aucun espace entre un mot et les points de suspension qui le suivent.

4.6 Pagination

Toutes les pages du rapport sont comptées dans la numérotation dès la première page de l'introduction jusqu'à la dernière page des annexes. Toutefois, on n'indique pas de numéro sur une page qui commence par un titre important (introduction, partie, chapitre, conclusion, index, bibliographie, annexes).

Les numéros sont indiqués dans l'angle supérieur droit de la page, sans point ni tiret.

N.B. Les pages précédant l'introduction peuvent être numérotées en chiffres romains minuscules, à l'exception de la page-titre, qui est comptée mais non numérotée.

4.7 Références et notes au bas des pages

4.7.1 RÉFÉRENCES

Les références au bas des pages sont essentielles pour fournir au lecteur la source d'une citation, l'origine d'une affirmation ou d'une opinion que l'on a paraphrasée, ou encore la source d'informations statistiques, de graphiques, de tableaux, etc. que l'on a utilisés.

Les références au bas des pages se présentent comme les références dans la bibliographie à l'exception de deux points:

— dans les références au bas des pages, le prénom de l'auteur précède le nom alors que dans la bibliographie le nom de l'auteur est placé avant le prénom, dans le simple but de faciliter la présentation et la consultation par ordre alphabétique;

— dans les références au bas des pages, on indique le numéro de la ou des pages d'où a été tirée la citation, alors que dans la bibliographie, on indique le nombre de pages de l'ouvrage.

De plus, dans la bibliographie, il n'est pas permis d'abréger les éléments essentiels de la référence, alors que dans les références en bas de page, leur abréviation est tolérée.

Lorsque l'on cite un ouvrage pour la première fois, on l'identifie toujours d'une façon complète. Si la référence se répète ultérieurement, il est permis d'utiliser quelques formes abrégées.

Citons les plus fréquentes :

— *Ibid*. est l'abréviation de *ibidem*, mot latin signifiant «au même endroit». On l'utilise lorsque l'on cite le même ouvrage dans deux notes consécutives. On la souligne et on la fait suivre d'une virgule et du numéro de la page :

▶ *Ibid.*, p. 54.

— *Id.* est l'abréviation de *idem*, mot latin signifiant «la même chose». On l'utilise lorsque l'on cite deux ouvrages du même auteur dans deux notes consécutives. *Id.* est alors employé en remplacement du nom de l'auteur. On utilise les mêmes formes de présentation que pour *ibid*.

— Quant aux abréviations *op. cit.*, qui renvoie à un ouvrage déjà cité, et *loc. cit.*, qui renvoie à un article de revue déjà cité, il est préférable d'en éviter l'emploi, qui porte à confusion.

Outre ces abréviations, lorsqu'un même ouvrage est cité plusieurs fois en référence, il est permis d'en abréger le titre en n'en retenant que le ou les premiers mots.

4.7.2 NOTES

Selon la nature et la complexité du sujet, il est parfois souhaitable d'appuyer le texte par des notes complémentaires au bas des pages. Il peut s'agir d'une explication, d'un commentaire, d'un renseignement ou d'un renvoi important pour la bonne compréhension du texte, mais qui, inséré dans celui-ci, en briserait la continuité. L'usage de notes infrapaginales doit toujours être justifié et avoir un rapport direct avec le texte. Elles doivent de plus être aussi brèves et aussi rares que possible et elles ne doivent jamais occuper plus du dernier tiers de la page. Une note qui serait trop longue doit être reportée en annexe, à la fin du rapport.

Les références et les notes infrapaginales sont dactylographiées à interligne simple et sont nettement séparées du texte par un filet réduit (trait horizontal de 10 à 16 frappes) commençant exactement à la marge de gauche. Cette ligne est précédée et suivie d'un interligne double. La note ou la référence commence en retrait (comme les alinéas du texte) et est précédée de son chiffre d'appel, lequel est suivi d'un point et de deux espaces[1]. On laisse un interligne double entre chaque note ou chaque référence. Si une note doit se continuer sur une autre page, on répète sur celle-ci le filet qui la séparera du texte; on ne répète pas toutefois le chiffre d'appel.

Les notes et les références peuvent être numérotées consécutivement du début à la fin du rapport. La numérotation peut également recommencer à chaque chapitre ou à chaque page. Les notes ou les références sont toujours placées au bas des pages où se trouve le chiffre d'appel.

4.7.3 CHIFFRE D'APPEL OU APPEL DE NOTES

Il s'agit d'un chiffre supérieur placé après le mot ou le passage qui renvoie à une note ou à une référence en bas de page. On répète, devant la note ou la référence, le même chiffre d'appel. Afin de ne pas être confondu avec un chiffre dans le texte, le chiffre d'appel est un peu surélevé et peut être placé entre parenthèses, avant la ponctuation. S'il suit un mot ou un groupe de mots placé entre guillemets, on le met avant les guillemets fermants et avant tout signe de ponctuation.

4.8 Citations

Une citation est un emprunt fait au texte d'un autre auteur. Elle est toujours placée entre guillemets. On l'utilise dans le but d'éclairer ou d'appuyer une affirmation Elle doit, par conséquent, être préparée de façon appropriée et être suivie de remarques ou de commentaires. Il existe différents types de citations:

— extrait d'une revue technique;
— texte de loi;

1. Lorsque le chiffre d'appel est mis entre parenthèses dans le texte, on ne reproduit pas les parenthèses en bas de page.

— formule scientifique;
— extrait d'un devis, d'un procès-verbal, etc.

Toute citation, si courte soit-elle, doit être suivie de son chiffre d'appel et être identifiée par une référence bibliographique au bas de la page. En principe, les citations doivent être recopiées intégralement, sans aucune modification ni de l'orthographe, ni de la ponctuation, etc. Il existe toutefois quelques exceptions à cette règle:

— si l'on veut abréger une citation, on remplace les mots que l'on désire retrancher par trois points de suspension placés entre deux crochets: [...];

— si l'on veut signaler une erreur dans la citation, on la recopie telle quelle, mais on ajoute après la faute le mot «sic» entre crochets: [sic];

— si l'on désire donner une explication, un renseignement, etc. à l'intérieur d'une citation, on place entre crochets les mots que l'on désire ajouter;

— si enfin l'on veut souligner un ou plusieurs mots dans la citation, on indique à la fin de la citation et entre parenthèses: (c'est nous qui soulignons).

Une citation de moins de trois lignes n'est pas détachée du texte. Si la citation comporte plus de trois lignes, elle est retranchée du texte et dactylographiée à interligne simple: ses marges de droite et de gauche sont un peu en retrait par rapport au texte. Si la citation comporte plusieurs alinéas, il est d'usage de placer des guillemets ouvrants au début de chacun de ceux-ci. Mais on ne ferme les guillemets qu'à la fin de la citation.

N.B. Dans la mesure du possible, une citation ne se divise pas: il est préférable de la recopier entièrement sur une même page.

Il existe une autre sorte d'emprunt: il s'agit non pas de citer intégralement la pensée ou les idées d'un auteur consulté, mais de les reformuler ou de les résumer. Cela permet quelquefois de préserver l'unité du texte en schématisant les grandes idées d'un auteur. Il faut toutefois veiller à bien interpréter la pensée de l'auteur, en tenant compte du contexte d'où elle a été extraite. Il est de plus essentiel de donner, ici encore, la référence précise de l'emprunt, afin que le lecteur, s'il le juge à propos, puisse remonter à la source.

4.9 Énumération

Il existe deux façons de faire une énumération : ou bien on l'écrit au fil du texte ; ou bien on revient à la ligne pour chaque élément de l'énumération (avec de préférence le retrait normal de l'alinéa). Dans le premier cas, on utilise en général la seule parenthèse fermante pour marquer les lettres ou les chiffres qui précèdent chaque article :

> ▶ L'encyclopédie du bâtiment est structurée autour de sept grands axes : 1) les techniques de construction ; 2) les techniques de pointe ; 3) la rénovation de bâtiments anciens ; 4) l'expertise et la pathologie des constructions ; 5) les devis descriptifs ; 6) la gestion d'un projet ; 7) les détails et exemples d'architecture.

Dans le second cas, on peut adopter l'une ou l'autre des présentations suivantes :

> ▶ L'encyclopédie du bâtiment est structurée autour de sept grands axes :
> 1) *ou* 1.　les techniques de construction ;
> 2) *ou* 2.　les techniques de pointe ;
> 3) *ou* 3.　la rénovation des bâtiments anciens, etc.

On n'est pas tenu de recourir aux chiffres ou aux lettres, ceux-ci pouvant être simplement remplacés par des tirets.

L'énumération est dactylographiée à interligne double, tout comme le reste du texte, à moins qu'elle ne soit très longue.

N.B. Il est recommandé de n'utiliser des lettres pour introduire chaque terme de l'énumération que si celle-ci est très courte (5 ou 6 articles au maximum).

4.10 Classification des titres et des sous-titres

4.10.1 NOM DES DIVISIONS ET SUBDIVISIONS NUMÉROTÉES

Tout travail relativement important comporte normalement un certain nombre de chapitres, qui sont éventuellement regroupés en deux ou plusieurs parties. S'il s'agit d'un ouvrage très considérable, il peut comporter deux ou plusieurs tomes, dont chacun contiendra éventuellement des parties divisées en chapitres. Chaque chapitre peut de plus être divisé en sections, et celles-ci à leur tour en paragraphes.

N.B. Il ne faut pas confondre le paragraphe, qui est une subdivision numérotée ou pourvue d'un titre, avec l'alinéa, qui est constitué d'une portion de texte commençant par un retour à la ligne. Un paragraphe peut donc être constitué de plusieurs alinéas.

4.10.2 SYSTÈMES DE NUMÉROTATION

Dans le but de faciliter la lecture et la compréhension du rapport, et de marquer d'une façon claire toutes les divisions et les subdivisions, il importe d'utiliser un système de numérotation parfaitement cohérent et précis. Il existe diverses façons de procéder.

Si le rapport est très simple, il peut se diviser de la manière suivante :

        1°
        2°
ou
        1°
            a)
            b)

        2°
            a)
            b)   etc.

Si le rapport est plus complexe, il convient d'utiliser un système de numérotation plus raffiné et plus détaillé.

En voici deux exemples:

Le premier consiste

— à diviser par des chiffres romains: I, II, III...;
— à subdiviser par des lettres majuscules: A, B, C...;
— à subdiviser ensuite par des chiffres arabes: 1 *ou* 1), 2 *ou* 2)...;
— à subdiviser encore par des lettres minuscules: a), b), c)...;
— et ainsi de suite en alternant lettres et chiffres: 1), 2), 3)...

Le deuxième système se sert de la numérotation décimale. Le principe est bien connu: chaque classe est susceptible d'être décomposée en dix (ou en cent) sous-classes.

Voir à titre d'exemple la numérotation du présent ouvrage.

Ce système n'est recommandable que si la structuration du texte ne comporte qu'un maximum de trois niveaux dans les divisions. Au-delà de trois ou quatre chiffres, la classification des titres et sous-titres perd de son intelligibilité. Si la hiérarchie de la classification comporte, par exemple, des parties, des chapitres, des sections, des paragraphes, etc., on peut n'appliquer le système décimal qu'à partir du niveau du chapitre. Les différentes parties sont alors numérotées en chiffres romains.

4.11 Soulignement

On souligne, dans un texte dactylographié, les titres de volumes, de périodiques et de journaux, et ceci, aussi bien dans le corps du texte que dans les notes et dans la bibliographie. Notons que dans la description bibliographique d'un article de revue, on souligne non pas le titre de l'article, qui est mis entre guillemets, mais le nom de la revue.

De plus, si le rapport comprend de multiples divisions et subdivisions, il est souvent souhaitable, pour faciliter la lecture, de souligner les titres de ces subdivisions. Toutefois, on ne souligne jamais un titre centré ni un titre écrit en lettres majuscules.

On souligne toujours les expressions latines, sauf «etc.»

Le soulignement doit être utilisé avec beaucoup de discrétion. Le rédacteur doit éviter de souligner à tout propos chaque information qui lui paraît intéressante.

4.12 Tableaux et figures

La très grande majorité des rapports comportent des listes, des tableaux, des cartes, des plans, des graphiques, etc. Ces divers tableaux et figures ont pour but d'éclairer et de simplifier la présentation de données ou d'éléments plus ou moins nombreux et complexes.

4.12.1 LISTES

Lorsque l'on doit, dans un rapport, énumérer une seule suite ou série de renseignements: chiffres, dates, personnes, etc., ces derniers sont généralement numérotés et inscrits les uns au-dessous des autres, à interligne simple, et présentés sur une ou deux colonnes. Cela constitue une liste et non pas un tableau. Une liste est toujours annoncée dans le texte; elle n'est pas numérotée et peut se présenter comme suit:

▶ Les municipalités suivantes sont soumises aux restrictions de zonage nécessitées par les inondations de la Rivière Saint-François:

1. Richmond	9. Lennoxville
2. Melbourne	10. Ascot Corner
3. Windsor	11. East-Angus
4. Greenlay	12. Weedon
5. Bromptonville	13. Canton de Weedon
6. Canton de Brompton	14. Saint-Gérard
7. Fleurimont	15. Cookshire
8. Sherbrooke	16. Canton de Westbury

4.12.2 TABLEAUX

Le tableau est plus complexe que la liste: il s'agit non plus d'une seule série, mais de deux ou de plusieurs séries de renseignements ou de données disposées d'une manière claire et ordonnée.

Les tableaux sont numérotés en chiffres romains et sont toujours surmontés d'un titre. Un bon tableau doit faciliter la compréhension du texte en présentant, d'une façon claire et synthétique, des données qu'il serait trop compliqué d'exposer en détail dans le texte lui-même.

Le tableau ne doit développer qu'un seul point et l'on ne doit pas y inclure d'explications. En revanche, on peut, au bas du tableau, ajouter des notes explicatives afin de donner la source des renseignements fournis, et au besoin, d'éclairer davantage le lecteur.

Si le tableau est présenté sur plus d'une page, il faut répéter sur la deuxième page, sans abréviation, le numéro du tableau, son titre, qu'on fait suivre du mot «suite» entre parenthèses, de même que les têtes de colonnes et les têtes de lignes. Si le tableau comprend plus de deux pages, il est préférable, en principe, de le reporter en annexe.

Si le rapport contient plusieurs tableaux, il faut veiller à les présenter d'une manière identique à travers tout l'ouvrage. Dans la mesure du possible, il faut présenter les tableaux et les figures de manière que le lecteur n'ait pas à tourner le rapport en tous sens pour les consulter. La meilleure disposition du tableau est certainement celle qui permet de le lire en gardant la page dans la position verticale. Si l'on est obligé de recourir à la disposition horizontale, il importe de toujours présenter le tableau de telle sorte qu'il parte de la reliure.

Quant aux tableaux qui doivent être dépliés, il faut en limiter le nombre au strict minimum. Il est préférable de les présenter sur deux pages. Si cela n'est pas possible, on veillera à ce que le pliage se fasse de droite à gauche plutôt que de haut en bas. En principe, les tableaux ne sont pas encadrés par la verticale. On peut toutefois utiliser les lignes horizontales en haut et en bas du tableau et sous les têtes de colonnes.

De plus, si les tableaux sont courts, il vaut mieux les disperser dans le rapport, le plus près possible des textes qui en font mention, plutôt que de les regrouper en plusieurs pages successives ou de les reporter en annexe.

▶ **TABLEAU IX**

QUANTITÉS POTENTIELLES DE MATÉRIAU D'EMPRUNT

Région	Dépôt	Granulaire (m³)	Sable (m³)	Moraine (m³)	Totaux (m³)
NBQ II	B-1	32 000	45 000	100 000	177 000
	B-2	40 000	100 000	100 000	240 000
	B-3	—	—	400 000	400 000
	B-4	—	—	800 000	800 000
NBQ III	C-1	100 000	100 000	50 000	250 000
	C-2	125 000	50 000	—	175 000
	C-3	25 000	100 000	—	125 000
	C-4	—	—	400 000	400 000
	C-5	—	—	800 000	800 000
	C-6	—	—	100 000	100 000
NBQ IV	D-1	—	—	250 000	250 000
	D-2	—	—	500 000	500 000
	D-3	75 000	100 000	—	175 000
	D-4	300 000	100 000	—	400 000
	Totaux:	**697 000**	**595 000**	**3 500 000**	**4 792 000**

Source: Rapport de la campagne d'exploration, 19..-09-02
Groupe-conseil S.O. inc.

4.12.3 FIGURES

Les figures comprennent les graphiques, les dessins, les cartes, les photographies, etc. Elles sont présentées dans le texte, aux endroits appropriés, de façon à éclairer et à illustrer un point développé dans le rapport. Contrairement aux tableaux, elles sont numérotées en chiffres arabes et leurs titres se placent en dessous. Au besoin, le rapporteur peut présenter au bas de chaque figure, après le numéro et le titre, une explication qu'il juge nécessaire, de même qu'un renvoi à la source des données fournies. Toutefois, une explication qui nécessiterait un long développement devrait plutôt être donnée dans le texte. Dans ce cas, il importe que la légende de la figure, toujours placée en dessous, renvoie expressément au texte. Une légende courte est généralement centrée; si par contre, elle s'étend sur plusieurs lignes, elle ne dépasse habituellement pas la largeur de la figure. Il est préférable d'éviter l'usage des couleurs dans la présentation des figures et de recourir plutôt à d'autres traits distinctifs : rayures, pointillés, hachures, etc.

Comme les tableaux, les figures doivent être simples et présentées très clairement. Elles sont généralement centrées sur une page, encadrées, et placées de façon à être lues toujours d'un même côté du document.

N.B. Dans le cas d'un rapport comprenant un grand nombre de plans, de cartes, de graphiques, de photographies, etc., il est indispensable d'en dresser une liste particulière après la table des matières.

Parmi les différents types de figures, le graphique est sans doute le plus fréquemment utilisé dans les rapports techniques. On se sert de graphiques pour schématiser des faits, des données statistiques, etc., en représentant le rapport de deux variables par une ligne joignant des points caractéristiques.

La présentation graphique des faits est souvent d'une très grande utilité pour donner une vue synthétique des données chiffrées lorsqu'elles sont en grand nombre. L'image est d'une lecture facile; aussi, s'impose-t-elle lorsque l'on veut — et que l'on peut — démontrer une proposition par un procédé purement intuitif et visuel. Il faut toutefois veiller à développer dans le texte toutes les implications que comporte le graphique et qui ne sont pas forcément transparentes pour le lecteur.

Voici quelques exemples de graphiques parmi les plus couramment utilisés:

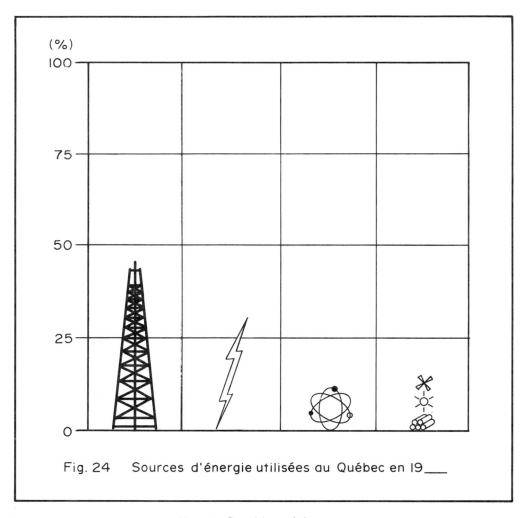

Fig. 24   Sources d'énergie utilisées au Québec en 19___

Fig. 1   Graphique à images

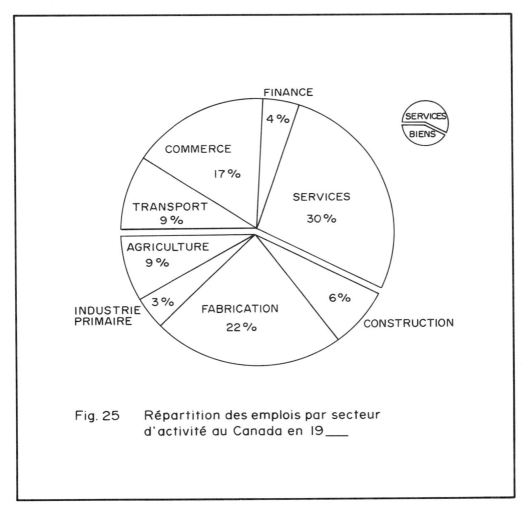

Fig. 25   Répartition des emplois par secteur
d'activité au Canada en 19___

Fig. 2   Graphique circulaire

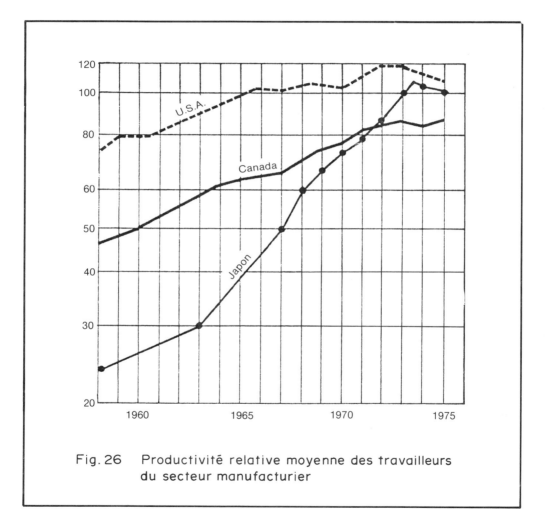

Fig. 26   Productivité relative moyenne des travailleurs
du secteur manufacturier

Fig. 3   Graphique linéaire

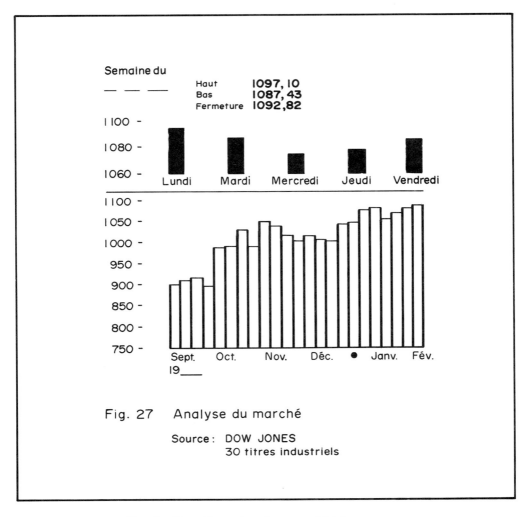

Fig. 27 Analyse du marché

Source : DOW JONES
          30 titres industriels

Fig. 4 Graphique à colonnes et histogramme

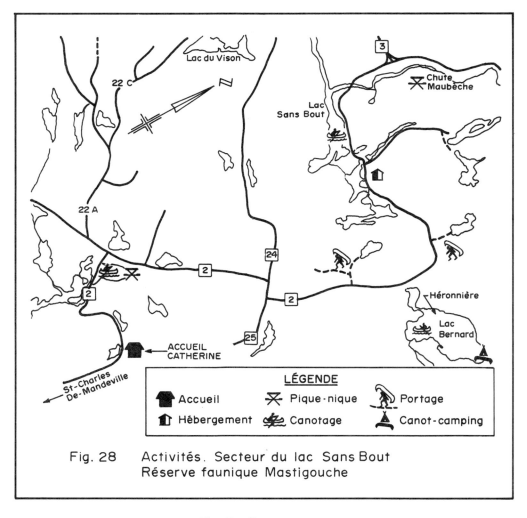

Fig. 28   Activités. Secteur du lac Sans Bout
Réserve faunique Mastigouche

Fig. 5   Cartogramme

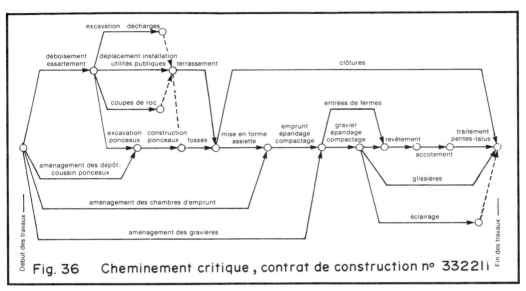

Fig. 36   Cheminement critique , contrat de construction n° 332211

Fig. 6   Cheminement critique

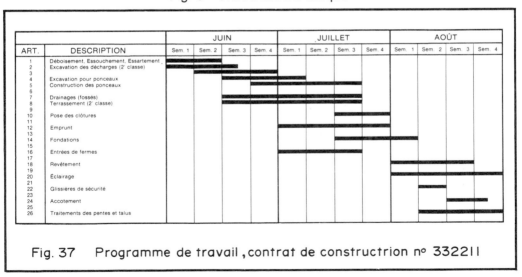

Fig. 37   Programme de travail , contrat de constructrion n° 332211

Fig. 7   Programme de travail

Source: G. Robert TESSIER. **Guide de construction routière**, Québec.,
Ministère des transports du Québec, 2ᵉ éd., 1973, p. 155, 157.

Organigramme

Il peut être utile de joindre en annexe au rapport un organigramme de l'entreprise, c'est-à-dire une représentation schématique des divers organes dont elle est composée et de leurs rapports mutuels.

L'organigramme fait généralement apparaître les fonctions, les services, les postes de travail, le système hiérarchique et les liens existant entre les différents collaborateurs, c'est-à-dire leurs positions dans la hiérarchie, leurs responsabilités, leurs attributions. L'organigramme doit donc présenter, avec une terminologie adéquate et dans un langage clair, la structure de l'entreprise.

4.12.4 TITRES DANS LES TABLEAUX ET LES FIGURES

Bien titrer est considéré comme un art. Tout titre doit faire ressortir l'intérêt du texte qui suit et en faciliter la compréhension. Il doit, avec concision, clarté et pertinence, renseigner le lecteur sur la matière traitée et sur le point de vue adopté pour aborder le sujet. Le cas échéant, le titre d'un tableau peut également contenir, mais très brièvement, des renseignements relatifs à une période ou à un lieu précis :

▶ Évolution du taux de natalité au Québec de 1950 à 19..

Il faut éviter d'abréger les mots qui font partie intégrante d'un titre de tableau ou de figure. Toutefois, il est permis, pour économiser l'espace, d'abréger les sous-titres à l'intérieur des tableaux. Il faut néanmoins s'assurer que ces abréviations ne sont pas ambiguës et seront facilement comprises du lecteur. On évitera les mots qui font redondance, tels que : «tableau montrant...», «figure illustrant...», etc.

4.13 Division des mots en bout de ligne

Lors de la dactylographie de tout texte, de nombreuses hésitations surviennent en ce qui a trait à la division des mots en bout de ligne. Il importe que la marge de droite soit aussi soignée que possible; il ne faut pourtant pas abuser de la division, et celle-ci doit se faire selon certaines règles que nous exposons ci-après.

En général, la division des mots se fait conformément aux règles de l'épellation (division syllabique). De plus, la coupure se fait autant que possible entre deux consonnes:

▶ con/sen/te/ment
lin/guis/tique
con/som/mer

Un mot qui comprend déjà un trait d'union doit être divisé à ce trait d'union:

▶ libre-/service
pause-/café

Les mots composés qui ne comportent pas de trait d'union sont séparés entre les deux mots simples:

▶ chemin/de/fer
porte/feuille

Les verbes à la troisième personne qui demandent le «t» euphonique doivent être coupés avant cette lettre:

▶ viendra-/t-il

Les mots comportant un «x» ou un «y» suivis d'une consonne peuvent être divisés après le «x» ou le «y»:

▶ sy/métrie
ex/trait

N.B. La partie du mot qui est conservée en fin de ligne doit comporter au moins deux lettres:

▶ évi/ter

et non

é/viter

De même, la partie de mot qui est reportée à la ligne suivante doit comporter au moins une syllabe de trois lettres. Ainsi on pourra écrire:

▶ évi/ter

mais non

évi/té

Attardons-nous maintenant aux **coupures qui sont interdites**.

De ce qui précède, il ressort qu'on ne doit pas couper un mot de moins de quatre lettres ni couper après une première syllabe composée d'une seule lettre, comme dans «îlot», «ami», etc.

En outre, on ne divise pas:

— un mot de telle sorte qu'il se continue sur la page suivante;
— un mot entre deux voyelles, sauf si la coupure se fait entre un préfixe et le radical:

▶ am/biance   *et non*   ambi/ance
    rétro/actif

— un mot avant ou après un «x» ou un «y» lorsque ces lettres sont placées entre deux voyelles:

▶ moyen (ne se divise pas)
    exact (ne se divise pas)

La coupure avant «x» est toutefois permise, s'il est prononcé comme «z»:

▶ deu/xième

— un mot après une apostrophe:

▶ au/jour/d'hui   *et non*   aujourd'/hui

— la syllabe muette qui termine un mot:

▶ ad/mi/rable   *et non*   admira/ble

Autres problèmes de division

On peut couper après «million» et «milliard»:

▶ 2 millions/500 000 personnes

De même, deux nombres reliés par une préposition ou conjonction peuvent être coupés:

▶ Les personnes âgées de 20 à/40 ans...

Les lettres abréviatives d'un sigle doivent toujours se succéder sur la même ligne:

▶ H.L.M. (ne se divise pas)

L'abréviation d'un point cardinal doit toujours figurer sur la même ligne que les mots dont elle dépend:

▶ 50 degrés de latitude N.

et non
50 degrés de latitude/N.

Les lettres abréviatives des fonctions, des titres de civilité ou honorifiques doivent toujours figurer sur la même ligne que le nom auquel l'abréviation se rapporte:

▶ Mme Lessard

Me Roy
S.M. le roi

De même, les lettres abréviatives de prénoms ne doivent pas être coupées du nom de famille qu'elles déterminent:

▶ J.-P. Lacourse (ne se divise pas)

L'abréviation «etc.» ne doit jamais figurer en tête de ligne:

▶ l'eau, le feu, le vent, etc.

Les nombres exprimés en chiffres arabes ne doivent pas être coupés:

▶ 40 450 (ne se divise pas)

Il en va de même d'un nombre exprimé en chiffres précédé d'un mot qu'il précise:

▶ page 58 *ou* p. 58
art. 47 (ne se divisent pas)

La même règle s'applique pour

— les nombres exprimant les mesures d'arc ou d'angle:

▶ 20° 16′ 14″ (ne se divise pas)

— les degrés de température:

▶ 26° C (ne se divise pas)

— les heures et leurs divisions:

▶ 2 h 16 min 12 s

Les abréviations ou symboles signifiant «pour cent» et «pour mille» ne doivent jamais être séparés du nombre qui précède:

▶ 42%
6 p.cent
4 p.c.
0,2 p. 1000

Les lettres ou les chiffres qui, dans le texte, indiquent une énumération ne doivent pas être séparés du début de l'article qu'ils présentent:

▶ a) l'écrit; b) l'oral;...

et non   a) l'écrit; b)
l'oral;...

L'appel de note doit toujours suivre sur la même ligne le mot auquel il se rapporte:

▶ l'aménagement [1] du territoire...

Enfin, lorsque le nom d'un corps chimique est immédiatement suivi de sa formule, les deux doivent, en principe, figurer sur la même ligne:

▶ le cuivre (Cu)

Chapitre V

Bibliographie critique à l'usage du rédacteur technique

5.0 BIBLIOGRAPHIE CRITIQUE À L'USAGE DU RÉDACTEUR TECHNIQUE

5.1 Dictionnaires généraux et encyclopédies (en français)

ROBERT, Paul. *Dictionnaire alphabétique et analogique de la langue française*, nouv. éd. rev., corr. et mise à jour, Paris, Société du Nouveau Littré, 1980, 2171 p.

Il est communément appelé «dictionnaire de langue» ou «dictionnaire du bon usage». Pour chaque entrée, le dictionnaire fournit des renseignements concernant sa prononciation, son étymologie et sa catégorie grammaticale. Il donne également une définition du mot, des exemples, des synonymes et antonymes, des contextes de même que des observations grammaticales et linguistiques. Il traite des termes de langue courante, des termes plus classiques, de même que d'un certain nombre de termes techniques et scientifiques, de régionalismes, de néologismes, etc. Le Robert se présente comme un excellent témoin de la richesse de notre langue; l'usager peut s'y fier pour exprimer adéquatement sa pensée en tenant compte du sens précis des mots en même temps que des nuances et des particularités propres à chacun d'eux.

Lexis, Dictionnaire de la langue française, Paris, Librairie Larousse, 1975, 1950 p.

Ce dictionnaire répond à une intention essentiellement didactique. Il vise à permettre la lecture de tous les textes de notre patrimoine culturel. Il décrit donc le lexique du français dans sa plus grande extension: vocabulaire courant, vocabulaire littéraire et classique, vocabulaire des sciences et des techniques, locutions, expressions et syntagmes figés, régionalismes, néologismes, etc. Pour chaque entrée, il donne la prononciation, l'étymologie, la catégorie grammaticale et une définition abondamment illustrée par des exemples qui en présentent le fonctionnement dans le discours parlé ou écrit. Le classement alphabétique est fait par famille de mots, c'est-à-dire que les auteurs ont regroupé les unités en un ensemble à la fois lexical, morphologique et sémantique. Autour d'une base se greffe une série de composés et de dérivés (p.ex. à l'entrée «bouton», on trouvera la série «boutonner / boutonnage / déboutonner / reboutonner», etc.), ce qui donne lieu à de nombreux renvois et parfois, à quelques difficultés dans la consultation de l'ouvrage. Notons enfin la présentation d'un sommaire grammatical à la fin du dictionnaire.

Petit Larousse illustré, Larousse, 1986, 1906 p.

La dernière édition du *Petit Larousse illustré* témoigne d'une refonte qui en fait un dictionnaire entièrement revu et augmenté. C'est un reflet fidèle du langage et du monde modernes. Il résout les difficultés d'orthographe et de grammaire les plus courantes. En outre, il fait une place appréciable à bon nombre de termes techniques et scientifiques récemment entrés dans l'usage.

Beaucoup d'informations sont regroupées sous forme de cartes, de tableaux, de schémas, etc., qui facilitent la consultation de l'ouvrage. C'est notamment le cas des tableaux grammaticaux (conjugaisons, accord des participes, pluriel des noms, etc.) figurant en tête du volume.

Sous une forme très condensée et très maniable, il reste un outil précieux de consultation quotidienne tant en ce qui a trait à la langue qu'à l'information encyclopédique.

Grand Dictionnaire encyclopédique Larousse, Paris, Librairie Larousse, 15 vol., 1985.

Il s'agit d'un dictionnaire encyclopédique d'une extrême richesse. Le G.D.E.L. vise au recensement exhaustif des unités lexicales de la langue française, parallèlement au relevé exhaustif des connaissances. Chaque article est ainsi structuré: une partie linguistique, des emplois techniques et des renseignements encyclopédiques. C'est un des ouvrages français les plus importants et les mieux faits dans le genre: il comprend quinze tomes contenant 11 000 pages, 180 000 articles, 24 000 illustrations (dont 14 000 photographies en couleurs), 1 000 cartes géographiques et 60 triptyques hors-texte. Tous les domaines de la connaissance humaine y sont traités: histoire, géographie, beaux-arts, philosophie, droit, économie, sciences naturelles, sciences appliquées, médecine, informatique, etc.

Autres ouvrages à consulter:

Grand Larousse de la langue française, Paris, Larousse, 1971-1978, 7 vol.

Dictionnaire encyclopédique Quillet, Paris, Aristide Quillet, 1977, 10 vol.

Dictionnaire Hachette: langue, encyclopédie, noms propres, Paris, Hachette, 1980, xiii - 1401 p.

C'est un des plus récents parmi les grands dictionnaires français. Il se présente comme un outil moderne au service de la langue française et de la culture. Il s'agit là d'un ouvrage de référence qui fournit une réponse précise aux questions posées tant dans le domaine de la langue que dans celui du savoir. Il ouvre également la porte aux découvertes et aux approfondissements. Aussi bien pour les noms communs que pour les noms propres, il dénote un souci constant de refléter l'époque actuelle sans toutefois cesser de renvoyer à l'héritage du passé. Ce dictionnaire présente enfin l'avantage de réunir en un seul volume le vocabulaire général de la langue française d'aujourd'hui, les connaissances encyclopédiques et les principaux noms propres qui ont marqué notre culture.

CENTRE NATIONAL DE LA RECHERCHE SCIENTIFIQUE. CENTRE DE RE-CHERCHE POUR UN TRÉSOR DE LA LANGUE FRANÇAISE, NANCY. *Trésor de la langue française: dictionnaire de la langue du XIXᵉ et du XXᵉ siècle (1789-1960)*. Paris, CNRS, 1971.

Le Trésor de la langue française est préparé par l'équipe du Centre de recherche de Nancy sous la direction de M. Paul Imbs. Il s'agit d'un dictionnaire historique qui, par couches successives, donne un tableau aussi complet que possible du vocabulaire du français de ses origines à nos jours. Le lexique de la langue commune constitue l'ossature de l'oeuvre, autour de laquelle viennent se greffer les termes classiques, les termes scientifiques et techniques, etc. Sa nouveauté et son originalité résident surtout dans le caractère monumental de l'information recueillie grâce aux procédés informatiques. La richesse de la documentation se traduit par une description phonétique, grammaticale, sémantique et lexicologique de chaque unité, le tout reposant sur des références bibliographiques complètes, et par des indications étymologiques et historiques qui font le bilan de nos connaissances dans ce domaine. À l'heure actuelle, nous disposons de onze tomes du Trésor comprenant les entrées de A à NAT.

DUPRÉ, P. *Encyclopédie du bon français dans l'usage contemporain*, Paris, Éditions de Trévise, 1972, 3 vol., lxiv - 2716 p.

Cette encyclopédie traite, dans des articles classés alphabétiquement, des principales difficultés, subtilités, complexités et singularités du français d'aujourd'hui. Elle comprend quelque 10 000 articles, chacun se présentant comme un dossier en deux parties. La première éclaire le lecteur sur le problème posé (vocabulaire, syntaxe, grammaire, etc.) en lui donnant les opinions, parfois divergentes, des dictionnaires d'usage et des spécialistes de la langue. La seconde partie indique l'état actuel de la question et propose la solution à adopter. Il s'agit donc là d'un excellent ouvrage de référence, qui ne se contente pas de présenter l'opinion personnelle d'un grammairien ou d'un lexicographe, mais qui permet d'examiner les différentes opinions autorisées, tout en nous proposant une solution.

GILBERT, Pierre. *Dictionnaire des mots nouveaux*. Paris, Hachette-Tchou, 1971, 572 p.

Ce dictionnaire présente quelque 5500 néologismes sélectionnés à partir de périodiques, de journaux, de revues, d'ouvrages généraux ou techniques, etc., dépouillés entre 1955 et 1971. Il ne s'agit pas là d'un ouvrage normatif, mais essentiellement descriptif. Il se présente comme un dictionnaire usuel, c'est-à-dire qu'il s'efforce de refléter un usage courant, qui n'est toutefois pas toujours le bon usage. Il recense les mots nouveaux sans porter de jugement sur leur utilité, leur pertinence ou leur justesse. Il constitue néanmoins un ouvrage de base en ce qui a trait aux néologismes passés dans l'usage depuis 1955.

À consulter également, les quelque quarante numéros de la collection *Néologie en marche* publiés par l'Office de la langue française dans différents domaines de la langue générale et de la langue technique.

5.2 Dictionnaires spéciaux, grammaires et autres ouvrages de consultation

THOMAS, Adolphe V. *Dictionnaire des difficultés de la langue française*, nouv. éd. rev. et corr., Paris, Larousse, 1976, 435 p.

Il s'agit d'une grammaire sous la forme d'un répertoire alphabétique des principales difficultés que soulève la langue courante: orthographe, grammaire, accords, syntaxe, etc. Il est aisé de plaider en faveur de ce dictionnaire, qui présente par ordre alphabétique la majorité des problèmes linguistiques et grammaticaux les plus courants. Les articles sont en général succincts, bien expliqués et illustrés, et ils fournissent à l'usager exactement ce qu'il faut pour comprendre et résoudre le problème soulevé.

Autres ouvrages à consulter:

HANSE, Joseph. *Nouveau dictionnaire des difficultés du français moderne*, Paris, Duculot, 1983, 1014 p.

SÈVE, A. et J. PERROT. *Ortho Vert, Dictionnaire orthographique et grammatical*, Paris, Éditions sociales, 1976, 638 p.

COLIN, Jean-Paul. *Nouveau dictionnaire des difficultés du français*, Paris, Hachette-Tchou, 1970, 857 p.

GIRODET, Jean. *Dictionnaire du bon français*, Paris, Bordas, 1981, 896 p.

GREVISSE, Maurice. *Le Bon Usage. Grammaire française avec des remarques sur la langue française d'aujourd'hui*, 10e éd., Gembloux, Éditions J. Duculot, 1975, 1322 p.

Il s'agit d'une grammaire très complète et préparée avec le plus grand soin. On y trouve réponse à tous les problèmes qui touchent la correction du langage dans toutes ses nuances. L'auteur respecte l'usage et présente les divergences de pratique entre les divers auteurs, ce qui parfois rend difficile la solution des questions délicates. Au début, la consultation de l'ouvrage peut paraître quelque peu difficile; mais une fois que l'on s'est familiarisé avec l'index, on y trouve assez facilement les réponses aux problèmes soulevés. On se plaît à dire qu'elle est «la plus classique et la plus consultée de toutes les grammaires françaises, un trésor grammatical irremplaçable!»

Autres ouvrages à consulter:

GREVISSE, Maurice et André GOOSSE. *Nouvelle grammaire française*, Paris-Gembloux, Éditions Duculot, 1980, 352 p.

GREVISSE, Maurice. *Le français correct*, Gembloux, Duculot, 1973, 400 p.

LE BIDOIS G. et R. LE BIDOIS. *Syntaxe du français moderne*, Paris, Picard, 1967, 1971, tome premier 560 p., tome deux 794 p.

COLPRON, Gilles. *Dictionnaire des anglicismes*, Montréal, Beauchemin, 1982, 199 p.

Il s'agit d'une édition mise à jour et fortement augmentée de l'ouvrage: *Les anglicismes au Québec, répertoire classifié* publié en 1970. La présentation a été améliorée dans un souci pratique et pédagogique. Cet ouvrage, à la fois descriptif et normatif, est consacré aux emprunts anglo-américains dans le français canadien. Il porte sur la langue courante et sur un certain nombre de termes techniques et spécialisés. Le dictionnaire se divise en trois parties: la première traite des anglicismes de sens et locutions calquées; la deuxième, des anglicismes de vocabulaire (mots qui ne font pas partie du lexique français); la troisième, enfin, regroupe les autres types d'anglicismes (syntaxiques, morphologiques, phonétiques et graphiques).

Il s'agit là d'un outil de référence fort utile à consulter en cas de doute. On peut regretter toutefois que l'auteur ne nous ait pas fourni d'index général, s'étant contenté d'un index par domaine des termes spécialisés: ceci rend quelque peu difficile la consultation de l'ouvrage.

Autres ouvrages à consulter:

DAGENAIS, Gérard. *Dictionnaire des difficultés de la langue française au Canada*, Boucherville, Éditions françaises, 1984, 523 p.

DUBUC, Robert. *Objectif 200. Deux cents fautes de langage à corriger*, Ottawa, Les éditions «Ici Radio-Canada» en collaboration avec les Éditions Leméac inc., 1971, 133 p.

BESCHERELLE 1: *L'art de conjuguer; dictionnaire de douze mille verbes*, nouv. éd. ent. remise à jour, Montréal, Hurtubise, HMH, 1980, 157 p.

Il s'agit d'un ouvrage dont l'objet est de résoudre les difficultés qui surgissent sur le plan des conjugaisons. Ce dictionnaire présente les quelque 12 000 verbes les plus usuels. Il prend la forme d'une courte grammaire du verbe, comprenant un tableau de conjugaison de tous les verbes-types, un index des 12 000 verbes classés par ordre alphabétique avec, pour chacun d'eux, renvoi au verbe-type qui fournit la clef de sa conjugaison, de même que des notes explicatives pour les exceptions et les verbes irréguliers.

BÉNAC, Henri. *Dictionnaire des synonymes*, Paris, Hachette, 1975, 1026 p.

Parmi les différents dictionnaires de synonymes, celui de Bénac est sans doute un des meilleurs. Il s'agit d'un manuel pratique, facile à consulter, aussi clair que possible. Son objet est d'aider les rédacteurs à trouver le mot juste qui peut le mieux exprimer leur pensée. Un très grand nombre de notions y sont fournies sous forme de mots-vedettes, et à chacune de ces entrées, il est fait mention des synonymes et quasi-synonymes, dont les nuances sémantiques sont indiquées avec précision grâce à des exemples abondants.

Autre ouvrage à consulter:

GENOUVRIER, E, C. DÉSIRAT et T. HORDE, *Nouveau dictionnaire des synonymes*, Paris, Larousse, 1977, 570 p.

GOURIOU Ch. *Mémento typographique*. Édition nouvelle entièrement révisée, Paris, Hachette, 1973, 122 p.

Il s'agit d'un ouvrage français qui fournit des réponses à bon nombre de questions que pose le bon usage typographique: emploi des majuscules, des abréviations, des sigles, des symboles, de la ponctuation et des italiques; coupure des mots en fin de ligne; écriture des nombres; correction d'épreuves, etc.

Autres ouvrages à consulter:

Code typographique: choix de règles à l'usage des auteurs et des professionnels du livre, 12e éd., Paris, Syndicat national des cadres et maîtrises du livre, de la presse et des industries graphiques, 1978, 121 p.

RAMAT, Aurel, éd. *Grammaire typographique*, Montréal, 1981, 96 p.

CAJOLET-LAGANIÈRE, Hélène. *Le français au bureau*, Office de la langue française, Québec, Éditeur officiel du Québec, 1982, 192 p.

Publié par l'Office de la langue française, *Le français au bureau* a été conçu dans le but d'uniformiser les usages en matière de correspondance administrative et commerciale. Il se subdivise en trois parties: règles et usages de la correspondance et exemples de rédaction administrative; problèmes courants de vocabulaire et de grammaire; problèmes d'écriture tels que l'emploi des majuscules, des sigles, des symboles, des abréviations, de la ponctuation, etc.; enfin, quelques conseils relatifs au protocole téléphonique. Il s'agit là d'un ouvrage de base, dont la consultation est rapide et facile.

CLAS, André et Paul A. HORGUELIN. *Le français, langue des affaires*, 2ᵉ éd., Montréal, McGraw-Hill, 1979, 391 p.

Il s'agit d'un ouvrage québécois conçu comme un outil de référence pour tous ceux qui travaillent dans le monde des affaires. Il rappelle certaines notions pratiques de grammaire, de syntaxe, d'orthographe et de typographie. Une place importante est donnée à toutes les formes de rédaction administrative. Il est structuré autour de quatre grands axes: savoir lire, savoir écouter, savoir écrire et savoir dire. Il comprend une table des matières très détaillée et un index qui en facilite la consultation.

Autres ouvrages à consulter:

GANDOUIN, Jacques. *Correspondance et rédaction administratives,* 7ᵉ éd., Paris, Armand Colin, 1980, 359 p.

VAN COILLIE-TREMBLAY, Brigitte. *Guide pratique de correspondance et de rédaction*, Québec, Éditeur Officiel du Québec, 1976, 201 p.

5.3 Dictionnaires généraux et encyclopédies bilingues

MANSION, J.E. *Harrap's New Standard French and English Dictionary*, London, Harrap, 1980, 4 vol.

Ce dictionnaire constitue une révision complète du dictionnaire original de J.E. Mansion publié en 1934. Il s'agit d'un grand dictionnaire bilingue général anglais-français, français-anglais. Cette nouvelle édition témoigne d'un grand souci de précision et présente de nettes améliorations par rapport à la première édition. Les auteurs ont tenu compte de l'anglais parlé dans différentes parties du monde, spécialement aux États-Unis et en Grande-Bretagne. Les additions comprennent un nombre important d'expressions et de mots nouveaux découlant des récents progrès techniques et scientifiques. Cet ouvrage a pour but d'offrir aux usagers un vocabulaire étendu de l'anglais et du français modernes et de leur donner accès aux divers ouvrages littéraires, techniques et scientifiques actuels ou publiés dans le passé. Il s'adresse aussi bien aux spécialistes qu'à un public beaucoup plus large.

ROBERT-COLLINS. *Dictionnaire français-anglais, anglais-français* / Collins-Robert *French-English, English-French Dictionary*, Paris, Société du Nouveau Littré, London, Collins, 1978, 781 p.

Il s'agit d'un dictionnaire bilingue très maniable, doté d'un excellent système typographique. Le but de ce dictionnaire est d'offrir au lecteur une image fidèle et vivante de la langue telle qu'elle est utilisée actuellement dans les journaux, les revues, les ouvrages généraux, etc. La nomenclature du dictionnaire est par conséquent restreinte et se limite à décrire la langue contemporaine. Il se caractérise également par une impressionnante quantité d'expressions idiomatiques (plus de 100 000) et d'exemples qui illustrent les différentes situations concrètes de fonctionnement de ces mots et expressions dans la pratique courante de la langue actuelle. Notons également la présence, en annexe, d'une liste des abréviations courantes de l'anglais et du français, d'un tableau de conjugaison des verbes, d'une table des nombres, poids et mesures, etc.

5.4 Dictionnaires unilingues anglais

The Random House Dictionary of English Language. New York, Random House, 1971, XXXII, 2059 p.

Il s'agit essentiellement d'un dictionnaire de la langue du XXe siècle. Il présente une description objective du lexique anglais contemporain. Cet ouvrage comporte non seulement le vocabulaire commun de la langue parlée et écrite, mais également un grand nombre de termes techniques et scientifiques, de néologismes, de locutions et expressions idiomatiques qui caractérisent l'anglais contemporain. Les nombreux exemples et citations sont tirés de journaux, de magazines, de dictionnaires spécialisés et de divers autres ouvrages de référence. Ce dictionnaire ayant été conçu dans un but didactique, les auteurs en ont spécialement soigné la présentation afin d'en rendre la consultation facile et agréable.

WEBSTER'S New Twentieth Century Dictionary of the English Language Unabridged, Second Edition, Cleveland, Collins-World, 1978, pag. multiple.

Il s'agit de la nouvelle édition revue et augmentée du *Webster's New Twentieth Century Dictionary*. Toutes les entrées ont été entièrement revues et mises à jour. Le dictionnaire s'attache à décrire le lexique anglais dans sa plus grande extension, de façon à permettre aux utilisateurs la lecture de tout genre de textes, tant culturels que techniques. On a également apporté une attention particulière aux locutions et expressions figées qui caractérisent la langue anglaise. Les définitions des termes sont simples et claires et abondamment illustrées par des exemples qui en présentent le fonctionnement dans le discours parlé et écrit. Les articles fournissent de plus des indications quant à la prononciation, à l'étymologie, aux synonymes et antonymes, aux niveaux de langue.

5.5 Encyclopédies techniques et dictionnaires techniques généraux

Encyclopédie internationale des sciences et des techniques, s.l. Groupe des Presses de la Cité, 1969, 10 vol.

Cette encyclopédie s'adresse aux hommes de science, aux spécialistes, aux professeurs, aux étudiants et à toute personne qui s'intéresse ou qui prend part aux progrès de la recherche scientifique et technique. Elle regroupe dans une même oeuvre une somme de renseignements qui sont d'ordinaire disséminés dans un grand nombre d'ouvrages, traités, périodiques spécialisés, etc. Elle présente les principes fondamentaux, les applications les plus importantes, les découvertes les plus récentes relatives aux sciences mathématiques, physiques, chimiques, biologiques, médicales, naturelles, etc. et aux techniques diverses. Il s'agit évidemment là d'un travail de collaboration entre hommes de sciences, savants, experts, industriels, etc. Soulignons enfin que la consultation de l'encyclopédie est facilitée par une série de trois index. Une réserve: les articles sont parfois rédigés à partir de traductions.

Encyclopédie du bâtiment, Les techniques de construction, Paris, Eyrolles, Éditions techniques, 1981, 5 vol.

Il s'agit d'un ouvrage qui réunit l'ensemble des renseignements nécessaires aux praticiens (architectes, ingénieurs, entrepreneurs, etc.) dans le but de leur épargner de constantes recherches dans différents documents traitant du bâtiment. L'encyclopédie est structurée autour de sept grands axes: 1) les techniques de construction; 2) les techniques de pointe; 3) la rénovation de bâtiments anciens; 4) l'expertise et la pathologie des constructions; 5) les devis descriptifs; 6) la gestion d'un projet; 7) les détails et exemples d'architecture. Notons que l'ouvrage est doté d'une mise à jour permanente grâce à de nouveaux fascicules qui viennent s'ajouter régulièrement aux anciens. Des tables analytique et alphabétique facilitent la consultation de cette encyclopédie.

Techniques de l'ingénieur, Paris, Techniques de l'Ingénieur, 1948-

Cette immense encyclopédie spécialisée comporte plus de 67 volumes ou fascicules groupés autour de huit thèmes principaux et porte sur l'ensemble des techniques industrielles. Chaque volume ou fascicule traite d'une technique particulière et est préparé par les plus grands spécialistes du domaine. Il se compose d'articles de fond, de pages documentaires émanant d'entreprises et d'organismes spécialisés dans ce domaine, d'un lexique en quatre langues de la terminologie propre au sujet traité, d'une bibliographie fort complète et d'un index alphabétique qui en facilite la consultation. Soulignons que l'encyclopédie est dotée d'un système de mises à jour périodiques. On entend souvent dire qu'il s'agit là en quelque sorte d'une «bible» pour tous ceux qui travaillent dans quelque domaine technique que ce soit.

Parmi les autres ouvrages techniques de type encyclopédique, mentionnons:

Focus, *Dictionnaire des techniques*, Paris, Bordas, 1034 p.

Encyclopédie des sciences industrielles Quillet, Paris, Aristide Quillet, 1973, 4 vol.

Encyclopédie de l'électricité, Paris, Larousse, 1969, 2 vol.

Aide-mémoire technor (techniques de normalisation), Paris, Delagave, 20 titres.

Grand Larousse encyclopédique, Paris, Larousse, Supplément I et II, 1968 et 1975.

McGraw-Hill Encyclopaedia of Science and Technology, New York, McGraw-Hill, 1971, 14 vol.

Il s'agit d'une seconde édition revue et mise à jour, comprenant quelque 108 000 termes avec définitions et contextes, et plus de 3000 illustrations. L'objet de cette encyclopédie préparée par un comité de 29 spécialistes est de fournir le vocabulaire de base des sciences et des techniques, dans le but de faciliter les communications entre les spécialistes, les professionnels et le grand public intéressé par l'évolution et les progrès de la technique. L'encyclopédie fournit également une liste alphabétique des abréviations et des symboles pour chacune des disciplines scientifiques ou techniques, une présentation du système international d'unités, etc.

DORIAN, A.F. *Dictionary of Science and Technology, English-French*, Amsterdam, Oxford, New York, Elsevier Scientific Publishing Company, 1979, 1586 p.

Il s'agit d'un dictionnaire anglais-français dont le but est de présenter aux scientifiques et aux étudiants la terminologie d'une centaine de disciplines techniques et scientifiques; ingénierie, agriculture, astronomie, chimie, biologie, informatique, écologie, mathématiques, médecine, textiles, zoologie, etc. Il comprend quelque 150 000 termes minutieusement sélectionnés dans ce grand nombre de disciplines. L'auteur a respecté l'ordre alphabétique et donne pour chaque terme le domaine d'emploi auquel il se rattache, une définition claire et concise pour permettre au lecteur de bien en cerner le sens, et au besoin, les synonymes, antonymes et abréviations. Notons également quelque 2800 illustrations, graphiques et diagrammes clairs, précis et bien présentés.

WÜSTER, Eugen. *The machine tool. An interlingual Dictionary of Basic concepts — Dictionnaire multilingue de la machine-outil: notions fondamentales, définies et illustrées, présentées dans l'ordre systématique et l'ordre alphabétique*, London, Technical Press, 1968, pag. multiple.

Ce dictionnaire présente la terminologie de la machine-outil et plus particulièrement celle des notions fondamentales communes à toutes les machines ou à certaines d'entre elles. Cet ouvrage est le fruit des travaux de la Commission économique des Nations Unies pour l'Europe (CEE). Le but était de faciliter le commerce international des machines-outils et des éléments qui les composent ainsi que de fournir une terminologie appropriée aux divers services publics et industries. Il s'agit là d'un outil de référence d'une exceptionnelle qualité. Il a été établi à partir de normes internationales et traite quelque 1400 notions fondamentales. On y trouve des définitions claires et précises en anglais et en français pour chacune des notions; elles sont le plus souvent accompagnées d'illustrations. Pour faciliter la consultation de l'ouvrage, on y a ajouté deux index alphabétiques (index des termes anglais, index des termes français).

Autre ouvrage à consulter en mécanique appliquée:

BOISSIER, R.D. *Dictionnaire technique des fabrications mécaniques*, Paris, Desforges, 1975, 198 p.

GERRISH, Howard H. *Gerrish's Technical Dictionary: Technical Terms Simplified,* Homewood, Goodheart-Willcox, 1968, 368 p.

Il s'agit d'un dictionnaire dont le but est de présenter, d'une manière claire et simplifiée, les termes de base relatifs au vocabulaire technique général. Pour chacun des termes présentés, l'auteur donne le domaine et le sous-domaine d'emploi ainsi qu'une définition précise et concise. Ce petit dictionnaire constitue un outil de référence unilingue très dense, fort bien fait et d'une consultation rapide, facile et sûre.

Autres ouvrages à consulter en technique générale et spéciale:

BELLE-ISLE, Gérard. *Dictionnaire technique général anglais-français*, 2ᵉ éd., Montréal, Beauchemin, 1977, 552 p.

COMMISSARIAT À L'ÉNERGIE ATOMIQUE. *Dictionnaire des sciences et des techniques nucléaires*, 2ᵉ édition, Paris, PUF, 1967, 425 p.

GINGUAY, M. *Dictionnaire d'informatique, anglais-français*, 5ᵉ édition, Paris, Masson, 1979, 208 p.

GINGUAY, M. *Dictionnaire d'informatique, français-anglais*, Paris, Masson, 1972, 152 p.

MAIGORN, Guy. *Dictionnaire technique anglais-français: machines-outils, mines, travaux publics, moteur à combustion interne, aviation, électricité, TSF, constructions navales, métallurgie, commerce*, Paris, Gauthier-Villars, 1976, 490 p.

MOUREAU, M. et G. DE BRACE. *Dictionnaire technique du pétrole anglais-français, français-anglais*, 2ᵉ édition, Paris, Technip, 1979, 946 p.

PIRAUX, H. *Dictionnaire anglais-français des termes relatifs à l'électronique, à l'électro-technique et aux applications connexes*, 12ᵉ édition, Paris, Eyrolles, 1978, 390 p.

SELL, Lewis L. *Comprehensive technical Dictionary of the Automobile and Allied Industries, English-French*, New York, The International Dictionary Company, 1932, 768 p.

À consulter également les quelque cent lexiques et vocabulaires publiés par l'Office de la langue française.

MOLHO, Emmanuel. *The Dictionary Catalog*, New York, French and Spanish Book Corporation, 1980, 174 p.

Il s'agit d'un outil bibliographique dont le but est de guider ceux qui doivent acheter l'un ou l'autre dictionnaire technique ou encyclopédique. Il s'adresse aux traducteurs et interprètes, aux professeurs et étudiants, aux professionnels et spécialistes, aux éditeurs et libraires, etc. Les ouvrages retenus sont classés autour de quatre grandes parties: les humanités, les sciences sociales, les sciences pures et appliquées, et les dictionnaires généraux et encyclopédies.

Parmi les bibliographies constituées en ouvrages, mentionnons également:

POTTIER, M. *Bibliographie sélective du traducteur*, Montréal, Linguatech, 1977, 106 p.

WÜSTER, E. *Bibliographie de vocabulaires scientifiques et techniques monolingues*, Unesco, 1955, 219 p.

Bibliographie de dictionnaires scientifiques et techniques multilingues, Unesco, 1969, 250 p.

CENTRE NATIONAL DE LA RECHERCHE SCIENTIFIQUE, ILF. *Répertoire des dictionnaires scientifiques et techniques 1950-1975*, Paris, CILF, 1978, 590 p.

5.6 Quelques périodiques

CFP — Chaud — Froid — Plomberie, Paris, Éditions parisiennes, 1947.

La revue mensuelle française *Chaud - Froid - Plomberie* est la revue par excellence de l'installateur spécialiste du chauffage, de la réfrigération et de la tuyauterie. Elle traite de chauffage, de ventilation, de climatisation, d'énergies nouvelles, d'installations sanitaires et de plomberie. Chaque numéro présente plusieurs articles de fond sur un sujet déterminé, des informations générales, des reportages, des précisions sur les nouvelles normes, des informations relatives aux nouveautés technologiques, etc.

Usine nouvelle (édition hebdomadaire, mensuelle et annuelle), Paris, Compagnie européenne d'éditions, 1896.

La revue *Usine nouvelle* est le premier mensuel industriel français. Elle contient beaucoup d'articles concernant la gestion de l'entreprise. Elle présente également des articles de fond relatifs aux sciences et aux techniques. Il s'agit d'une revue fort intéressante et renfermant de nombreux renseignements touchant la technique et la gestion des différentes industries en France.

Achats et Entretien — équipement industriel, Paris, Achats et entretien, 1951.

Cette revue constitue l'organe officiel de l'Association française des ingénieurs et chefs d'entretien. On y retrouve donc, écrits par des spécialistes, articles de fond, reportages, études sur les nouveautés techniques, etc., en ce qui a trait à la description, au fonctionnement et à l'entretien de l'équipement industriel.

Autres revues à consulter:

Informations-Chimie, Paris, Société d'expansion technique et économique S.A., 1963. (C'est la grande revue française en matière de chimie.)

L'installateur; chauffage, plomberie, couverture, génie climatique, Paris, Éditions G.M. Perrin 1949.

Industries et techniques; le magazine de l'innovation industrielle et technique, Paris, Compagnie française d'édition, 1954.

Pages annexes

ANNEXE A

PROCESSUS INTELLECTUEL DE RÉDACTION
DE RAPPORTS TECHNIQUES

A. TRAVAIL PRÉPARATOIRE À LA RÉDACTION DU RAPPORT

1. Délimitation précise du sujet

— Analyse de l'énoncé exprimant l'objet du rapport (analyse sémantique et syntaxique), d'où doit résulter une parfaite connaissance du mandat confié et de la nature, explicative ou critique, du rapport.

— Analyse du cadre dans lequel se situe le rapport, d'où doit résulter une bonne connaissance du destinataire du rapport, des objectifs proches et lointains que l'on vise, etc.

2. Élaboration du plan de travail provisoire

À partir de la délimitation précise du sujet, de l'expérience du spécialiste et, au besoin, de la table des matières d'ouvrages spécialisés concernant le sujet étudié, découverte des points essentiels à discuter et des différentes questions à se poser.

3. Collecte de la documentation

— Choix de la documentation: données techniques recueillies, enquêtes, ouvrages, consultations, etc.

— Dépouillement de la documentation, d'où doit résulter la sélection des éléments directement reliés au sujet de l'étude:

- repérage, énonciation et description des faits (méthode du fichier);
- analyse et classement des faits;
- première expression d'idées, de constatations et de jugements découlant de l'analyse des faits.

4. Élaboration du plan détaillé (plan de rédaction)

— Sélection et mise en ordre des éléments qui se rapportent au sujet traité.

— Distribution des éléments et énonciation des grandes idées directrices du rapport à partir du plan provisoire, de l'analyse et du classement des faits et de l'énonciation des idées, constatations, jugements, etc.

— Agencement des idées directrices et secondaires pour en tirer une démonstration (enchaînement logique et progressif).

B. STRUCTURE D'ENSEMBLE DU RAPPORT

1. Introduction

— Entrée en matière, prise de contact avec le destinataire.

— Présentation du sujet d'étude, des buts poursuivis par le rapport.

— Explication de la structure du rapport à partir de la logique de la table des matières.

— Description de la méthode de travail utilisée.

— Éventuellement: brève description des travaux antérieurs relatifs au sujet, ce qui peut faire ressortir le caractère original et intéressant du rapport.

2. Développement

— Rédaction du texte en suivant pas à pas les étapes prévues par le plan détaillé, d'où doivent résulter:

  • l'exposition des idées principales (couvrant l'ensemble de la question);
  • l'exposition des idées secondaires (couvrant chacune des idées principales);
  • l'exposition des faits (pour prouver chacune des idées émises);
  • des conclusions partielles découlant de l'analyse ou de la démonstration de chacune des idées principales émises;
  • le tout découpé en parties, chapitres, paragraphes, etc.

3. Conclusion finale du rapport

— Résumé ou synthèse du rapport (récapitulation du raisonnement suivi tout au long du rapport, de façon à s'assurer que toutes les questions soulevées dans l'introduction ont été traitées).

— Présentation des propositions si la nature du rapport en demande, et précisions quant à leur application.

— Remise éventuelle du sujet d'étude dans un contexte plus large.

ANNEXE B

LA PRISE DE NOTES

La capacité de prendre des notes est une qualité essentielle de tout rédacteur. La valeur du travail fini est toujours fonction du soin avec lequel les notes ont été prises.

Il existe deux situations principales où l'on est obligé de prendre des notes: la première, lorsque l'on doit produire un travail de recherche tel que mémoire, thèse, rapport technique ou administratif, plaidoirie, etc.; la seconde, lorsque l'on assiste à un exposé oral (conférence, cours, etc.) ou que l'on doit rédiger le compte rendu ou le procès-verbal d'une séance.

Dans les deux cas, il s'agit de repérer les idées pertinentes et de les consigner par écrit de la façon la plus concise possible.

Le traitement de l'information recueillie variera selon la situation dans laquelle on se trouve. Dans le cas du procès-verbal ou du compte rendu, il s'agira simplement de mettre en forme les notes recueillies et de les présenter selon les exigences de ce type de communication (V. chap. I, par. 1.3 et 1.4). S'il s'agit de notes de cours ou de notes prises lors d'une conférence, le rédacteur trouvera avantageux de les consigner par la suite sur des fiches dont chacune ne traitera qu'une idée particulière. Enfin, en ce qui concerne le travail de recherche, les notes sont le plus souvent prises directement sur des fiches, dont le classement se fera selon les rubriques du plan de travail. (V. chap. II, par. 2.2.4).

Les éléments qui doivent figurer sur les fiches sont les suivants:

— la **source** exacte du renseignement (titre d'un cours, nom d'un expert, référence bibliographique, etc.);

— un **titre** ou un **mot-vedette** qui caractérise l'information recueillie et qui permettra de classer la fiche, et éventuellement, de la rattacher à telle ou telle rubrique du plan de rédaction;

— **l'idée** ou **l'information recueillie**, qui peut prendre deux formes différentes:

  • ou bien il s'agit d'une **citation**, et dans ce cas, on veillera à mettre le texte entre guillemets et à le reproduire fidèlement; si l'on doit en omettre une partie, on signale l'omission par des points de suspension placés entre crochets;

- ou bien il s'agit d'un **résumé personnel** où l'on s'efforce de condenser dans ses propres termes l'essentiel de l'idée exprimée par quelqu'un d'autre, ce qui exige un travail soigneux d'analyse et de synthèse et favorise une première assimilation de la matière;

— une **remarque** ou un **commentaire personnel**, si on le juge à propos, notamment lorsque l'on veut faire le lien avec d'autres informations recueillies ou consigner un jugement ou une conclusion;

— éventuellement, la **date de rédaction de la fiche** ainsi que son **numéro** dans le cas où l'on utilise un système de numérotation.

Quelques conseils relatifs à la prise de notes

- Le système le plus commode consiste à toujours utiliser des fiches: elles se manipulent plus aisément que des feuilles volantes et sont plus faciles à classer et à consulter.

- Les informations consignées sur une fiche ne doivent se rapporter qu'à un seul sujet.

- Toutes les fiches doivent être présentées de façon rigoureusement uniforme pourvues de marges suffisantes et remplies d'un côté seulement.

- Il est toujours à conseiller enfin de se doter d'un système d'abréviations personnelles et de s'y tenir de façon constante.

ANNEXE C

	RÉVISION NO	DATE
PR-00-8207 Procédure de révision de rapports techniques[1]		
	APPR. ADM.	DATE

Objectif

     La révision du rapport est une étape très importante qui doit être faite avec beaucoup de soin et de minutie. Elle consiste, d'une part, à vérifier le contenu du rapport (argumentation, affirmations, propositions, etc.) ainsi que les données chiffrées (tableaux, graphiques, etc.). Elle implique, d'autre part, une révision du texte aux points de vue grammatical, orthographique et terminologique (précision du vocabulaire). Enfin, il faut vérifier l'uniformité et la qualité de la présentation du rapport.

     Le but de cette révision est donc de s'assurer que le rapport est complet, bien rédigé et bien présenté.

Période d'application

     Tout rapport doit être vérifié à ces trois niveaux du contenu, de la qualité de la langue et de l'uniformité de la présentation avant la remise du rapport à son destinataire.

Indications pour la révision du texte

     Lorsque la rédaction du rapport est terminée, l'auteur doit se poser un certain nombre de questions et vérifier:

---

1. La même procédure s'applique à la révision de n'importe quel autre texte écrit (manuel, devis, norme, mémoire, etc.).

303

RÉVISION NO	DATE

PR-00-8207
Procédure de révision de rapports
techniques

APPR. ADM.	DATE

— si le rapport n'est pas trop long et si certaines parties ne pourraient être réduites sans nuire à la clarté et à l'exactitude de l'exposé;

— si les parties, chapitres, divisions, paragraphes et alinéas sont suffisamment nombreux et variés;

— si les titres et sous-titres sont précis, concis, attrayants et placés de façon appropriée;

— si le système de numérotation est suffisamment clair et précis;

— si les tableaux, graphiques, etc. sont pertinents et bien présentés et si les données qu'ils contiennent sont exactes;

— si l'articulation du texte est bien marquée par des transitions;

— si l'introduction, le développement et la conclusion sont bien structurés (vérifier la concordance entre l'introduction et la conclusion);

— si les hypothèses, affirmations, jugements, déductions et conclusions sont clairement exprimés;

— si les citations, notes, etc. s'enchaînent bien avec le texte et si leurs références sont précises et bien présentées;

— si les annexes sont bien présentées;

— si les pages de couverture et de présentation sont attrayantes et appropriées.

	PR-00-8207 Procédure de révision de rapports techniques	RÉVISION NO	DATE
		APPR. ADM.	DATE

En ce qui a trait à la langue, il y a lieu de vérifier:

— si les phrases sont bien construites, suffisamment courtes et variées et ne développent qu'une seule idée;

— si le vocabulaire utilisé est correct et adapté au public à qui est destiné le rapport;

— s'il y a uniformité dans l'utilisation des temps des verbes, et si la priorité a été accordée au temps présent;

— si l'on a utilisé le concret plutôt que l'abstrait;

— s'il y a uniformité dans l'écriture des nombres (chiffres et lettres);

— si l'on a préféré la voix active à la voix passive;

— si l'on a évité les redondances inutiles;

— si l'on a respecté l'orthographe française (y compris les accords de verbes);

— si la ponctuation utilisée est judicieuse;

— si l'on a mis les accents sur les majuscules;

— si l'on a respecté les règles du trait d'union;

— si l'on a utilisé d'une manière uniforme les majuscules, sigles, symboles, abréviations, etc.

		RÉVISION NO	DATE
	PR-00-8207 Procédure de révision de rapports techniques	APPR. ADM.	DATE

Une fois le texte dactylographié, il importe de refaire les vérifications prévues ci-dessus et en outre:

— de corriger les erreurs purement typographiques qui auraient pu s'y glisser;

— de vérifier avec le manuscrit ou l'exemplaire original l'exactitude
a) des mots difficiles du texte;
b) des chiffres;
c) des mots étrangers;
d) des symboles et abréviations;
e) des références, etc.;

— de s'assurer que la pagination et la numérotation des titres et sous-titres sont correctes, uniformes et bien placées;

— de contrôler si la table des matières et l'index renvoient bien aux pages exactes et si les titres présentés sont conformes à ceux du texte;

— de vérifier si aucune page ne commence par la dernière ligne d'un alinéa et si aucun mot n'est coupé à la fin d'une page;

— de s'assurer que les marges et les interlignes sont suffisants pour permettre au lecteur d'annoter le texte;

— de s'assurer que les formulaires, imprimés, etc., sont utilisés conformément aux instructions du destinataire.

Personnes concernées

La première personne concernée est évidemment le rapporteur lui-même, ou encore, le groupe de personnes responsables, si le rapport est le

	PR-00-8207 Procédure de révision de rapports techniques	APPR. ADM.	DATE
		RÉVISION NO	DATE

fruit d'un travail collectif. Ceux qui signent le rapport doivent donc s'assurer de sa révision.

Le personnel de secrétariat peut également apporter une aide précieuse, particulièrement en ce qui a trait à l'uniformité et à la qualité de la présentation.

Il est enfin important qu'une ou plusieurs personnes de la Direction revoient le texte en ce qui concerne le contenu et les propositions, surtout lorsque le rapport engage la responsabilité de l'entreprise.

ANNEXE D
Exemple de rapport technique

 **MÉDIA TOUT INC.**

Chicoutimi, le 20 octobre 19..

UTILISATION DES PARCS DE STATIONNEMENT MUNICIPAUX
DU CENTRE-VILLE DE CHICOUTIMI

RAPPORT D'ENQUÊTE

Introduction

En mars dernier, l'Association des marchands du centre-ville de Chicoutimi a confié à la firme Média Tout inc. le mandat d'effectuer une enquête relative à l'utilisation des parcs de stationnement municipaux du centre-ville de Chicoutimi.

Après avoir procédé à un inventaire exhaustif des parcs de stationnement et de leur capacité, nous avons conçu un plan d'enquête, élaboré un questionnaire et déterminé un plan d'échantillonnage.

Le questionnaire a été validé par une pré-enquête effectuée en avril dernier. Pour l'enquête proprement dite, nous avons retenu un échantillon de 500 personnes, choisies au hasard et distribuées compte tenu de la capacité des divers parcs de stationnement.

Par ailleurs, nous avons compilé les données recueillies entre le 15 mars et le 15 mai par les employés de la ville affectés aux guérites de contrôle. Ces données proviennent des tickets de stationnement: ceux-ci nous renseignent sur le nombre de véhicules qui ont occupé les parcs ainsi que sur leurs heures d'arrivée et de départ.

...2

308

Toutes les informations recueillies lors de l'enquête ainsi que celles transmises par les employés municipaux ont été traitées par ordinateur et rassemblées sous forme de tableaux et de graphiques.

Dans le présent rapport, nous fournissons les différents pourcentages relatifs à l'occupation des parcs de stationnement du centre-ville en fonction des heures de la journée et des jours de la semaine. Nous traçons également le profil des usagers et indiquons les principales causes de satisfaction et d'insatisfaction relevées chez ceux-ci. Nous formulons enfin quelques recommandations afin d'améliorer l'état de la situation actuelle. Nous présentons en annexe l'ensemble des données recueillies et compilées ainsi que le texte du questionnaire utilisé pour l'enquête.

1. Distribution des usagers selon les heures du jour

Le graphique ci-dessous illustre la distribution des usagers en fonction de l'heure de la journée.

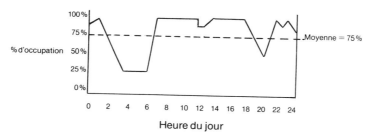

Heure du jour

Il est important d'observer que tous les parcs de stationnement sont utilisés à 100 % entre 8 h et 12 h, entre 14 h et 18 h ainsi qu'à 22 h et 23 h. Mentionnons que le taux moyen d'occupation est de 75 %.

...3

2. Distribution des usagers selon les jours de la semaine

Le graphique présenté ci-dessous nous indique la distribution de l'utilisation des parcs de stationnement en fonction du jour de la semaine.

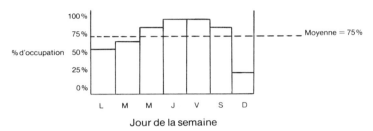

Jour de la semaine

Nous observons une très forte utilisation les jeudis et vendredis, alors que les terrains sont à peu près déserts le dimanche. On note en outre que les plus fortes occupations ne coïncident pas avec la semaine normale de travail; on les relève en effet les mercredis, jeudis, vendredis et samedis.

3. Distribution des véhicules selon la durée de stationnement

La compilation des durées d'utilisation des terrains de stationnement nous a permis de dresser le tableau suivant.

Temps d'occupation	% de véhicules
0 — 1 h	20 %
1 h — 2 h	20 %
2 h — 4 h	10 %
4 h — 8 h	40 %
plus de 8 h	10 %

Nous remarquons que 40 % des véhicules stationnent pendant moins de deux heures et 50 %, pendant moins de quatre heures.

...4

310

4. Profil des usagers

L'enquête nous a permis de déterminer que 60 % des usagers étaient des femmes, et 40 %, des hommes. D'autre part, 10 % ont moins de 25 ans, 25 % ont entre 26 et 40 ans, 50 % ont entre 41 et 60 ans, et 15 % ont plus de 60 ans.

De plus, les personnes qui stationnent dans les terrains du centre-ville sont:

— des travailleurs du centre-ville (30 %);

— des clients des boutiques et des magasins (30 %);

— des clients des restaurants (20 %);

— des clients des bars, discothèques, cinémas et autres établissements de divertissement (20 %).

5. Objets de satisfaction des usagers

L'enquête révèle que plus de 80 % des usagers sont satisfaits des tarifs de stationnement. Les tarifs privilégiés accordés aux travailleurs du centre-ville les incitent à utiliser leur véhicule pour se rendre au travail.

Les tarifs forfaitaires qui s'appliquent après 18 h recueillent également la faveur du public (plus de 80 % des personnes interrogées).

Enfin, les terrains de stationnement à plusieurs étages sont considérés par la majorité des gens comme un avantage réel du centre-ville par rapport aux centres commerciaux, spécialement en hiver.

6. Causes d'insatisfaction des usagers

Au centre-ville, la plus grande cause d'insatisfaction réside dans le fait que les parcs sont toujours complets entre 8 h et 12 h ainsi qu'entre 14 h et 18 h. De plus, les périodes d'attente à la sortie aux heures de pointe constituent un élément d'insatisfaction pour plus de 75 % des personnes interrogées.

...5

Trois autres éléments ont également été relevés: la déficience, en plusieurs endroits, du marquage des lignes blanches; la lenteur du déneigement en hiver; le manque de surveillance policière, qui entraîne de nombreux vols avec effraction dans les véhicules en stationnement.

Conclusion et recommandation

À la lumière des résultats de l'enquête menée auprès de 500 usagers des terrains de stationnement municipaux du centre-ville de Chicoutimi, et compte tenu de la compilation des données recueillies par les employés municipaux chargés de percevoir les droits de stationnement, il ressort clairement qu'il y a lieu de corriger certaines situations. En effet, aucun espace de stationnement n'est disponible au centre-ville entre 8 h et 12 h, entre 14 h et 18 h de même qu'aux environs de 22 h et 23 h. Il y a donc nécessité de passer à l'action très rapidement pour éviter le risque d'affaiblir ou même de mettre en péril l'activité économique dans ce secteur névralgique de la ville.

Afin de remédier à cette situation, plusieurs solutions peuvent être envisagées.

La première consisterait à aménager un ou plusieurs autres parcs de stationnement dans le secteur.

Toutefois, étant donné que 30 % des usagers des parcs de stationnement sont des travailleurs du centre-ville, il serait beaucoup plus avantageux et beaucoup plus efficace à court terme de les convaincre d'utiliser le système de transport en commun ou de recourir au co-voiturage. Cette solution exigerait une vaste campagne de publicité mettant en valeur les avantages du transport en commun. Cette campagne pourrait être assortie d'une hausse des tarifs de stationnement, qui pourrait atteindre 50 %.

Média Tout inc.

Liliane Paré

Liliane Paré, sociologue

Mario Ledoux

Mario Ledoux, ingénieur industriel

APPENDICE 1

Rapport de stage

Le stage a souvent une importance considérable dans la formation d'un professionnel. Il complète de façon pratique tout l'enseignement théorique reçu dans les collèges et universités. En outre, il permet souvent aux praticiens d'approfondir leurs connaissances ou de s'engager dans de nouvelles avenues.

Quel que soit le type du stage, son apport est irremplaçable, car l'immersion totale dans un milieu de travail peut faire acquérir en très peu de temps des connaissances d'une grande utilité pour la pratique d'un métier ou d'une technique.

Pour assurer au stage sa pleine efficacité, il est indispensable qu'il soit couronné par la rédaction d'un rapport. Celui-ci doit répondre à trois objectifs:

1. Description du stage;
2. Établissement d'un bilan des acquis sur les plans professionnel et humain;
3. Prise de position sur les résultats du stage et sur ses prolongements éventuels.

On atteindra ainsi le double but du rapport de stage: d'une part, il s'agit pour le stagiaire d'un excellent exercice de réflexion et de rédaction qui lui permet de faire le point sur son expérience; d'autre part, il constitue pour les différentes parties intéressées une source de renseignements qu'elles pourront ultérieurement exploiter avec profit.

Le rapport de stage peut se présenter sous différentes formes. Nous proposons à titre d'exemple le plan type suivant.

1. Description du stage

— Description du cadre dans lequel le stage s'insère (stage universitaire, échange international, etc.).
— Identification et description sommaire de l'organisme où se fait le stage (activité, spécialisation, organisation, situation économique, etc.).
— Éventuellement: raisons pour lesquelles le stagiaire a choisi d'effectuer ce stage.

2. Expérience acquise

— Description des tâches accomplies.
— Identification des acquis (apprentissage de nouvelles techniques, perfectionnement de la formation générale, etc.).
— Description de l'expérience humaine (accueil, qualité des relations avec les collègues et les supérieurs, difficultés éventuelles d'adaptation, etc.).

3. Résultats

— Jugement porté sur la valeur du stage.
— Suggestions quant aux suites à donner au stage.
— Formulation d'intentions quant à l'utilisation ultérieure par le stagiaire de ses nouvelles connaissances.

Certaines écoles ou entreprises exigent en outre que le stagiaire traite, de façon relativement détaillée, de l'expérience acquise sur un point technique particulier. Ce rapport technique peut s'intégrer (après le paragraphe «expérience acquise») au rapport dont il vient d'être question. Mais il peut aussi faire l'objet d'un document distinct. Dans les deux cas, il sera élaboré selon la méthodologie décrite dans le présent ouvrage. Le rédacteur veillera à respecter le caractère confidentiel de certains renseignements obtenus au cours du stage.

APPENDICE 2

Protocole de correction de textes
(spécialement correction d'épreuves d'imprimerie)

Règles générales

1. La règle d'or à laquelle doit s'astreindre le correcteur est d'être limpide. Toute correction doit être dépourvue de la moindre ambiguïté. Il existe un certain nombre de signes conventionnels indiqués ci-dessous. En général, on s'y tiendra. Mais en cas de besoin, on n'hésitera pas à en employer d'autres, tels que flèches, ratures, etc. accompagnés des instructions et commentaires voulus (en respectant la règle n° 5).

2. Le correcteur utilisera toujours une encre d'une couleur différente de celle où se présente le texte à corriger. C'est presque toujours le rouge qui s'impose pour les corrections.

3. En principe, toute correction comporte:
   a) dans le texte lui-même, un signe spécifique de repérage;
   b) dans la marge, la reproduction du même signe;
   c) dans la marge, si le signe n'est pas suffisamment clair par lui-même, l'indication de la rectification à apporter au texte ou un commentaire permettant la rectification (V. règle n° 5).

4. En principe, le signe de repérage renvoyé dans la marge est *précédé* de la correction.

5. Tout commentaire que l'on porte dans la marge (et qui ne doit donc pas être reproduit dans le texte) doit être encerclé d'un trait continu.

6. En principe, les corrections se font dans la marge de droite. Si l'on doit faire deux ou plusieurs corrections pour une même ligne, on les indique les unes à la suite des autres dans le prolongement de ladite ligne, dans l'ordre où les fautes apparaissent à la lecture. Si, pour une raison quelconque, on doit faire les corrections dans la marge de gauche, on indique la première correction le plus près du texte et l'on va à reculons, vers la gauche, pour les corrections subséquentes.

Signes conventionnels de correction

1. Suppression

Symbole: ℌ   (le deleatur)
Si l'on doit supprimer *un caractère* (lettre ou signe de ponctuation),
on le barre dans le texte (/) et l'on inscrit dans la marge: ℌ/

▶ usines   ℌ/

Si l'on doit supprimer *un mot ou un groupe de mots*, on le barre
dans le texte par le signe ⊢—⊤ et l'on inscrit dans la marge: ℌ ⊢—⊤

▶ Les |les| résultats   ℌ ⊢—⊤

2. Remplacement

On procède comme au n° 1, mais dans la marge, on ajoute avant le
signe / ou ⊢—⊤ la forme correcte qui doit remplacer la forme
fautive barrée:

▶ étais   t/
    était   ɔ/
    rendu   arrivé ⊢—⊤

N.B. Il arrive parfois que dans un texte imprimé, une ou plusieurs
lettres soient retournées. On a, par exemple, ǝ au lieu de e. Il existe
un symbole spécial pour corriger cette erreur: Ǝ :

▶ pǝtit   ǝ/

En fait, ce symbole est inutile, et il suffit de faire, comme pour un
remplacement ordinaire:

▶ pǝtit   e/

3. Addition

Symbole: λ

Quand il faut ajouter une lettre (ou plusieurs lettres) à l'intérieur d'un mot, on met le symbole λ dans le texte à l'endroit où se trouve la faute et on reporte la correction en marge:

▶ il|isible   *l*λ
   exige|nt   *a*λ
   un is|me   *th*λ

On procède de même pour ajouter un signe de ponctuation, un mot ou un groupe de mots:

▶ Je suis d'accord|dit-il.   *,*λ
   Je|d'accord   *suis*λ

4. Erreurs de caractères

Il est question ici des majuscules et des minuscules, des caractères romains et italiques, ainsi que des différents corps de caractères. On entoure d'un cercle le ou les caractères erronés et l'on donne en marge le commentaire qui permettra la correction:

▶ il avait   (rom.)
   il sortit son revolver   (rom.)
   ce qu'on appelle un check-up   (ital.)
   les américains[1]   (cap.)
   les journaux Américains[1]   (bdc.)

N.B. Quand il s'agit de remplacer une minuscule par une majuscule ou *vice versa*, on peut procéder comme pour un remplacement ordinaire (n° 2 ci-dessus):

▶ les américains   A/
   les journaux Américains   a/

---

1. En jargon d'imprimerie, on dit traditionnellement «capitales» pour «majuscules» et «bas de casse» pour «minuscules».

Si les deux formes sont identiques, on veillera à faire la minuscule très petite et l'on soulignera trois fois la majuscule:

▶ les ∫uisses
les journaux ∫uisses

5. Espacements horizontaux

Les deux symboles fondamentaux sont:
pour l'élargissement: =
pour le rétrécissement: ∪ (généralement doublé: ⊙)

S'il faut ajouter un espace, on met une barre à l'endroit voulu, et en marge, on inscrit le symbole ≠ :

▶ La∣correction des épreuves

S'il faut réduire l'espacement, on met dans le texte une barre à l'endroit voulu, et en marge, on inscrit ⌢∫ :

▶ Il nous a dit: «Venez chez moi.∕»

S'il faut réduire l'espacement tout en laissant un espace entre deux mots, on utilise le symbole ✕ et on inscrit en marge le symbole ✕ :

▶ Tout a été dit à ce ✕ sujet.

✕

6. Espacements verticaux

Pour la largeur des interlignes, les symboles sont les mêmes que pour l'espacement horizontal, mais ils sont placés verticalement au lieu de l'être horizontalement.
On aura donc:
pour l'élargissement de l'interligne: ‖
pour le rétrécissement de l'interligne: ⊃

On précisera évidemment par une note en marge (note encerclée, V. règle n° 5) à combien de lignes on veut augmenter ou réduire l'interligne, sauf si la chose va de soi:

▶ Nous avons ainsi démontré notre première proposition.
Passons à la deuxième, qui concernait plus spécialement...

Nous avons ainsi démontré notre première proposition.

Signalons, avant de passer à l'examen de la seconde, que...

Nous avons ainsi démontré notre première proposition.
Passons à la deuxième, qui concerne plus spécialement...

triple interligne

7. Ordre de succession des éléments du texte

Les symboles fondamentaux sont ∩ , ⊃ et ⟲→ .

Lorsqu'il faut intervertir deux lettres dans un mot ou deux mots dans une phrase, on utilise le symbole ∩ et l'on indique en marge ∩/ .

Lorsqu'il faut intervertir deux lignes dans un texte, on emploie le symbole ⊃ et l'on indique en marge ⊃/ .

Lorsqu'il faut transporter un mot ou une expression (ou même une phrase) à un autre endroit du texte, on l'encercle et on indique au moyen d'une flèche l'endroit précis où l'élément déplacé doit figurer. S'il y a le moindre risque de malentendu, on fera dans la marge un commentaire encerclé:

▶ Venons-en à notre deuxième point.   ∩/

Le meilleur achat qui puisse se conçevoir.   ∩/

aisé de prouver le bien-fondé des deux autres.
Ayant démontré notre première proposition, il nous sera   ⊃/

L'entrepreneur nous a fait savoir qu'il n'était   ℓ/
pas en mesure de poursuivre les travaux   ·Λ
après avoir terminé la phase I du projet   A/ ,/

8. Disposition du texte

Le symbole fondamental est le quadrilatère incomplet ☐ ou
☐ , ou ☐ , ou ☐ . Le sens est le suivant: ce qui se trouve à
l'intérieur du quadrilatère doit être chassé vers le côté ouvert:

▶ ☐Le gouvernement a décidé d'agir.

Signifie que la phrase doit commencer en retrait (alinéa). On peut
ajouter le commentaire: (alinéa) ou ⧺

▶ _____ Le gouvernement a décidé d'agir immédiatement.

Signifie qu'il ne faut pas faire d'alinéa.
On peut ajouter le commentaire: (pas d'alinéa)

▶ _____ Après avoir terminé la phase I du projet,
☐l'entrepreneur nous a fait savoir qu'il n'était pas
☐en mesure de poursuivre les travaux.

Signifie qu'il faut aligner convenablement à gauche.
On peut ajouter le commentaire: (aligner)

▶ _____ Il nous a fait savoir aujourd'hui qu'il☐n'é-
tait pas en mesure de poursuivre les travaux.

Signifie qu'il faut chasser la syllabe «n'é» à la ligne suivante.

▶ _____ Il nous a dit que tout le travail était fi-
☐ni.☐

Signifie qu'il faut passer la syllabe «ni» à la ligne précédente.

▶ ☐poursuivre les travaux.☐

Signifie que ces trois mots, figurant à la 1re ligne d'une page,
doivent passer à la page précédente.

▶ ☐Après avoir terminé la phase I, l'entrepreneur ☐

Signifie que ce début d'alinéa, figurant en bas de page, doit être
chassé à la page suivante.

Cas particuliers

A) Lorsqu'une phrase commence un alinéa et qu'elle devrait suivre immédiatement ce qui précède, on utilise le symbole ⌒ et, en marge:

▶   L'entrepreneur nous a fait savoir qu'il n'était pas en mesure de poursuivre les travaux.)
     (Cette nouvelle nous a consternés, car...

B) Lorsqu'au contraire, il faut ajouter un retour à la ligne, on utilise le symbole ⌐ et l'on indique en marge ⌐ (alinéa) ou ⌐ ⸙

▶   Voilà pour le premier point. En ce qui concerne le second, ...

C) Lorsqu'il s'agit de corriger un mot contenant un ou plusieurs caractères mal alignés, on encadre le mot par le symbole ∿, qu'on reproduit en marge accompagné éventuellement de la mention (régulariser):

▶   L'entrepreneur nous a fait savoir...

∿ (régul.)

9. Annulation de correction

Il arrive que l'on aille trop vite pour faire une correction et qu'il faille l'annuler. Dans ce cas, on souligne la correction dans le texte au moyen d'un pointillé et l'on indique dans la marge le mot STET, souligné, lui aussi, d'un pointillé. Pour éviter tout doute, on rature la correction indiquée en marge:

▶ Le gouvernement américain...

▶ ‾‾‾‾‾‾ Le gouvernement a réagi immédiatement.

Le meilleur qui (puisse se) concevoir...

Plus d'un observateur a constaté que...

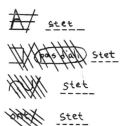

Je les ai vu/emmener par les policiers.   *stet*

Nous avons ainsi démontré notre première proposition.   *stet*
Passons maintenant à la seconde, qui concerne...

Il est ~~très~~ facile de démontrer que...   *stet*

10. **Divers**

Pour tous les cas non prévus ci-dessus, on donnera en marge ou ailleurs, une explication succincte et claire de ce que l'on désire (explication encerclée d'un trait continu).

BIBLIOGRAPHIE

BADEN, Alain. éd. *Le guide du nouveau curriculum vitae*, Paris, Éditions Fleurus, Alain Baden, 1981, 130 p.

BEAUCHAMP. *Cahier de travaux pratiques*, complément de Léon LORRAIN. *Le langage des affaires*, 2ᵉ éd., Québec, Éditions Pedagogia, 1962, 128 p.

BISSON, Monique, Hélène CAJOLET-LAGANIÈRE et Normand MAILLET. *Guide linguistique à l'intention des imprimeurs*, Québec, Office de la langue française (à paraître).

BLACKBURN, Marc *et al. Comment rédiger un rapport de recherche*, Montréal, Centre de psychologie et de pédagogie, 1964, 72 p.

BOIS, Claude. *Les règles psychologiques de lisibilité au service de l'administration*, Paris, ARAP, 89 p.

BOISSONNAULT, Pierre *et al. La dissertation, outil de pensée et outil de communication*, Sainte-Julie, Québec, Les Éditions de la lignée inc., 1980, 255 p.

BOUCHER, Raymond et Marcel MIGNAULT. *Les étapes de la rédaction d'un travail en bibliothèque*, La Pocatière, Société du stage en bibliothéconomie, 1978, 96 p.

BOUSQUIÉ, G. *Comment rédiger vos rapports*, 9ᵉ éd., Paris, Entreprise moderne d'édition, 1973, 150 p.

BRAZEAU, Julie. *Comment rédiger son curriculum vitae*, Montréal, Les Éditions de l'homme, 1982, 177 p.

CAJOLET-LAGANIÈRE, Hélène. *Le français au bureau*, Québec, Office de la langue française, Éditeur officiel du Québec, 2ᵉ édition, 1982, 197 p.

CATHERINE, Robert. *Le style administratif*, 9ᵉ éd., Paris, Albin Michel, 1979, 171 p.

Code typographique: choix de règles à l'usage des auteurs et des professionnels du livre, 12ᵉ éd., Paris, Syndicat national des cadres et maîtrises du livre, de la presse et des industries graphiques, 1978, 121 p.

COURAULT, M. *Manuel pratique de l'art d'écrire*, Montréal, Éditions du Renouveau pédagogique inc., tome II, 1957, 276 p.

CRESSOT, Marcel. *Le style et ses techniques*, Paris, Presses universitaires de France, 1947, 342 p.

De l'emploi des majuscules, Berne, Fichier français de Berne, 1965, 39 p.

DESONAY, Fernand. *Le rapport: comment l'élaborer, comment le rédiger*, Amiens, Éditions scientifiques et littéraires, s.d., 300 p.

DOPPAGNE, Albert. *La bonne ponctuation*, Paris-Gembloux, Duculot, 1980, 93 p.

DOPPAGNE, Albert. *Majuscules, abréviations, symboles et sigles*, Paris-Gembloux, Éditions Duculot, 1979, 104 p.

DREYFUS, Simone. *La thèse et le mémoire de doctorat en droit*, Paris, Colier, 1971.

DUBÉ, Marcel. *Guide d'initiation à la méthodologie de recherche*, Faculté de droit, Université de Sherbrooke, 1983-1984 c. 4 (la constitution d'un fichier, exemple de fiche).

DUBUC, Robert. *Manuel pratique de terminologie*, Montréal, Linguatech, 1978, 98 p.

DUTTWEILER, Georges. *Les 20 000 phrases et expressions de la correspondance commerciale privée suggérées par les mots-clés classés alphabétiquement et traduits en anglais et en allemand,* Genève, Éditions générales, S.A., 1960, 432 p.

FRENAND, Michel. *Votre rapport... comment le présenter?*, Paris, Éditions Roudil, 1976, 147 p.

GAUTHIER, Lucie, et Normand POULIN. *Savoir apprendre*, Sherbrooke, Éditions de l'Université de Sherbrooke, 1983, 319 p.

GEORGIN, C. *Cours de rédaction des rapports*, Paris, Eyrolles, 1960.

GEORGIN, René. *Le code du bon langage: le langage de l'administration et des affaires*, nouv. éd., Paris, Éditions sociales françaises, 1977, 353 p.

GIVANDINOVITCH, Milan Jean. *Comment rédiger des notes et rapports efficaces*, Paris, Éditions De Vecchi S.A., 1981, 208 p.

GODAERT, Paul. *Dictionnaire de rédaction: bon sens, correction, efficacité dans les affaires*, Louvain, Librairie universitaire, 1965, 323 p.

GOOSSENS, F. *Comment rédiger vos rapports*, Paris, Éditions de l'entreprise moderne, 1962, 120 p.

GOURIOU, Ch. *Mémento Typographique*, Paris, Hachette, 1973, 122 p.

GRÉGOIRE de BLOIS, Claudette. *Dictionnaire de correspondance*, Longueuil, Le Graphe, 1975, 177 p.

HALKIN, Léon-E. *La technique de l'édition*, 7e éd. rev. et augm., Liège, H. Dessain, 1971, 47 p.

HERVOUET, Loic. *Écrire pour son lecteur, guide de l'écriture journalistique*, Lille, École supérieure du journalisme, 1979, 157 p.

LÉONARD, Lucien. *Savoir rédiger, Les voies de l'expression française*, tome I, Livre d'étude, Paris, Bordas, 1978, 461 p.

LORRAIN, Léon. *Le langage des affaires*, 2e éd., Québec, Pedagogia, 1962, 152 p.

MANDOUNE, Pierre. *Pour rédiger correctement le courrier*, 3e éd., Paris, Dunod, 1972, 144 p.

MAUGER, Gaston, et Jacqueline CHARRON. *Le français commercial*, 6e éd., Paris, Larousse, 1971, 312 p.

324

MORIN, Victor. *Procédure des assemblées délibérantes (avec tableau synoptique) à l'usage des corpora- tions, compagnies, sociétés, associations, réunions, clubs, etc.*, 4ᵉ éd. française, Montréal, Beauchemin, 1969, 189 p.

OFFICE DE LA LANGUE FRANÇAISE. *Les raisons sociales*, Québec, Éditeur officiel du Québec, 1980, 18 p.

PÉRUS, Jean. *Méthodes et techniques de travail en histoire littéraire*, Paris, Éditions sociales, 1972, 197 p.

PILLOUD, Marcel, et Édouard LEURY. *Rédaction administrative*, Ottawa, Commission de la fonction publique du Canada, Bureau des langues, 1971, 2 vol.

PINARD, Adrien *et al. La présentation des thèses et des rapports scientifiques*, Montréal, Institut de re- cherches psychologiques inc., 1965, 116 p.

POIRIER, Léandre. *Au service de nos écrivains*, Montréal, Fides, 5ᵉ éd., 1968, 196 p.

RAMAT, Aurel, éd. *Grammaire typographique*, Montréal, 1982, 93 p.

RICHAUDEAU, François. *Le langage efficace, communiquer, persuader, réussir*, Paris, Marabout, 1973, 300 p.

RIDEAU, M. *Correspondance commerciale (courrier, classement, fiches): notes, comptes rendus, procès- verbaux*, 8ᵉ éd., Paris, Dunod, 1971, 209 p.

RONDEAU, Guy. *Introduction à la terminologie*, Montréal, Centre éducatif et culturel inc., 1981, 227 p.

ROUMAGNAC, J., et Marguerite AUDRY. *Précis de rédaction de rapports, comptes rendus, procès- verbaux, notes et instructions*, Paris, Foucher, 1979, 168 p.

SAENGER, Edmond-Bernard de. *Le français des affaires, économique et commercial*, Paris, Dunod, 1971, 217 p.

SAINDERICHIN, Sven. *Écrire pour être lu*, Paris, Entreprise Moderne d'édition, 1975, 102 p.

SERVICES LINGUISTIQUES DE LA SOCIÉTÉ D'ÉNERGIE DE LA BAIE JAMES. *Guide de présentation des communiqués internes*, Montréal, S.E.B.J., 1983, 13 p.

SHEVENEL, R.-H. *Recherches et thèses, Research and theses*, Ottawa, Les éditions de l'Université d'Ottawa, 1958, 162 p.

SPREUTELS, Marcel. *Dictionnaire du style et des usages administratifs, officiels et privés*, Paris, Société générale d'éditions, 1967, 454 p.

VILLERS, Marie-Éva de. *Vocabulaire des imprimés administratifs*, Office de la langue française, Québec, Éditeur officiel du Québec, 1979, 141 p.

VINET, Bernard. *Dissertations et thèses*, Montréal, Centre de psychologie et de pédagogie, 1964, 98 p.

WACKERMAN, G., et A. WILHEM. *Initiation à la technique du rapport*, 2ᵉ éd. rev. et augm., Paris, Dunod, 1974, 144 p.

WREN, G. Christopher, et Jill ROBINSON WREN. *The Legal Research Manual*, 1983, A.R. Editions inc., Madison Wisconsin, c. 7.

INDEX

Goulet, Létourneau Imprimeurs Inc. — Sherbrooke